KB242399

한일관계의 흐름 2011-2012

국립중앙도서관 출판시도서목록(CIP)

한일관계의 흐름 2011-2012
= Essays on Korea-Japan Relation 2011-2012
지은이: 최영호.
-- 서울: 논형, 2013
    p.; cm. -- (논형일본학: 31)

ISBN 978-89-6357-415-8 04340 : ₩16000

한일 관계[韓日關係]

349.11013-KDC5
327.519052-DDC21   CIP2013006885

한일관계의 흐름

최영호 지음

2011-2012

한일관계의 흐름 2011-2012

초판 1쇄 인쇄 2013년 5월 10일
초판 1쇄 발행 2013년 5월 20일

지은이 최영호
펴낸곳 논형
펴낸이 소재두
등록번호 제2003-000019호
등록일자 2003년 3월 5일
주소 서울시 관악구 성현동 7-77 한립토이프라자 6층
전화 02-887-3561
팩스 02-887-6690
ISBN 978-89-6357-415-8 04340
값 16,000원

책을 펴내며

이 책은 2011년 1월부터 2012년 12월까지 2년 동안에 일어난 주요 시사 문제를 중심으로 하여 한일관계의 흐름을 정리한 것이다. 지난 2006년에 『한일관계의 흐름』 시리즈를 내놓은 이래 이번으로 5번째 단행본을 출간하게 되었다. 강제병합 100주년에 따라 논평의 기회가 많았던 2010년을 제외하고는 2년의 기간을 하나로 묶어 시리즈를 펴내고 있다.

지난 2년 동안 한국과 일본에서 가장 큰 이슈가 된 사건으로 2011년 3월에 발생한 동일본대지진을 꼽는 데 이견이 없을 것이다. 2년이 지난 현재에도 가족과 재산을 잃어버린 피해자들이 재난의 고통에서 벗어나지 못하고 있는 가운데 재해 지역에서는 여전히 복구가 이루어지지 않고 있어 경제적인 어려움에 시달리고 있다. 이들 피해자 가운데는 필자의 일본인 지인도 포함되어 있을 뿐 아니라 재일한인도 포함되어 있다. 이들이 강인하게 피해를 극복하고 다시 평화롭게 생활의 터전에 안착하기를 기원할 뿐이다.

필자는 종래 '한일시평'이라고 하는 웹메일을 통해 자의적, 타의적으로 논평의 글을 써 왔는데, 2012년부터는 학과의 산학협력 업무에 매달리다 보니 그때그때 사건이 발생할 때마다 논평을 쓰는 일이 쉽지 않게 되었다. 교육혁신을 통해 학과 살리는 작업에 나서는 일은 지방대학의 교육자로서 감당해야 하는 의무라고 생각한다. 그렇다고 해서 연구자로서의 본분을 게을리 할 수는 없다. 이처럼 교육자와 연구자로서의 책무를 동시에 수행하고자 하는 방편으로, 필자는 틈이 나는 대로 아이디어가 나올 때마다 현대 한일관계에 관한 논문을 생산해내는 한편, 이 시리즈 단행본 출간 작업을 위한 메모를 계속해왔다.

이번 2011년-2012년 시리즈에서는 지난 2년 동안에 발표한 논문이나 발표문 가운데 시사성 있는 것을 뽑아 단행본 체제에 맞게 재구성했으며 여기에 그간 집필해온 평론이나 메모를 2012년 연말과 2013년 연초에 정리하여 한 권으로 편집했다. 아무쪼록『한일관계의 흐름』시리즈가 21세기 초두의 시점에서 한일관계의 좌표를 이해하는 데 도움이 되기를 기대한다.

2011년과 2012년의 한일관계

한국에서는 2012년 말에 대통령 선거를 치르게 되었지만 지난 2년간 이명박 대통령과 김성환 외교통상부 장관이 변함없이 일관되게 외교업무를 지휘해왔다. 반면에 일본에서는 이 사이에 내각 총리가 간 나오토(菅直人)에서 노다 요시히코(野田佳彦)와 아베 신조(安部晉三)로 두 차례나 바뀌었고 민주당에서 자민당으로 정권 교체가 이루어졌다. 외무상의 경우에는 더욱 교체가 빈번하여 마에하라 세이지(前原誠司)에서 에다노 유키오(枝野幸男), 마쓰모토 다케아키(松本剛明), 겐바 고이치로(玄葉光一郎), 기시다 후미오(岸田文雄)로 네 차례나 바뀌었다.

2011년 한일관계를 전반적으로 평가하자면 대체로 밝지 않은 분위기가 지속되는 가운데 외교적 마찰이 간헐적으로 일어났다고 할 수 있다. 예를 들면 2월에 열린 시마네현(島根縣)의 '다케시마(竹島)의 날' 행사, 3월 다케시마 영유권 주장을 담은 일본 중학교 교과서의 문부과학성 검정 최종 통과 7월과 8월 자민당 의원의 울릉도 방문 시도, 8월 독도 영유권을 주장하는 방위백서 출간과 당시 재무상 노다 요시히코의 A급 전범 옹호 발언 등을 둘러싸고 나타났다. 여기에다가 그 해 8월에 한국의 헌법재판소가 일본군 위안부 문제와 사할린거주 피해자에 대한 외교적 부작위 행위가 위헌이라는 판결을 내린 것을 비롯하여 12월에 일본군 위안부 할머니 피해자들이 1,000번째 수요집회를 열었고 12월의 한일양국 정상회담에서 한국 대통령이 일본군 위안부 문제를 집중 거론하면서 양국관계는 점차 경색 국면에 접어들었다.

영유권 문제를 둘러싸고는 그때그때 사안이 발생할 때마다 양국정부는 상대국에 대해 유감 혹은 항의의 논평을 발표했다. 역사인식 문제를 둘러싸고 한국 정부는 일본에 대해 시정을 촉구하는 논평을 자주 내놓았다. 특히 8월의 헌법재판소 판결 이후에는 외교통상부 내부에 대책 마련을 위한 자문기구를 설치하기도 했다. 그렇다고 해서 이러한 국가간 인식의 차이가 곧 바로 외교적 갈등이나 충돌로 이어지지는 않았다. 이것은 한편으로 양국 외교당국이 갈등 요인을 유연하게 관리한 결과이기도 하며 다른 한편으로는 한일 양국 국민들이 때로는 격렬한 언동을 나타내면서도 외교적 수습에 맡기는 전략적 행위에 어느 정도 익숙해진 결과가 아닌가 생각된다.

그러나 2012년에 들어서 한일관계는 영유권 공방과 역사인식의 상충을 둘러싼 마찰이 빚어졌고 이로 인하여 걷잡을 수 없이 경색 국면에 접어들었다. 양국 정부가 외교적 해결의 실마리를 찾지 못한 채 모두 새로운 정권에게 외교적인 해결 과제를 떠안겼다. 그간 유지되어 오던 양국 외교당국의 관리 시스템이 격앙되는 국민감정을 억제하는 데 실패했고 독도 문제와 일본군 위안부 문제는 양국 모두 선거과정을 거치면서 더욱 불거져 외교관계 회복을 어렵게 했다. 여기에다가 한국의 대통령이 나서서 독도를 시찰하고 역사인식 문제를 강력하게 거론하면서 반일 분위기를 고조시키는 한편 일본의 국제적 위상 약화를 비하하면서 한일관계는 더욱 더 꼬여갔다.

돌이켜 보면 2011년 마지막 날을 장식하는 일본의 NHK 가요제(紅白歌合戰)에는 한국의 동방신기, 카라, 소녀시대가 출연하여 TV 시청자들에게 한류의 파워를 실감하게 했다. 동방신기의 경우 2010년에는 NHK에 나오지 않았지만 2011년에는 3번째로 출연하면서 인기투표에서 1위를 차지하는 기염을 토했다. 또한 카라와 소녀시대는 2011년 NHK에 처음으로 출연하여 뛰어난 스타일과 함께 현란하고 박력 넘치는 동작으로 일본 관객들을 매료시켰다. 이것은 일본의 만화와 애니메이션이 한국에서 일상화된 것과 함께 끊임없이 한류 문화가 일본에 확산되고 있는 현상으로서 양국에서 문화 접촉의 심화 움직임이 쉽게 누그러지기 어렵다고 하는 전망을 갖게 했다.

하지만 2011년 후반기부터 악화 조짐이 나타나기 시작했고 2012년에 들어서는 한일관계가 악화 일로를 치달았다. 이것을 상징하듯 2012년에는 NHK의 연말 가요제에 한류 가수들이 한 팀도 나오지 않았다. 이 해 3월의 서울 핵안보정상회의, 5월의 베이징 한중일 3국 정상회의, 6월의 로스카보스 G20회의, 9월의 블라디보스톡 APEC회의, 11월의 프놈펜 ASEAN+3 회의 등에서 한일 양국 정상이 함께 참석했으나 악화되는 양국 관계를 개선하는 움직임으로 발전하는 일은 없었다. 5월 베이징 회담에서는 한일 양국이 대북공조체제를 확인하는 등 개선의 여지를 보이기도 했으나, 한국 대통령의 독도 상륙 이후에는 블라디보스톡 회의에서 바로 옆자리에 앉아서도 양국 정상은 전혀 대화를 하지 않았고 프놈펜 회의에서도 간단히 만나 의례적인 대화만 하고 헤어졌다.

노다 총리는 임기 중에 일본군 위안부 문제에 대해 주한일본대사관 앞의 '소녀상'을 철거하도록 요구하는가 하면 인도적 해결 문제는 이미 끝났다고 주장해왔다. 반면에 이명박 대통령은 정상회담을 통해 일본군 위안부 문제를 추궁하는 한편 2012년 3.1절 기념사에서도 이 문제를 거론하며 과거와 달리 일본을 향해 역사인식 문제를 제기했다. 무엇보다 한국의 대통령이 8월에 독도에 상륙하고 일왕의 사죄를 거론하면서 양국 외교관계는 걷잡을 수 없이 소용돌이에 빠져 들어갔다.

한국 정부와 마찬가지로 일본 정부는 특히 영유권 문제에 대해 변함없이 단호한 의지를 표명해왔다. 외무성 홈페이지를 통해서 다케시마는 역사적 사실에 비추어 보거나 국제법상으로도 분명히 일본국 고유의 영토이며, 한국에 의한 점거는 국제법상 아무런 근거가 없는 상태에서 이루어지고 있는 불법점거이며 한국이 이러한 불법점거에 기초하여 행하는 어떠한 조치도 법적인 정당성을 갖는 것이 아니라고 주장해왔다. 또한 일본은 일본이 이 섬을 실효적으로 지배하고 영유권을 확립했던 시기 이전에 한국측이 이 섬을 실효적으로 지배하고 있었던 점을 나타내는 명확한 근거는 제시되고 있지 않다고 강변해왔다. 이러한 입장에 따라 2011년 4월 한국의 종합해양과학기지 건설계획 발표, 6월 대한항공이 새로운 기종을 독도 상공에 시범 비행시킨 일, 11월 독도 음악회 개최와 한국 정부의 관광시설 건설계획 보도, 2012년에 들어서 8월의 대통령 상륙, 10월의 한국 국회의원 상륙 등에 대해서 즉각적으로 공식 항의하는 움직임을 보였다.

그렇다고 해서 2년간 한일관계가 외교적으로 마찰만을 이어온 것은 아니다. 외교적 갈등 가운데서도 한일 양국정부가 다양한 기회를 통하여 우호적이고 동반자적인 관계임을 나타내는 외교적 노력을 보이기도 했다. 특히 2011년 3월 동일본지역을 엄습한 대지진 피해는 양국의 협력관계를 확인하는 기회가 되었다. 대지진 발생 직후 한국 정부와 국회가 일본 측에 대해 위로와 함께 신속한 지원 의사를 전달했다. 그리고 구조대원과 수색견, 그리고 구조장비와 구호물품을 보내고 피해자 구조 활동에 적극 나섰다. 이와 함께 적십자를 비롯한 사회단체들이 앞 다투어 일본의 피해자 지원을 위한 모금에 나섰다. 외교통상부는 모든 직원의 월급 가운데 0.4%를 일괄 공제하여 일본측에 성금으로 제공하기도 했다. 그러나 한국에서 관민일체가 되어 일본을 성원해오던 움직임은 일본 정부의 다케시마 영유권을 강조하는 중학교 역사교과서 검정통과 결과가 보도되면서 움츠러들기 시작했다. 그 후 대지진 피해 복구과정에서 한국사회는 일본 피해자에 대한 긴밀한 지원을 지속하지 못했다. 이것은 작금의 한일관계에서 보이는 결정적인 한계라고 지적하지 않을 수 없다.

또한 한일관계를 밝게 하는 소식으로 2010년에 일본 총리담화에서 발표한 문화재 도서 전달이 2011년에 이루어진 것을 들 수 있다. 2010년 8월 일본 총리담화 이후 그 해 11월에 한일 양국정부가 '도서협정'을 체결했고, 2011년에 들어서야 일본의 정치권이 비준 절차를 밟게 되었다. 비록 자민당 의원들이 반대에 나섰지만 비준안은 국회를 통과했고 이에 따라 1,200권에 달하는 궁내성 보관 도서가 2011년 12월에 한국에 돌아오게 되었다. 돌아온 의궤 대부분 고종과 순종 때 만들어진 것으로 일부 황제 열람용 도서를 제외하고는 대부분은 오대산과 태백산 등 지방의 사고(史庫)에 보관되었던 분상용 도서들이었다. 한국의 고궁박물관은 '다시 찾은 조선왕실의궤와 도서'라는 제목으로 2011년 12월부터 2012년 2월까지 이들 문화재 가운데 일부를 공개 전시했다.

2011년과 2012년에 보도된 외교적인 움직임을 통하여 한일관계에서 큰 흐름으로서 다음 세 가지 변화 방향을 감지할 수 있다. 첫째 방향은 점차 다자간 정상회의가 많아지고 있고 따라서 다자간 회의 일정을 이용한 한일 양국의 정상회의도 많아지고 있다는 점이다. 한국과 일본이 공동으로 참여하는 정상회의에는 매년 열리고 있는 G20, APEC, ASEAN+3, 한중일 3국 정상회의가 있고 그 밖에도 격년제로 열리는 ASEM과 기타 특별 정상회의들이 있다. 2011년에는 5월 도쿄의 한중일 3국 정상회의와 9월 뉴욕의 유엔 총회 일정 기간에 한일간 정상회담이 따로 만나는 자리를 마련했다. 이뿐 아니라 11월에는 깐느의 G20회의, 호놀루루의 APEC회의, 발리의 ASEAN+3회의에 양국 정상이 공동 참가했다. 2012년에는 매년 열리는 G20, APEC, ASEAN+3, 한중일 3국 정상회의 이외에도 3월에 서울에서 열린 핵안보정상회의에 한일양국 정상이 함께 참석했다. 이처럼 양국 정상이 만날 수 있는 기회가 확대되면서 의지만 있다면 긴급한 외교 현안에 관한 신속한 대화가 가능하게 되었다.

둘째 방향은 어떠한 형태로든 한일 양국이 자유무역협정(FTA)에 다가가고 있다는 점이다. 한국과 일본은 지난 2003년 12월에 FTA 교섭을 시작했다가 이듬해 6월에 중단한 바 있다. 2008년과 2009년에 교섭 재개를 위한 실무회의가 4차례 열렸지만 더 이상 진전은 이루어지지 않았다. 2011년 11월 한국의 기획재정부 장관과 일본 내각부 대신이 앞으로 경제통합을 향한 FTA 교섭을 촉진해 가자는 데 합의했다. 하지만 기계부품 관련 산업에서 일본에 비해 기술적으로 열세에 놓인 한국측으로서는 일본과의 단독 FTA 타결에 쉽사리 응하기는 어렵다. 다만 한국은 한중일 3국의 틀 안에서 무역 자유화를 위한 논의에 임하고 있다. 지난 2010년 5월에 서울에서 처음으로 3국의 FTA 관련 산관학 공동연구 회의가 열렸고, 2011년에는 3월 제주, 6월 기타큐슈(北九州), 8월 창춘(長春), 12월 평창 등에서 관련 회의가 열려 최종보고서를 2012년 4월에 3국 정상회의에 앞서 내놓았다. 때마침 2011년 11월 발리에서 열린 ASEAN+3 회의에서 3국 정상은 2012년 초에 본격적인 FTA 교섭을 시작하자는 데 합의했다. 2011년 9월 서울에서 출범한 한중일 3국 협력사무국은 FTA 교섭을 추진하는 데 효과적인 기구로서 기능하고 있다. 이렇듯 현 시점에서 볼 때 적어도 FTA 교섭에서는 한일 양국보다 한중일 3국 간 교섭 전망이 더욱 밝아진 셈이다. 여기에다가 2011년 11월에 선언한 바와 같이 일본 정부가 환태평양전략적경제제휴협정(TPP)의 교섭에 가담하고 2015년까지 역내 국가의 관세를 없애겠다는 교섭 목표를 이루는 과정에서 한국이 이에 가담할 공산이 크다. TPP는 한일 양국에게 FTA에 접근하기 위한 또 하나의 루트가 될 수 있다는 것이다.

셋째 방향은 한일 양국이 과거사 피해자에 대한 공동 노력을 기울여야 하는 과제에 직면해가고 있다는 점이다. 2010년 일본의 총리담화에서 인도적인 차원의 전후처리 문제로서 제기된 '사할린 한인 지원' 문제가 담화 이후 아무런 진척을 보이지 않았다. 이러한 상황에서 2011년 8월의 헌법재판소 결정을 받아들인 한국 정부는 '한일청구권협정 대책팀'을 구성하고 일본군 위안부 문제 해결을 필두로 하여 외교적 대책을 모색해 왔다. 한국 정부는 일본 정부와 한인 피해자 단체를 상대로 하는 투 레벨 게임(Two-level Game)을 전개하지 않을 수 없게 된 것이다. 결과적으로 일제강점기 강제동원 피해자에 대한 한국 정부의 자체적인 '지원' 노력을 강화하는 방안이 모색될 것으로 보이며, 이와 함께 1965년에 체결된 청구권협정으로 '완전히 최종적으로 끝났다'고 주장하는 일본 정부에 대해서도 어떠한 형태로든 외교적 압박을 가하지 않을 수 없다.

2013년
최영호

차례

Ⅰ. 한일관계 역사의 기억

_1_
일본 한인유골의 공식 송환 중단

2011년 5월 초 한일 양국이 한일 유골의 송환에 관한 협의를 가졌지만 서로의 의견 차이를 확인하고 헤어진 것으로 보도되었다.[1] 이에 따라 2010년 5월 이후 일본에 소재하는 한인 유골의 공식적 한국 송환 사업이 중단되었고 2011년과 2012년 2년 동안에는 단 한 차례도 이루어지지 않았다. 지난 2008년 1월 101위, 2008년 10월 59위, 2009년 7월 44위, 그리고 2010년 5월 219위의 유골이 양국간 협의를 통해 공식적인 의례를 거쳐 한국으로 송환된 바 있다.

2011년에 들어 한인 징용노무자의 유골실태 조사결과를 토대로 하여 공식적인 봉환사업을 지속적으로 추진하기 위해 한일 양국의 담당자가 한 자리에 모였다. 이때 한국 정부는 과거 네 차례에 걸쳐 송환이 실시된 유텐지(佑天寺) 소재 유골과 같이 먼저 일본에서 정부 관계자 입회 아래 추도식을 행하고 나서 공식적으로 한국측에 인도하도록 요구했다. 그러나 일본 정부는 유골 송환에 드는 비용의 일부는 부담하겠지만 일본에서의 추도식과 같은 의식은 주관하지 않겠다고 하는 입장을 견지하여 양국의 입장이 좁혀지지 않았다. 징용노무자의 전후처리 문제에 대한 공식적인 책임을 인정하지 않는 일본 정부의 입장이 유골송환 문제에도 그대로 반영된 것이다.

한국측으로서는 공식적인 추도 행사도 없는 가운데 거의 대부분 연고자가 분명치 않은 유골을 가져오는 데 대해서는 적극적인 의사를 나타내기가 어렵다는 입장이었다. 한국 정부는 2010년 5월 유텐지 소재의 유골 가운데 일부 무연고 유골을 송환하는 과정에서 태평양전쟁희생자유족회로부터 일

---

1) 동아일보, 2011년 5월 4일.

왕(天皇)의 공식적 사죄 없이 송환하는 데 대한 심한 저항을 받았던 경험이 있다. 그때 유족회는 일본의 만행에 관한 증거를 인멸하는 일로 과거사 문제를 미궁에 빠뜨리는 일이라고 하며 반대한 바 있다.[2] 또한 한반도가 남북으로 분단되어 있는 현실에 비추어 볼 때에도 무연고 유골을 출생지만을 근거로 하여 한국에 송환하는 것에는 신중해야 한다는 의견이 적지 않다.

지난 2005년부터 2011년 4월까지 일본 전역의 사찰 등에 보관된 것으로 조사된 한인 민간인 유골은 2천 6백여 위에 달한다. 현재의 상황으로서는 징용노무자의 유골 가운데 연고자가 분명한 것을 선별하여 일본과 한국에서 추도식을 실시하는 형태로 송환하는 것이 가장 바람직한 일이라고 생각한다. 공식적인 사죄도 없이 한국이 알아서 가지고 가면 일부 비용을 대겠다고 하는 일본측의 발상은 과거 일본제국의 전시동원에 의한 희생자에 대한 인도적인 자세라고 보기 어렵다. 일본 정부가 일본인 해외 희생자의 유골을 자국으로 송환하는 데에는 적극적인 것처럼, 일본 내 외국인 희생자 유골을 송환하는 일에도 적극성을 보여야 한다.

일본 정부 부처 가운데는 후생노동성이 유골 송환 관련 업무를 담당해오고 있다. 일본은 연합국에 의한 점령이 끝난 1952년부터 태평양전쟁 격전지를 중심으로 하여 해외 일본인 희생자의 유골을 수습하고 자국으로 송환해 왔다. 공산 국가 소비에트 연방이 붕괴되자 1991년부터는 과거 소련군에 의해 억류되었다가 사망한 희생자에 대해서도 유골 송환을 시작했다. 그 결과 2012년 말까지 약 33만 위의 유골을 일본으로 송환한 것으로 알려지고 있다. 일본은 2011년 7월에도 인도와 러시아에서 유골을 송환한 일이 있다. 여기에 육해군 부대나 민간인 귀환자에 의한 개별적 송환을 포함하면 약 127만 위의 유골이 일본으로 돌아간 것으로 되어 있어, 해외 전쟁 희생자로 추산되는 총 240만 명 가운데 절반 정도의 유골이 송환된 셈이다. 일본으로 송환된 유골

---

2) 최영호, 『한일관계의 흐름 2010』, 2011, pp. 31-32.

해외유골수습(이오지마)

가운데는 무연고 유골로서 지도리카후치(千鳥ヶ淵) 전몰자 묘역에 약 36만 위가 납골되어 있다.

일본 정부는 현재에도 유골 수습과 송환을 위한 외교적 노력을 계속하고 있다. 특히 최근에는 소련군에 의해 억류되었다가 사망한 일본인의 유골을 찾아 송환하는 일에 적극성을 보이고 있다. 사망자에 관한 매장지 정보를 공모하거나 입수하여 직접 발굴을 주도하고 있고 유골을 수습하여 송환하고 있다. 일본 후생노동성은 홈페이지를 통하여 2012년 3월 말까지 옛 소련 관할 지역에서 총 19,090 위의 유골을 송환했으며 몽골 지역에서는 송환 작업이 거의 끝났다고 밝혔다.[3] 유골을 유족에게 전달하는 데는 유품 등의 증거물과 함께 유족의 희망에 따라 DNA 감정을 실시하기도 한다. 이때 유족에게는 '미귀환자 가족 원호법'에 따라 장제비(葬祭費)와 유골인취 경비를 지급한다.

해외위령사업(하바로브스크)

---

3) 일본노동성후생성, http://www.mhlw.go.jp/seisakunitsuite

해외 일본인 유골의 송환 상황(2012년 3월 31일 현재)

해외일본인 유골 추정 수		약 240만 위
송환된 유골		약 127만 위
송환되지 않은 유골	계	약 113만 위
	해저유골	약 30만 위
	상대국 사정에 따라 송환이 곤란한 유골	약 23만 위
	송환이 가능한 것으로 보이는 유골	약 60만 위

출처: 일본 후생노동성 홈페이지

일본 정부는 1963년무터 매년 8월 15일 '선국선몰사추도식'을 주최해오고 있다. 추도의 대상은 군인과 군속을 포함하여 해외에서 사망한 희생자 약 240만 명과 일본 본토 공습과 원폭으로 숨진 일반시민 약 80만 명이다. 추도식은 오전 11시 51분에 시작하며 순서에 따라 정오에 1분간 추도 묵념을 실시한다. 식장에는 일왕 내외, 3부 요인, 정당 대표, 지방공공단체 대표, 사회단체 대표 등이 참석하며, 중앙 및 지방 유족회 등 관계 단체의 대표자와 유족 일부가 정부의 경비 지원을 받아서 참석하고 있다. 또한 일본인 해외 희생자 가운데 무연고 유골은 지도리카후치 묘원에 납골되며 매년 5월 하순에 정부 주최에 의한 위령제가 열린다.

이와 함께 일본 정부는 1976년부터 희생지 위령 방문 사업을 주관하고 있다. 주요 격전지 또는 해역, 옛 소련군 억류 희생지 등을 방문하여 희생자들을 기리고자 하는 취지로 매년 방문 희망 유족을 모집하고 총 여비 가운데 3분의 1을 국비로 지원하고 있다. 2012년도 예산으로도 8월 말부터 11일간 이르쿠츠크에 15명을 방문하게 한 것을 비롯하여 외국의 10개 이상 지역을 유족들이 방문하는 데 지원했다. 특히 이오지마(硫黃島) 방문에는 매년 300명 정도를 지원하고 있다. 또한 일본 정부는 전몰 지역에 일본인 희생자를

위한 위령비를 세우는 사업을 주관하고 있다. 1971년 3월에 이오지마에 '전
몰자 비"를 세운 것을 필두로 하여 2012년 11월에 아무르 지역에 건립한 것
까지, 필리핀, 미얀마, 말레이시아, 인도, 러시아, 몽골 등 외국 27개 지역에
크고 작은 위령비를 건립했다.

한일 도서협정 비준

　2011년 5월 9일 한국의 언론은 그 해 4월 말에 일본 정부가 한국 정부에 대해 1990년대 도난당한 문화재 2점이 한국에 밀반입되어 있다고 하여 재조사를 요청했다고 일제히 보도했다. 이미 외교적으로 일단락 된 '대반야바라밀다경(大般若波羅蜜多經)'과 '아미타삼존상(阿彌陀三尊像)' 그림을 재조사하도록 요청했다는 것이다. 조만간 조선왕실의궤 등을 한국에 전달하기로 되어있는 시점에 일본 정부가 다소 생뚱맞은 제안을 한 데에는 일본의 국내 정치 움직임에 따른 것으로 해석된다.

　'대반야바라밀다경'은 이키시(壹岐市) 소재의 사찰 안코쿠지(安國寺)가 소장하고 있던 고려시대 불교경전으로, 총 591점 가운데 493점이 1994년 9월 도난을 당했다. 그런데 얼룩과 보존상태, 권말 서명 등에서 도난당한 것과 흡사한 경전 3점이 한국에서 발견되고 이듬해 국보 284호로 지정되기에 이르렀다. 이것은 코리아나 화장품 회사의 회장이 개인적으로 구입하여 소유하고 있는 것으로 알려졌다. 1998년 일본 정부는 외교경로를 통해 한국 정부에 조사를 의뢰했지만 한국 정부는 개인소장품에 대한 조사는 어렵다는 이유로 사실상 일본의 요청을 거부한 바 있다.

　한편 '아미타삼존상'은 일본 가코가와시(加古川市) 소재의 사찰 가쿠린지(鶴林寺)가 보관하던 고려시대 불화 가운데 하나로, 2002년 7월에 도난을 당한 바 있다. 그런데 대구시 소재의 사찰에서 이 그림이 발견되면서 한국 검찰은 2005년 1월 이 문화재 절도범 2명을 혐의자로 체포하여 기소했다. 그러나 한국 정부는 해당 문화재에 대해서 여러 사람의 손을 거쳐 사찰측이 도난품인 것을 알지 못하고 기증을 받은 것이라고 밝힌 이상 법적으로 사찰측의 소유를 인정하지 않을 수 없다는 입장을 취했다. 한국 사회에서 "일본에 불법으로 약탈되어 간 문화재가 돌아오고 있지 않다"고 하는 분위기가 강한 상황에서, 한국의 사찰측이 해당 문화재를 쉽사리 일본에 넘기기는 어려울 것이다.

그런데 이렇듯 일본 정부가 한국측에 대해 과거 일단락 된 문제를 다시 거론한 것은 자민당을 비롯한 '문화재 인도 반대파'의 의사를 전달하는 데 의미를 두고 있었던 것으로 생각된다. 실현 가능성이 희박한 것을 예상하면서도 재조사를 제안한 것은 일본의 국내 정치가들의 의사를 그대로 전달하면서 한국의 외교당국에 대해 이번에 한국에 문화재를 반환하는 것의 '무게'를 확인하게 하는 제스처가 아니었을까 한다. 일본 국내에 뿌리 깊은 반대 움직임을 무릅쓰고 민주당 정부가 한국과의 외교적 합의를 실행에 옮겼다는 점을 국내외에 강조한 것으로 보인다는 것이다.

사실 2010년 8월에 일본 총리담화를 통하여 문화재 반환 문제가 거론된 이후, 이 문제를 둘러싸고 자민당을 비롯한 보수 성향의 정치가들이 지속적으로 민주당 정부의 '퍼주기 외교'라고 하며 이를 비판해왔다. 2010년 11월에 "6개월 이내에 인도하겠다"는 기한을 명시하면서까지 한일 양국이 도서협정을 체결하기에 이르자, 일본 내 반대파 정치가들은 한국에도 일본에서 유래하는 도서가 존재할 것이고 이에 대한 외교적 반환 노력이 필요하지 않는가 하는 질의서를 민주당 정부측에 제시한 바 있다. 이에 대해 일본 정부는 12월 10일 각료회의 결정을 통해 "조사를 하지 않았고 그런 도서가 존재하는지 몰랐다, 한국에 현존하는 문화재에 대해 한국측에 인도하라고 하는 외교 교섭을 행하지 않을 것"이라고 하는 '소극적인' 답변서를 내놓은 바 있다.[4]

2011년 4월에 들어 도서협정의 중의원 통과를 앞두고 자민당은 외교 분과

---

4) 産經新聞, 2010.12.11.

모임에서 한국에 소재한 일본 도서에 관하여 조사 발표하는 자리를 가졌다. 여기에서 한국 국사편찬위원회가 소장한 쓰시마 소케(對馬宗家) 문서 약 2만 8천 권, 국립중앙도서관이 소장한 일본 관련 도서 수십만 권, 국가기록원이 소장한 도서 약 5천 권과 총독부 공문서 4만 점, 85만 점의 도면, 개인정보 기록, 토지 대장 등이 거론되었다. 이밖에도 한국학중앙연구원이 소장한 궁내성 직할기관 도서, 서울대학교 도서관이 소장한 경성제국대학 문서도 거론되었다. 이때 자민당의 신도 요시타카(新藤義孝) 의원은 "일본에 있는 것만 한국에 건네주고 한국에 있는 것은 어째서 건네받지 않는가, 이런 문서가 있다는 것이 판명된 이상 양국이 상호 인도를 위한 교섭을 시작해야 하는 것이 아닌가" 하며 문제를 제기한 것으로 알려지고 있다.[5]

같은 해 4월 22일 중의원 외무위원회에서 오노데라 미쓰노리(小野寺五典) 자민당 의원이 위와 비슷한 논지로 한국에 소재한 일본 문화재의 반환을 거론하자, 마쓰모토 다케아키(松本剛明) 외상은 "조선왕실의궤 등을 한국에 인도하는 것은 작년 총리 담화에 근거한 자발적인 조치"라고 하고, "한국에 있는 일본 도서를 이것과 동렬에 놓고 말할 수는 없다"고 대답했다. 그는 자신도 한국에 있는 일본 도서에 대해 애착을 느끼고 있다고 말하면서 다만 일본 도서가 한국에 있는 것은 양국간 오랜 교류의 역사를 증명하는 것이라고 답변했다. 이때 오노데라 의원은 일본이 1965년 한일 청구권협정 때문에 반환을 요구하기 어렵다면 국회 결의를 해서라도 돌려받겠다는 주장을 해야 한다고 했다. 이러한 반대론에 대응하는 방법으로 일본 외무성은 한국 정부기관이 소장하고 있는 일본 유래 도서에 관하여 연구목적으로 이용할 수 있는 권리를 인정하도록 한국에 요청하는 데 그쳤다.[6]

결국 2011년 4월 27일 외무위원회에서 한일 도서협정에 대한 승인안이 가

---

5) 産經新聞, 2010.4.20.

6) 연합뉴스, 2011.4.22.

결되었고 이튿날 중의원 본회의도 통과되었다. 협정이나 조약의 경우 참의원보다는 중의원의 가결이 우선하기 때문에 이로써 사실상 도서협정에 대한 비준 절차가 모두 끝난 셈이다. 그런데 이때 여당 민주당과 야당 공명당 소속 의원이 찬성표를 던진 데 반하여, 자민당을 비롯한 보수 야당은 반대표를 행사했다. 자민당은 당초 한국측이 반환을 요구한 것은 궁내청 소장의 조선왕실의궤 167권 뿐인데 일본에서 지나치게 광범위하게 조사한 결과 인도할 문화재가 1,205권으로 늘었다고 비판하고, 다음과 같은 논거를 들어 도서협정 승인을 반대했다.[7]

이 협정은 1965년의 한일 기본조약에서 이미 해결이 끝난 문제를 다시 문제 삼는 일이며 끝없는 보상을 향해 길을 열어놓을 위험성을 안고 있다. 기본조약은 한국에 대한 일본 전후처리의 틀을 결정한 것이다. 부속문서에서 일본은 무상공여 3억 달러, 정부차관 2억 달러, 합계 5억 달러의 경제협력을 약속하고 쌍방의 청구권이 "완전히 그리고 최종적으로 해결되었다"고 명기되어 있다. 한국의 청구에 응하여 일본에 있는 조선왕실의궤 등을 인도하는 것은 상호 청구권을 포기한 기본조약의 취지에 반하는 것이라고 할 수 있다.

그러나 이러한 반대 의견에 맞서 민주당 정부는 외교적 약속 이행 의지를 일관되게 유지했다. 2011년 5월 21일과 22일에 이명박 대통령이 한중일 3국 정상회담에 참석하기 위해 일본을 방문했을 때 일본 총리로부터 직접 도서를 전달받는 세리모니를 가졌다. 2010년 도서협정 체결 때 양국이 약정한 6개월의 시한에서 보면 이러한 양국 정상의 세리모니가 약간 늦은 것이 아닌가 하는 견해도 있을 수 있다. 하지만 일본의 국회 승인을 거쳐 일본에서 실질적인 문화재 전달 절차가 마무리된 점에서, 한국 강제병합 100년에 즈음

---

7) 産經新聞, 2011.4·30.

하여 일본 정부가 한국에 약속한 사항 하나가 어렵사리 시한을 넘기지 않고 실현된 것으로서 이를 매우 높이 평가할 수 있다.

　비록 강제동원 피해자에 대한 전후처리 문제를 비롯하여 독도 문제나 역사교과서 문제 등에서 일본 정부의 외교적 노력은 그다지 보이지 않았지만 문화재 전달 문제에 있어서만은 일본 정부가 전향적인 자세로 바람직한 외교적 선례를 남겼다고 생각한다. 대지진 관련 피해와 원전 방사능 유출 문제로 정국이 어수선한 상황에서, 민족주의적 감성을 내세워 문화재 인도에 반대하는 야당의 움직임이 강렬한 가운데도 불구하고, 민주당 정부가 한국과의 외교적 약속 가운데 하나를 이행하기 위해 꾸준히 노력한 점에 대해 긍정적인 평가를 내려야 할 것이다.

_3_
문화재 도서 한국에 돌아오다

2011년 12월 6일 조선왕실의궤 등 도서 1,200권 정도가 대한항공 화물기에 실려 인천국제공항을 통해 한국으로 돌아왔다. 이때 들어온 것은 2010년 8월 간 나오토(菅直人) 총리가 한국강제병합 100주년 담화를 통해 '인도(引渡)'를 약속한 것으로, 1922년 조선총독부에 의해 일본으로 강제 반출되어 일본 궁내청에서 보관되고 있던 도서들이다. 공항의 환영식에서는 전통의상으로 도열한 의장대 사열이 화려하게 이루어졌고, '100여년 만에 돌아온 우리의 혼 조선왕조도서'라고 적힌 천으로 덮인 2대의 컨테이너 앞에서 한국 외교통상부 제1차관과 주한 일본대사가 '인도' 확인 문서를 교환했다.

인천공항에 들어온 도서

이날 외교통상부는 대변인을 통해 조선왕조도서 1,200권이 한국에 '반환'된 것에 대해 미래지향적 한일관계가 보다 발전하게 될 것이라고 하는 논평을 발표했다. 그리고 도서가 예정대로 순조롭게 돌아올 수 있도록 협조해준 일본 정부의 노력을 높이 평가하고 앞으로 양국간 문화교류 협력이 더욱 활발하게 이루어지기를 기대한다고 했다. 한편 일본에서도 이날 각료회의 후에 겐바 고이치로(玄葉光一郎) 외상이 기자회견을 하는 자리에서 도서 '인도'에 대해, "양국이 전략적인 이익을 공유하고 있다는 것을 종합적으로 파악하고 판단했다. 그는 한일관계에 여전히 장애가 있기도 하지만 (이번 일이) 양국 국민감정의 개선에 도움이 될 것으로 기대한다"고 말했다.

일본 총리담화 이후 문화재가 한국으로 돌아오기까지 우여곡절이 많았다. 2010년 11월 14일 일본 정부는 한국과 '도서협정'을 맺을 때 한국 정부가 '반환'이라는 용어를 사용하지 않기로 하는 조건으로 1,205권의 도서를 전달하기로 하는 데 합의했다. 그러나 일본의 국회 일정에 따라 2010년을 넘기고 2011년에 들어서야 협정에 대한 비준절차를 밟게 되었다. 4월 27일 중의원 외무위원회에서 여당 민주당과 함께 공명당, 공산당, 사민당이 '도서협정' 비준에 찬성했고 제1야당 자민당은 이에 반대하는 가운데 가결되었고 그 이튿날 중의원 본회의를 통과했다. 10월 19일에는 정상회담을 위해 한국을 방문한 일본 총리와 함께 도서 5권이 한국에 들어왔다.

12월 6일 '도서협정' 대상의 나머지 도서가 모두 들어옴으로써 강제병합 100년에 즈음한 일본 정부의 가장 중요한 외교적 약속이 이루어졌다. 하지만 일본에 반출된 한국의 문화재가 아직 많다는 점이나 오늘날 국제적으로 문화재 반환의 움직임이 가속화되고 있는 점에 비추어 볼 때, 2011년 문화재 귀환 움직임은 한일양국 정부에 새로운 과제를 부여하는 계기가 될 것으로 보인다. 한국 정부로서는 어렵사리 귀환한 문화재의 철저한 관리 유지와 함께 앞으로 반환을 받아야 하는 문화재의 파악과 부단한 외교적 노력을 보여야 한다. 일본 정부로서도 한일 청구권협정 조항을 구실로 하여 '최종적이고 완전히' 끝난 일이라고 주장해오던 종래의 방어적인 자세를 바꾸어 전후처리에 적극적인 자세를 보여야 한다.

2010년 10월에 한국의 문화재청이 발표한 바에 따르면 한반도에서 해외로 반출된 문화재 규모는 반출의 불법성 합법성을 불문하고 총 18개 국가에 107,857 점에 달한다고 했으며, 이 가운데 61,409점이 일본에 반출되었다고 했다. 일제강점기에 조선총독부나 개인수집가들에 의해 일본의 연구기관이나 사찰 등으로 넘어간 것들이다. 해방 이후 한국 정부와 시민단체는 시시때때로 이들 문화재의 반환을 일본측에 요구해왔다. 그러나 1965년 국교정상화 기본조약과 함께 맺어진 문화재 협정을 통해서는 1,300점 정도의 문화재만이 한국에 들어왔다. 결국 일본에 건너간 것으로 알려지는 6만 점이 넘는 문화재 가운데 2011년에 들어온 도서를 포함하여 약 2,500 점만이 공식적인 외교 루트를 통해서 한국에 돌아오게 된 것이다.

한국 정부는 일본 뿐 아니라 프랑스에 반출된 문화재도 매우 중요한 것으로 보고 프랑스 정부에 대해 기회 있을 때마다 반환을 요구해오고 있다. 특히 1866년 병인양요 때 프랑스가 약탈해 간 문화재에 대해 그 반환을 요구하고 있다. 그러나 프랑스 정부는 국내법을 근거로 하여 완전 반환을 거부해오고 있다. 지난 2000년에 한불 정상회담에서 한국측이 반환을 요구하는 문화재에 걸맞게 고문서를 프랑스측에 제공한다고 하는 조건으로 협정을 체결했지만, 한국측이 제공한 서적이 복사본이라는 것이 밝혀지면서 협정은 해소되고 말았다. 그러다가 2010년 서울에서 열린 G20 회의 참석차 방문한 사르코지 대통령과 이명박 대통령과의 회담에서 5년마다 대여계약을 갱신하는 방법에 합의하기에 이르렀다. 2011년 5월 말까지 296점이 프랑스에서 한국으로 들어와 '대여' 형태로서나마 실질적인 '반환'에 이르게 된 것이다.

국제사회에서는 해외로부터 반입한 문화재를 비교적 많이 보유하고 있는 영국, 프랑스, 독일, 일본 등에 대해 문화재를 제자리에 되돌려 놓아야 한다며 반환을 요구하는 목소리가 점차 높아지고 있다. 그러나 선진국에 의한 문화재의 집중 관리가 학술적 발전과 문화재 보호에 기여했다고 하는 평가 의견이 여전히 높은 가운데, 선진국들이 국내법 체계를 이유로 하여 문화재를 원산지에 되돌리는 일에 지극히 소극적으로 대응하고 있는 것이 현실이다. 1970년대에 들어 그리스 정부가 영국에 대해 대영박물관에 전시된 파르테논 신전의 대리석 부조들의 반환을 요구하기 시작했으나 여전히 실현되지 않고 있다. 1970년에는 유네스코가 문화재불법수출입금지조약을 채택했지만 1972년 발효 이전의 불법 반출에 대해서는 이를 적용하고 있지 않다.

그럼에도 불구하고 이집트가 영국 등에 대해 불법 반출 문화재에 대한 반환을 요구하여 이미 5천 점 정도를 반환받기도 했으며, 오늘날에 이르기까지 계속하여 대영박물관에 전시된 로제타스톤 등을 반환하도록 요구하고 있다. 게다가 지난 2009년 6월에는 프라하에서 나치독일이 약탈해 간 유태인 미술품에 관한 국제회의가 열려 반환 결의문을 채택했으며 여기에 46개국이 서명한 바 있다. 그 이후 미술품을 원래 소유했던 유태인에게 계속 반환 작업이 이루어지고 있고 독일정부도 이 문제에 대해 적극적으로 대응하고 있는 편이다. 또한 2010년 4월에는 카이로에서 한국, 그리스, 중국 등 21개국 대표가 모여 '문화재 보호와 반환을 위한 국제회의'를 개최하고 불법 반출된 문화재에 대한 반환 요구를 합심하여 전개하기로 결의한 바 있다. 앞으로 문화재 반환을 위한 당사국 사이의 교섭과 함께 다국간 협의 움직임도 활발해질 것으로 보인다.

대영박물관의 로제타스톤

_4_
평양 일본인 묘지

2012년 10월 1일 16명의 일본인 성묘 방문단이 북한에 입국하여 평양의 일본인 묘지에 참배했다. 방문단은 9월 29일 베이징에서 평양으로 들어갔으며 30일 북한 외무성 관계자의 안내로 과거 일본인 거주지를 둘러본 후 평양시 교외에 위치한 일본인 유골 매장지인 용산묘지를 방문하여 참배했다. 용산묘지에 묻힌 일본인들은 대부분 일본 패전 직후 만주 등지에서 평양으로 피난해 왔다가 미처 남하하지 못하고 영양실조, 추위, 질병 등으로 사망한 사람들이다. 이번 성묘 방문단은 이들 사망자의 유가족으로 이루어졌다. 2013년 3월 현 시점에도 일본의 NPO법인 '전몰자 추도와 평화의 모임'은 홈페이지를 통해서 2012년 평양방문 결과를 보고하는 한편, 용산묘지 일본인 매장자 2,421명의 명부를 공개하고 이름으로 매장자를 검색하도록 하고 있다.[8]

일본인 유족의 평양묘지 참배

패전 직후 한반도 일본인의 동향에 관한 저서 『조선종전의 기록』(1964년)

---

8) NPO法人戦没者追悼と平和の会. http://www.senbotsusya.com.

방문단의 제물

에서 저자 모리타 요시오(森田芳夫)는 1945년 8월부터 이듬해 7월까지 평양 시내의 용산묘지에 2,700명 가량이 매장되었다고 기록했다. 그는 패전 직후 북한지역에 잔류한 일본인 피난민 생존자와 사망자의 참상을 생생하게 기록하여 전쟁의 잔혹함과 평화의 소중함을 후세에게 알렸다. 1946년 4월 평양의 일본인 단체가 용산묘지를 정리하면서 묘표에 새겨진 이름들을 모아 2,421명의 명부를 만들었고 이 명부를 당시 '평양 일본인회' 소속원이던 사토 도모야(佐藤知也) 씨가 일본에 가지고 귀환했다. 사토 씨는 2012년 80세로 성묘 방문단의 단장이 되어 66년 만에 그의 고향 평양을 찾았다. 북한 지역의 수많은 매장지 가운데 일본인 묘지의 위치와 사망자 명부가 보존되어 있는 곳은 평양 용산묘지 뿐이다. 그러나 용산묘지가 북한의 개발정책에 따라 2차례나 이전되었기 때문에 2012년 방문단이 찾은 묘지는 60년 전 본래의 묘지가 있던 곳은 아니다.

아무튼 북한당국이 2012년 일본과 국교가 정상화되지 않은 상황에서 전후 처음으로 일본인 유족에게 평양에서 성묘를 하도록 허용했고 일본 언론에게도 이를 취재할 수 있도록 조치했다. 이로써 일본인 유족의 움직임과 평양 시가지 모습이 일본의 언론 보도를 통해 널리 알려졌다. 핵개발·미사일 발사·'납치' 문제 등으로 북일관계가 경색되어 있는 가운데 북한당국은 일본과의 관계 개선을 위한 카드로서 이처럼 민간인의 성묘 허용이라고 하는 인도적 문제를 부각시킨 것으로 보인다. 특히 성묘 허용을 통하여 '납치' 문제로 인한 북한의 어두운 이미지를 희석시키고자 한 것으로 보인다. 또한 북한당국이 그간 미군 유해 수습을 통해 외화를 벌어들인 것에 빗대어 일본인 유해 유골 문제를 외화 획득의 방편으로 보고 있는 것이 아닌가 하는 비판적인 견해가 일부에서 제기되기도 했다.

2012년 4월 김일성 주석의 생일 100회 기념행사에 참가한 일본의 방문단(단장 전 사회당 의원 시미즈 스미코[清水澄子])에 대해 송일호 북일교섭 담당대사가 이 문제를 언급한 것이 2012년 성묘단 방북의 발단이 되었다. 송대사는 그때 평양의 공사 현장 등 북한에서 다수의 일본인 유골이 발견되고 있는데 만일 일본인 유족들이 성묘를 하겠다고 요청하면 받아들이겠다고 언급했다. 그리고 2차 대전 전에 북한 지역에 거주하다가 사망한 일본인 민간인의 유골, 패전 직후 소련에 억류되었다가 북한에 이송되어 사망한 일본인 군인의 유골 등을 일본에 반환할 의사가 있다고 전했다. 또한 북한은 8월 말에서 9월 초까지 일본인 민간단체 '전국청진회(全國淸津會)' 회원 4명에게 방북과 함께 평양, 고무산, 함흥, 부평, 삼합리 등에서 유골 수습과 조사 활동을 허용하기도 했다.

한편 일본 정부는 어디까지나 북일관계 개선의 전제조건으로 '납치' 문제가 선결되어야 한다는 입장을 견지하며 공식적인 대응을 유보했으며 일본인 민간단체의 북한 방문에 대해 자제를 요청한 것으로 알려지고 있다. 다만 북한측이 인도적인 문제를 들고 나오는데 대해서 일본측은 비록 소극적인 자세이기는 하지만 복선을 깔고 대응한 것으로 보인다. 한편으로 '납치' 문제의 조기 해결을 북한측에 촉구하면서 그것을 전제로 하여 유골반환 문제 등에 응하는 모습을 보인 것이다. 2012년 8월 말 베이징에서 4년 만에 열린 북일 외무성 실무자 협의에 후생성의 유골수습 담당관을 참여시켰고 국장급 실무자 협의를 통해서 '납치' 문제와 함께 일본인 유골반환 문제를 현안으로 하여 교섭을 해 가기로 합의한 바 있다.

일본의 정치권과 사회에서 '납치' 문제의 조속한 해결을 촉구하는 목소리가 높은 가운데 일본 정부는 민간인 유족의 평양 방문에 대해 아무런 공식 언급을 하지 않았다. 사망자 유골 문제보다 현재 살아있는 사람들의 생명과 인권이 훨씬 더 소중하며 따라서 '납치' 문제 해결을 최우선으로 하여 서둘러야 한다는 주장이 일본사회에 팽배하기 때문이었다. 이러한 이류로 일본의 총련 조직이 대대적으로 평양 방문단의 소식을 전하고 있는 것에 비하면 일본의 언론매체들은 평양에 취재진을 대거 파견했음에도 불구하고 냉랭하게 보도하는 데 그쳤다.

한편 성묘 방문단 소식에 비하여 이 시기 '납치' 문제에 관한 소식은 연일 크게 언론에 보도되고 있었다. 2012년 10월 4일 납치 피해자로 10년 전에 일본에 귀국한 지무라 야스시(地村保志, 57세) 부부가 후쿠이현(福井県)에서 기자회견을 갖고 "아직 귀국하지 못한 피해자들의 조속한 구출"을 호소했다고 일본 언론들이 앞을 다투어 보도했다. 오늘날에 이르기까지 북일관계 개선의 최대 걸림돌이 되고 있는 '납치' 문제에 관하여, 일본 정부는 관련 피해자가 17명 이상이며 살아있을 가능성이 있다고 주장하며 북한을 압박하고 있다. 이에 대해 북한측은 이미 알려진 13명의 피해자 이외에는 없다고 하며 이미 일본에 귀국한 5명을 제외한 나머지 8명은 모두 사망했다고 주장하고 있다. 이처럼 '납치' 문제 해결의 기미가 전혀 보이지 않는 가운데 일본인 성묘단의 방북 성과와 앞으로 시행될 60여 년 전 유골의 반환 움직임이 북일관계 개선에 얼마나 도움이 될지 주목된다.

_5_
해방직후 일본에서 귀환한 한인의 증언

필자는 2011년 9월 25일부터 27일까지 인터뷰 조사를 실시했다. 해방을 전후하여 일본에서 한반도로 귀환하여 현재 부산에 거주하고 있는 노인 가운데 할아버지 6명, 할머니 2명을 인터뷰 대상으로 했다. 총 8명 가운데 3명은 해방 전에 한반도로 귀환했고 나머지는 해방 직후에 귀환했다. 또한 이들 중 할아버지 3명은 야마구치현(山口縣)으로 징용을 당해 강제 연행되었으며 나머지 5명은 일본에서 태어나 생활하다가 가족과 함께 일본을 떠난 사람들이다.

필자는 이 노인들이 식민지 지배와 귀환 과정을 어떻게 기억하고 있는지를 중심으로 하여 조사하기로 했다. 필자는 지난 2007년에도 이미 출간된 구술 기록집 내용을 분석하여 한인 귀환자들의 기억을 기록한 일이 있다.[9] 그리고 2011년 6월에도 정충해(鄭忠海)와 장정수(張錠壽)의 회고 기록 자료의 내용을 토대로 하여 해방직후 부산에 대한 귀환자들의 기억을 소개한 일이 있다.[10] 2011년 인터뷰 조사는 기존 자료의 내용을 직접 확인하는 데 의의를 두고 진행했다.

인터뷰에 들어가기에 앞서 2011년 8월부터 인터뷰 대상 노인을 선정하는 작업에 들어갔다. 징용되었다가 귀환한 사람에 대해서는 서울의 강제동원 피해자조사지원 관련 위원회에 의뢰하여 부산 거주 생존자 가운데 야마구

---

9) 최영호, 『부관연락선과 부산』, 논형, 2007, pp. 162-171.
10) 최영호, 「한인귀환자의 눈에 비친 해방직후 부산의 이미지」, 『한일민족 문제학회』 20집, pp. 97-123.

치현에 징용된 사람을 섭외했다. 굳이 야마구치현 피징용자를 대상자로 선정한 것은 함께 인터뷰를 기획한 미야시타 료코(官下良子) 연구원이 시모노세키에 주목하고 있는데다가 필자가 일본의 귀환항 가운데서 야마구치현에서 귀환하는 사람들이 거의 이용했을 것으로 보이는 센자키(仙崎) 항구를 중시하고 있기 때문이었다. 최종적으로 징용 피해자 3명에게 연락이 닿아 인터뷰가 가능하게 되었다.

또한 일본 출생 귀환자에 대해서는 부산광역시 남구의 NPO 단체 '실버 일본어통번역 봉사회'를 찾아가 6명을 확정했다. 봉사회에서는 80세 넘은 노인들이 매주 화요일 오후에 모여 일본어 학습을 하고 있었고 일본어 통번역에 관한 의뢰가 들어오는 대로 자원봉사활동에 나서고 있었다. 고맙게도 위원회와 봉사회의 적극적인 협력이 있었기에 면담 조사를 할 수 있게 되었다.

징용 피해자의 증언

징용 피해자 3명에 대해 실시한 조사결과를 간략하게 소개하고자 한다. 이들 3명에 대해서는 매일 한 명씩 면담을 했다. 각각 1시간 반에서 3시간에 걸친 인터뷰였다. 개인 프라이버시 보호를 위하여 할아버지의 이름과 얼굴은 밝히지 않기로 한다.

조사일 첫날 오전에 자택에서 만난 정(鄭) 할아버지는 1926년 생으로 1943년(18살)에 전남 광양에서 영장도 없이 강제 차출되어 우베(宇部) 소다 공장으로 끌려갔다. 먹을 것이 부족하고 일이 힘들어 일시 도망쳐 다른 작업장으로 도망쳤다가 헌병대에 붙잡혀 다시 소다공장에서 일했다고 한다. 동포 노무자나 일본인 인부 등과 약간의 접촉은 있었다고 한다. 해방 후 한 달쯤 되어 작업장 관리인의 안내로 센자키(仙崎)에 가서 며칠을 노숙하며 기다리다가 대형 귀환선 고안마루(興安丸)을 타고 부산으로 귀환했다고 한다.

당시 센자키는 한반도에 귀환하려는 사람들로 붐볐고 무척 지저분했으며 숙소가 없어 모두 노숙할 수밖에 없었다고 기억했다. 오후에 상륙한 부산항 설비에 대해서는 뚜렷한 기억이 없고 다만 귀환하는 사람들이 많았고 일본에 비해서 형편없이 더럽고 빈곤했다고 했다. 귀환 후 계속되는 사회적 혼란과 빈곤으로 일본에서 귀환한 것을 후회했었다고 회상했다.

둘째날 오후에 만나 커피숍에서 대화를 나눈 문(文) 할아버지는 1927년생으로 1944년(18살)에 경남 지역에서 마을 직원에게 영장도 없이 강제 차출되어 화물선에 실려 아사군(厚狹郡) 후나기(船木)의 탄광에 끌려갔다. 그는 탄광 안에서도 가장 힘든 채탄 작업을 해야 했다. 거의 매일 깊은 지하 갱도에 들어가 숨 막히는 상황에서 작업을 했으며 밖에 있을 때는 군사교육과 충성교육을 받았다. 괴로운 채탄 작업보다는 차라리 감옥 생활이 나을 것으로 생각하여 검도 교육 시간에 일본인을 실컷 두드려 패고 영창에 들어간 일이 있다. 한번 일본인 경비원 집에 초대받아 방문하는 등 다소의 자유로움이 허용된 일이 있다고 했으나 전반적으로 패전 사실을 모를 정도로 엄격하게 통제된 환경에서 지냈다. 그는 인터뷰 내내 "만약 일본과 전쟁이라도 한다면 지원하여 싸우겠다는 생각이었다"고 하며 해방 직후 일본과 일본인에 대한 적대 감정을 회고했다. 해방되자마자 작업장 관리자의 인솔로 센자키 항구에 도착했고 별로 지체하지 않고 귀환선을 탔다. 센자키에는 귀환 순번을 기다리는 동포들이 많았고 부산항은 무질서와 빈곤이 격심했다. 오후에 부산항에 내리자 귀환동포 환영하는 소리가 떠들썩한 가운데 귀환원호를 위장한 사람들에게 속아서 가지고 온 짐들을 모두 도난당했다.

셋째날 오후에 만나 커피숍에서 이야기를 나눈 정(鄭) 할아버지는 1929년생으로 1944년(16살) 9월에 전북 남원의 읍사무소 직원들이 제시한 징용영장을 받고 곧 바로 일본으로 끌려갔다. 이들은 남원에서 약 100명 정도를 집단으로 차출한 가운데 전쟁 말기 노동력 부족을 메우기 위해 소년들까지 대거 동원했다고 한다. 그는 징용된 곳으로 야마구치현의 남서부에 위치한 오노다시(小野田市)의 해저탄광으로 기억하고 있어, 모토야마(本山) 해저탄광에서 작업했던 것으로 보인다. 체격이 작기 때문에 깊고 좁은 갱도에 비집고 들어갈 수 있었고 따라서 탄광에서 가장 힘든 채탄 작업을 담당했다. 1일 3교대로 일을 했다고 기억하며, 미군 포로들도 노무자로 동원되었으나 체격이 커서 갱도에는 들어가지 못하자 전기스위치 관리와 같은 일을 담당하게 했다고 한다. 감시자 가운데는 동포들에게 폭행을 일삼는 악독한 사람이 있었고 작업장 식당에도 여러 동포들이 일하고 있었다고 한다. 그러나 엄격한 통제로 일본인이나 동포와 자유롭게 교류하거나 대화하는 일이 전혀 허용되지 않았다. 그는 징용 피해상황을 회고하면서 자주 눈물을 글썽이고 "치가 떨린다"고 말했다. 패전 직전 7월에 잦은 공습으로 관리인들의 관리가 허술해지자 몇 사람이 함께 작업장을 도망쳐 나와 시모노세키항으로 걸어갔다. 고향에서 가지고 간 메리야스를 팔아 마련한 약간의 돈을 가지고 밀선을 구했다. 바다를 건너는 도중에 태풍을 만나 쓰시마(對馬)에 머물렀다가 거기서 전남 고흥의 어느 섬으로 향했다. 섬에서 육지(벌교)까지는 작은 배에 타고 노를 저어 이동했다.

　이러한 이야기를 나눈 3명의 징용 피해자들은 각각 작업장과 작업 환경이 다르기는 했지만 이들이 공통적으로 기억하고 있는 것을 확인할 수 있었다. 무엇보다 전쟁 말기의 징용은 감옥생활이었다는 것이다. 3명 모두 "식민지 백성은 당시 일본인의 노예였다"고 진술했으며 자신들은 징용당하여 '영어(囹圄)의 몸'으로 작업장에 배치되었다고 했다. 따라서 일본이 패전하거나 패전을 앞두고 징용 작업에서 해방된 것에 대해서는 공통적으로 한없는 기쁨을 느꼈다고 한다. 하지만 귀환한 후 체험하게 되는 한반도의 경제사정은 일본에 비해 형편없이 열악했으며 해방 후 한반도에서의 생활은 징용과는 다른 또 다른 차원의 엄청난 시련이었다고 말했다. 특히 6.25 전쟁으로 인한 혼란과 고통은 이구동성으로 악몽이라고 말했다. 3명 모두 징용 당하면서 임금을 전혀 받은 적이 없을 뿐 아니라 임금을 받을 생각은 꿈도 꾸지 못했고 다만 죽지 않고 살아남을 생각만 했다고 증언했다. 전쟁 노동력으로 자신들을 끌고 간 일본 정부와 기업에 대해서는 모두 증오감을 나타냈고, 일본으로부터 청구권 자금을 받은 한국 정부가 오늘날 징용 피해 생존자에게 매년 80만 원씩 의료비 명목으로 지원하고 있는 것에 대해서도 지극히 미흡한 일이라고 하며 공통적으로 불만을 표출했다.

일반 귀환자의 증언

2011년 9월 6일 필자는 부산광역시 남구 도서관에서 매주 열리고 있는 '실버 일본어통번역 봉사회' 학습 모임에 처음으로 찾아갔다. 일본에서 출생하여 해방을 전후하여 한반도에 귀환한 할아버지, 할머니에게 인터뷰를 요청하기 위해서였다. 이때 즉석에서 6명이 인터뷰에 응하겠다고 승낙하여 9월 25일부터 사흘간의 개별 면담 일정을 교섭했다. 결과적으로 이 가운데 한 명이 집안 일로 일정에서 벗어나게 되어 총 5명이 최종 확정되었으며 이들로부터 각각 과거 일본생활과 귀환과정에 관한 기억을 듣게 되었다.

조사일 첫 날 점심시간에 만난 정(鄭) 할아버지는 1927년에 도쿄에서 태어났다. 경남 사천 출신의 부친은 1920년경에 도일하여 토목업, 식당업 등을 영위하며 살았다. 어려서 여러 곳을 옮겨 살다가 후쿠시마현(福島縣)에서 가장 오래 거주했기 때문에 그는 일본 경험으로서 후쿠시마 생활이 가장 많이 기억된다고 했다. 그는 어린 시절 동포들이 적은 일본인 마을에서 비교적 유복하게 성장하였고 모친이 한복만을 입고 지냈지만 그렇다고 해서 일본사회에서 민족차별을 당한 기억은 전혀 없다고 했다. 귀환 후에 그는 한반도에 살던 동포들이 오히려 일본사회보다 훨씬 심한 민족차별을 당했다는 것을 듣게 되었다고 했다. 도쿄에서 중학교를 다니다가 1943년 3

학년 때 후쿠시마에 소개(疏開)하기 위해 전학한 일이 있으며 이듬해 4학년 때에는 학도동원령이 내려져 가와사키(川崎)의 진공관 제조공장에 동원된 일이 있고 도쿄 대공습을 체험하기도 했다. 중학교 졸업 직후 1945년 4월 후쿠시마를 떠나 경기도 안양에 있는 항공기회사에 취직하기 위해 귀환 길에 올랐다. 미군 공습으로 며칠간을 기다렸다가 하카타(博多) 항구에서 연락선을 타고 부산항에 도착했다. 귀환 직후의 부산에 대해서는 헐벗은 민둥산과 혼탁하고 가난한 모습만이 남았다고 기억했다. 나머지 가족들은 해방 후에 귀환했고 귀환한 부친은 조국해방을 정말 기뻐했다고 회고했다. 해방 후 그는 우리말을 익히기 위해 열심히 자습했고 삼천포에서 미군부대 통역사가 되면서 적산관리 업무 등을 통해 생활을 영위해 갔다. 해방 직후의 혼란과 6.25전쟁의 참화 가운데서도 그는 남들에 비해 큰 곤란을 겪지 않고 지낼 수 있었다.

조사일 첫 날 오후에 만난 이(李) 할아버지는 1928년 가와사키에서 태어났다. 그도 어린 시절 비교적 거주 환경이 좋은 일본인 주택지에서 식료품 건어물 등을 판매하는 집안에서 유복하게 살았으며 소학교 시절에 반장을 맡기도 했다. 가와사키에 가난한 조선인들이 많이 거주하는 지역이 있었고 거기에는 전기나 수도가 들어오지 않았다. 모친의 친척이 살고 있었기 때문에 방문한 일이 있었는데 아주 형편없는 초라한 지역이었다. 하지만 그가 살고 있던 지역은 깨끗하고 문명의 혜택을 받고 있었고 무엇보다 일본인으로부터 전혀 민족차별을 당한 일이 없다고 기억했다. 1945년 3월경 공습을 피하여 친척이 있는 미야기현(宮城縣)으로 소개해 갔다. 그는 비교적 귀환 과정에 대해 상세하게 기억하고 있었다. 일본 패전 이후에도 계속 미야기현에서 지내다가 1946년 3월경에 조선인연맹으로부터 연락을 받고 모친과 4명의 형제가 다함께 귀환했다. 열차로 하카타(博多)로 이동했고 거기서 커다란 선박을 타고 부산항으로 들어왔다. 그의 기억에 의하면 하카타 항구나 부산 항구가 모두 질서정연했다고 한다. 다만 귀환 후에 흉년을 만나 어려움을 많이 겪었다고 한다. 울산으로 귀환하여 우리말을 비롯하여 공부를 계속하여 초등학교 교사가 되었다. 그는 해방 후 정착 과정에서 경제적 어려움 없이 학업을 계속할 수 있었던 것은 전적으로 모친의 가르침 덕택이라고 했다.

조사일 둘째 날 점심 때 만난 이(李) 할아버지는 1932년 아타미(熱海)에서 태어났다. 그러나 4살 때부터 나고야(名古屋)에서 줄곧 자랐기 때문에 그는 나고야에서의 생활만을 기억하고 있다. 어린 시절 자신이 심하게 민족차별을 받은 일은 없는데 주변의 일본인들이 조선인을 차별하는 모습은 많이 목격했다고 한다. 그는 조선인을 차별하는 노래 하나를 기억한다고 하며 손수 메모를 했다. ……조선인은 넝마주이/ 하루에 5전/ 살림이 힘들어…… (朝鮮人は紙屑拾い/ 一日五銭/ 暮しに困る). 1944년 말에 그는 나고야를 덮친 공습으로 운송업을 하시던 부친을 잃었다. 공습이 계속되자 모친과 두 형제가 일본생활을 접고 귀환을 준비했다. 1945년 2월경 그가 아직 6학년에 재학 중인데도 불구하고 귀환 길에 나섰다. 나고야에서 열차로 시모노세키(下關)에 도착했으나 귀환하려는 사람들이 많아 7~8일을 노숙하며 선박을 기다렸다. 간신히 연락선을 타고 부산으로 돌아올 수 있었다. 부산역에서 열차를 기다리며 잠시 3식구 모두가 잠든 사이에 일본에서 들고 온 짐을 모두 도난당했다. 당시 부산은 가난과 무질서 세상이었다고 회고했다. 모친의 고향인 진주로 귀환하여 얼마동안 친척의 도움을 받아 지내다가 14살의 나이에 심부름꾼 등을 하면서 돈을 벌었다. 귀환 직후 우리말을 몰라 독학으로 천자문을 통해 우리말 읽는 법을 익혔다. 진주에서 해방을 맞았으며 농업조합에 견습생으로 일한 후 밀양의 농협에 취직했다.

조사일 셋째 날 오전에 만난 최(崔) 할머니는 1930년 도쿄에서 태어났다. 그녀는 5~6살 때 오사카에 이사하여 계속 지냈기 때문에 도쿄에 대한 기억은 없고 오로지 오사카에 관한 기억을 간직하고 있었다. 삼천포 출신인 부친이 일본에 밀항하여 도쿄에서 일본생활을 시작했고 같은 고향의 모친과 결혼한 후 오사카로 이사했다고 한다. 부친은 토목 노무자 일을 했고 모친은 재봉 일을 하여 와카야마(和歌山)까지 물건을 팔러 다니기도 했다고 한다. 모친이 장사 끝내고 집에 돌아올 때 과일과 쌀을 구입해서 들고 왔다고 하며 어린 시절을 그런대로 유복하게 보냈다고 기억했다. 그녀는 1945년에 오사카 경찰서 내선계(內鮮系)에 취직해서 일하면서 자유로움과 풍요로움을 만끽했다. 오사카 집은 1칸 2층집으로 기와지붕이었고 일본인 마을에 위치했다. 일본인 학교를 다닌데다가 집 주변에 사는 조선인 동포 친구가 하나도 없어 친구라고는 일본인뿐이었다. 해방이 되자 1945년 12월 경 15명 정도의 가족과 친척이 밀선을 빌려 바다로 나갔다가 열차를 타고 시모노세키로 이동했다. 이어 곧 바로 시모노세키에서는 정식 귀환 선박을 타고 부산으로 들어왔다. 시모노세키에 대한 기억은 없으며, 귀환 직후 부산에 대해서는 지저분한 거리, 움막집, 전기불 없는 초롱불 생활을 목격하고 "귀국한 것을 후회했다"고 회고했다. 일본에서 밀선에 실어 보낸 짐은 삼천포에서 무사히 찾을 수 있었다. 조부모가 크게 농사일을 하고 있어 식량은 넉넉한 편이었다. 1947년에 유복한 집안에 시집을 가서 남편의 도움으로 편안하게 우리말을 공부할 수 있었다.

조사일 셋째 날 점심 때 만난 최(崔) 할머니는 1933년 도쿄에서 태어났다. 부모가 모두 전남 고흥군 출신이며 부친은 일찍이 1920년대에 일본에 건너갔고 모친은 1932년에 들어갔다. 그녀가 5살 되던 해에 20살 위의 언니가 살고 있던 미에현(三重縣)으로 옮겨 언니 밑에서 자랐다. 그녀는 일본에서 초등학교 6학년까지 보냈으며 일본인으로부터의 민족차별에 관한 기억은 없다고 했다. 1945년 3월 9일의 도쿄 공습으로 부친과 오빠 그리고 올케 언니를 잃었다. 모친도 그 후 미에현으로 옮겨와 함께 지내다가 그 해 11월경에 언니 식구와 함께 총 7명이 귀환 길에 올랐다. 욧카이치(四日市)에서 열차를 타고 시모노세키(下關)로 이동하여 거기서 큰 배를 타고 부산항에 들어왔다. 시모노세키에 대한 기억은 전혀 없고 부산항에 도착해보니 일본과 비교하여 형편없이 가난한 모습들이었다고 회고했다. 부산에서 하룻밤을 보내고 언니 가족은 시댁이 있는 군산으로 가고 그녀는 모친을 따라 고흥 근처의 순천으로 귀향하여 정착했다. 1951년에 일본에서 귀환한 남편과 결혼했다.

이상 5명의 일본 출생 노인들로부터 들은 이야기를 종합하면, 5명 모두가 각각 거주지역과 생활환경이 달랐지만 공통적으로 기억하고 있는 것을 확인할 수 있었다. 무엇보다 일제강점기 일본에서 출생하고 자라난 사람들은 정도의 차이는 있어도 어린 시절에 민족차별을 그리 당하지 않은 것으로 기억하고 있었다. 5명 모두가 조선인 부락과 같은 차별 지역에 거주하지 않았기 때문이기도 하겠지만 적어도 한반도에서 조선인들이 총독부와 일본인에게 받았던 민족 차별과 억압에 비하면 일본인들과 부드럽게 융화되어 지냈던 것으로 보인다. 한반도에서 끌려 간 징용 피해자들이 이구동성으로 "식민지 백성은 당시 일본인의 노예였다"고 진술한 것과는 전혀 다른 생활을 한 것이다. 따라서 이들에게서는 일본의 패전에 따른 해방감이나 감격의 기억을 찾아볼 수가 없다.

귀환 선박으로 도착한 부산이나 부산항의 모습에 대해서는 징용 피해자와 마찬가지로 모두 궁핍하고 무질서한 장소로 기억하고 있다. 하지만 이들은 모두가 한반도로 귀환한 것을 몹시 후회했다는 점에서 징용피해자들과는 달랐다. 정(鄭) 할아버지의 경우에는 귀환 후 언어 소통이 곤란한데다가 경제적 어려움 등으로 견디기가 어려워서 몇 차례에 걸쳐 밀선으로 일본 재입국을 시도했다고 고백하기도 했다. 부모의 고향에 돌아오기는 했지만, 한반도는 마치 외국과 같은 장소로서 이들에게 새로 적응해 가야 하는 생소한 곳이었다. 이들이 귀환 직후에 가장 우선적으로 해야 했던 과제는 우리말을 완전하게 익히는 일이었다. 5명 모두는 다행히 그다지 생활형편이 궁핍하지 않았고 일본에서 학습한 경험이 있었기 때문에 무난하게 우리말을 습득할 수 있었다. 결국 이들은 우리말 습득을 통해 이중 언어를 구사하게 되었고 이에 따라 통역이나 교육 업무에 알맞은 경력을 가질 수 있게 되었다. 뿐만 아니라 징용 피해자들에 비해 보다 여유로운 생활을 유지할 수 있었고 보다 나은 조건에서 자녀들을 양육할 수 있게 된 것이 아닌가 생각된다.

_6_
부산 강제동원사료관 건립

　2011년 8월 11일 소나기가 내리는 가운데 일제강제동원 역사기념관 건립 기공식이 부산시 남구 당곡공원에서 열렸다. 대일항쟁기강제동원피해조사위원회가 주관하여 실시한 기공식에는 정부 관계자와 부산지역 국회의원 등을 비롯하여 일제강제동원 피해자, 유족, 지역주민 등 200여 명이 참석했다. 이때 2012년 말 준공을 목표로 하여 착공을 했지만 당초 계획대로 공사가 진행되지 않아 2013년에 공사가 마무리될 전망이다. 이 건물은 부지면적 75,465㎡, 건물 연면적 12,062㎡, 총사업비 550억 원 규모의 지상 3층 지하 4층의 규모로 계획되었다. 이 건물은 피해자 추모시설을 비롯하여 각종 전시실과 기록관리실, 그리고 편의시설을 갖추게 된다.

강제동원 역사관 기공식

위원회는 추도공간 및 사료관 건립을 위해 2007년 5월 기본계획안을 수립했다. 2008년부터 2012년까지 사업기간을 5년간으로 하고 총사업비 550억 원을 들여 건립을 추진해왔다. 2008년 7월에는 부지 선정 작업에 들어가 부산 남구에 위치한 당곡근린공원에 건립하기로 확정했고 그해 12월 타당성 조사와 기본구상 용역까지 마쳤다.[11] 그러나 예산을 확보하지 못한데다가 환경 평가 등이 겹쳐 건립계획에 차질이 빚어져 예정보다 뒤늦게 2011년 8월이 되어서 착공하기에 이르렀다.

이 사업은 지난 2004년 9월에 발효된 일제강점하 강제동원피해 진상규명에 관한 특별법에 기인하고 있다. 이 특별법에는 '추도공간 및 사료관 조성에 관한 사항'이 규정되어 있었다. 이렇게 애초부터 기념관은 추도 · 교육 · 연구를 위한 공간으로 자리매김 된 것이다. 일본제국의 강제동원 정책에 의한 피해자와 그 유가족에 대한 국가적 차원의 위로는 현재 진행 중인 일시적인 지원금 지급만으로는 마무리되지 않는다. 상징 시설과 전시물을 통해 매몰되기 쉬운 강제동원 피해의 역사를 기억하게 하고 다시는 국권을 빼앗기는 오류를 범하지 않겠다는 결의를 보이는 것이 그들에게 궁극적인 위로가 될 것이다.

한편 이 사업은 우리 정부가 지난 1965년에 일본과 청구권 협정을 맺으면서 경제개발에 주력한 나머지 강제동원 피해자에 대한 전후처리 문제를 소홀히 해왔던 것을 반성하고 희생자들의 유족들을 위로할 국가차원의 추도공간과 강제동원의 역사를 후세에 널리 알릴 시설을 마련하자는 취지에서 시작되었다. 국가 잃고 이리저리 전쟁에 동원되어야 했던 식민지 백성의 역사를 앞으로 다시는 되풀이해서는 안 된다는 교훈과 과거 수난의 역사를 국민통합의 에너지로 승화시키자고 하는 메시지야 말로 오늘날 이루어지고

---

11) 대일항쟁기강제동원피해조사및국외강제동원희생자등지원위원회, 『일제 강제동원 역사기념관 건립현황 보고』(보고안건), 2010년 12월 23일.

있는 피해자 지원 업무나 자료관 건립 사업을 관통하는 기본축이 되고 있는 것이다.

그런데 이제까지 정부 위원회의 전반적인 활동 중심이 피해자 지원 문제에 쏠려 있었기 때문에 역사자료관 건립에 대해 집중하지 못한 측면이 없지 않나 생각된다. 여기에는 피해자 단체를 비롯한 한국사회의 관심이 전반적으로 피해자 지원금 문제에 쏠려 있었기 때문에 자료관 건립에 힘이 실리지 못한 중대한 원인이 되었다고 본다. 이러한 분위기가 2011년 4월 하순 한국의 언론을 일시 떠들썩하게 하게 한 것과 같이 일부 피해자 단체의 보상금 사기 문제를 발생시켰다고 할 수 있다. 앞으로 자료관 운영 방안을 둘러싸고 강제동원 역사 문제에 관한 사회적 관심이 높아지기를 기대해본다.

자료관이 건립될 예정인 부산은 일제강점기에 일본열도와 한반도를 잇는 대표적인 민간 이동 접점 지역이었다. 부산과 시모노세키를 연결하는 연락선이 1905년부터 1945년까지 운행되었는데 40년 동안에 걸쳐 3천만 명 이상의 승객이 이러한 정기연락선을 이용했다. 이 가운데에는 일제강점기 말기 강제로 동원된 수십 만의 한인이 포함되어 있었다. 또한 해방 직후 2년간에 걸쳐 정규적인 선박이나 비정규적인 선박으 이용하여 부산항에 들어온 강제동원 노무자를 포함한 한인 귀환자가 100만 명 이상 되었다.

위원회에서 나온 구술 자료 등을 보면 거의 대부분의 해외 강제동원 피해자가 부산항을 통해 나갔다가 부산항으로 귀환했다는 것이 여실히 입증되고 있다. 부산은 수많은 강제동원 피해자들에게 있어서 조국의 상실감과 해방감을 가장 강렬하게 느끼게 했던 곳이 아닌가 한다. 암울한 전쟁 상황에서 삶과 죽음에 관한 불투명한 전망을 가지고 배에 오른 사람들 가운데는 전쟁 중에 불행하게도 많은 사람들이 불귀의 객이 되었다. 어렵사리 해방 이후 고향으로 돌아온 사람들에게는 부산에 상륙하는 일이 조국에 도착한 것을 상징했다. 장기간의 전시체제로 인하여 사회적 혼란과 빈곤으로 가득한 공간이기는 했지만 부산에 들어오면서 그들은 모두 이제 살아남았다고 하는 기쁨을 느끼게 되었을 것이다.

지난 2007년 부산광역시가 지역 개발 차원에서 부지 제공에 적극 나서면서 자료관 건립 움직임이 탄력을 받았다. 건물이 들어설 당곡근린공원은 여러 가지 측면에서 볼 때 역사와 평화를 상징하는 설비를 갖추고 가능한 많은 사람들이 방문하도록 유도하기에 적절하다고 생각한다. 부산의 도심지에서 멀지 않은 곳에 있는데다가 대중교통 수단이 다양하고 보행으로 접근하기에도 양호한 편이다. 차후에 공원 진입로를 조성하게 되면 보다 더 접근성이 좋아질 것으로 보인다. 또한 자료관 부지 인근에는 문화예술회관과 유엔기념공원이 있고 5km 반경 이내에 4개의 종합대학을 비롯한 여러 교육기관이 산재해 있기도 하여 주변 지역 전체가 문화와 교육의 색깔을 강하게 띠고 있다.

강제동원기념관 투시도

　강제동원에 관한 방대한 자료와 기록물을 연구하고 이를 통해 역사교육을 수행하는 일은 자료관의 가장 중요한 작업이다. 중일전쟁과 태평양전쟁 시기에 징용·징병 정책이 어떻게 수립되고 지역별로 어떻게 적용되었는지, 일본 정부와 군부, 그리고 재계의 자료를 조사하고 규명해가야 한다. 이와 함께 각 지역이나 사업장별로 어떠한 피해가 발생했고 그것이 전후에 어떻게 보상이 되었는지를 정리하고 기억하기 위해서는 정부 위원회의 신고·조사 자료를 포함하여 각종 사료에 관한 정리와 분석이 뒤따라야 한다. 이러한 검증 작업을 거친 후 교육과 전시가 이루어져야만 많은 사람들에게 납득과 공감을 불러일으킬 수 있을 것이다.

자료관 설립과 관련하여 짚고 넘어가야 할 것은 현재 진행 중인 강제동원 피해자 지원 사업이 한일청구권협정을 기초로 하여 이루어지다보니 해외동원 피해자에게만 그 대상이 국한되어 있다는 점이다. 그러나 강제동원 피해의 역사에서 징용영장과 관계없이 광범위하고 다양하게 이루어진 국내동원 문제를 절대 간과해서는 안 된다. 한일회담 과정에서 일본 정부의 비역사적인 태도와 한국 정부의 허술한 대책으로 국내동원 피해자를 논의에서 제외시켰으며 결과적으로 협정 조항에 청구권에 관한 모든 사항이 완전히 최종적으로 해결됐다고 하는 포괄적인 규정을 하고 말았다. 앞으로 자료관을 통해 식민통치 아래에서 거의 대부분의 한반도 주민들이 국내외적으로 인적·물적인 강제동원 피해를 겪은 것에 관하여 이를 후세에 전하고 피해자들을 위로하는 일은 바로 역사 기억을 통한 국민통합 작업이라고 생각한다.

일본제국의 침략전쟁으로 일본열도와 중국대륙은 물론 동남아시아와 태평양지역에 이르기까지 광범위한 전쟁동원이 이루어졌다. 이에 따라 관련 자료나 피해 흔적이 광범위하게 산재해 있으며 각 지역에서 일본 정부에 대해 전후처리를 요구하는 피해자 단체와 연구자들이 개별적으로 활동하고 있어 네트워크 형성을 필요로 하고 있다. 자료관이 순조롭게 건립되어 국내외 관련 연구와 교육활동을 연결하는 중심 허브(hub) 공간이 될 수 있기를 기대한다.

_7_
한국 헌법재판소의 일본군 위안부 관련 판결

2011년 8월 30일 한국의 헌법재판소는 일본군 위안부 피해자 108명이 제기한 헌법소원에 대해 "일본군 위안부들이 일본 정부에 대해 갖는 배상청구권이 한일청구권협정에 의해 소멸됐는지를 놓고 해석상 이견이 있는데도, 이를 해결하려 노력하지 않은 우리 정부의 행태는 위헌"이라고 판결했다. 이 판결을 계기로 하여 이명박 대통령은 그 해 12월 교토에서 열린 한일 정상회담에서 일본 총리에게 "일본군 위안부 문제는 일본 정부가 인식을 달리하면 당장 해결할 수 있는 문제"라며 문제 해결 의지를 보일 것을 촉구했다. 이어 2012년 3.1절 기념사와 8.15 광복절 기념사에서도 이 대통령은 일본군 위안부 문제를 언급하며 인류 보편적 가치에 반하는 인도적인 문제이며 일본 정부의 역사인식 반성과 책임 있는 조치를 촉구했다.

그런데 헌법재판소가 한국 정부의 부작위가 헌법에 위반된다고 판결하는 과정에서 재판관 9명이 모두 일치된 의견을 보인 것이 아니었다는 점에 주의해야 한다. 한 명이 보충의견을 내놓았고 3명은 위헌 판결에 대해 반대 의견을 제시했다. 이것은 재판관의 개인적인 성향에 따른 것이기도 하지만 문제 해결의 실현 가능성을 둘러싸고 재판관의 의견이 달리 나타났기 때문이다. 이하, 헌법재판소가 제공하고 있는 판결문 내용을 살펴보고 판시 요지와 소수 의견을 검토하고자 한다. 헌재가 담당한 해당 소송은 "대한민국과 일본국 간의 재산 및 청구권에 관한 문제의 해결과 경제협력에 관한 협정 제3조 부작위 위헌확인" 소송(2006헌마788)이다.[12]

---

12) http://search.ccourt.go.kr/ths/pr/ths_pr0101_P1.do

헌법재판소는 헌법 전문이나 관련 조항에 비추어 볼 때, 한국 정부가 일본국에 의해 자행된 조직적이고 반인도적 불법행위에 의하여 인간의 존엄과 가치를 심각하게 훼손당한 자국민들이 배상청구권을 실현하도록 협력하고 보호하여야 할 헌법적 의무가 있다고 판시했다. 아울러 일본군 위안부 피해자들이 일본에 대하여 가지는 배상청구권은 헌법상 보장되는 재산권일 뿐만 아니라, 그 배상청구권의 실현은 무자비하고 지속적으로 침해된 인간으로서의 존엄과 가치 및 신체의 자유를 사후적으로 회복한다는 의미를 가지는 것이므로 한국 정부의 부작위로 인하여 침해되는 기본권이 매우 중대하다고 했다. 이때 한국 정부가 직접 일본군 위안부 피해자들의 기본권을 침해하는 행위를 한 것은 아니지만, 한국 정부가 한일협정에서 청구권의 내용을 명확히 하지 않고 '모든 청구권'이라는 포괄적인 개념을 사용하여 이 사건 협정을 체결한 것에도 책임이 있다고 강조하고 이러한 장애상태를 제거하는 행위로 나아가야 할 구체적 의무가 있다고 판시했다.

여기에다가 일본군 위안부 피해자가 모두 고령자로서 더 이상 시간을 지체할 경우 침해된 인간의 존엄과 가치를 회복하는 것이 영원히 불가능해질 수 있으므로 기본권 침해 구제의 절박성이 인정된다고 했다. 국제정세에 대한 이해를 바탕으로 한 전략적 선택이 요구되는 외교행위의 특성을 고려한다고 하더라도, 한국 정부가 부작위의 이유로 내세우고 있는 '소모적인 법적 논쟁으로의 발전가능성'이나 '외교관계의 불편' 등의 사유는 매우 불분명하고 추상적이라고 했다. 아울러 이것은 기본권 침해의 중대한 위험에 직면한 피해자에 대한 구제를 외면하는 타당한 사유가 될 수 없고 국익이라고 보기도 힘들다고 했다.

보충의견과 반대의견

이러한 판시의 전제조건으로 조대현 재판관은 한국 정부가 적극적으로 보상하겠다고 하는 의사를 표명해야 한다고 하는 보충의견을 제시했다. 즉 한일 청구권협정 체결로 인하여 일본군 위안부 피해자들이 일본에 대해 손해배상청구권을 행사할 수 없게 되었기 때문에 한국 정부는 이들의 손해를 완전하게 보상할 책임을 진다고 선언하여야 한다고 했다. 이러한 보충의견의 배경에는 이 사건의 취지나 목적이 피해자 보상에 있다는 점을 재확인한 것이다. 일본의 적극적 보상 움직임이 예상되지 않는 상황에서 이 판결이 한일간 외교관계를 경색시킬 뿐 아니라 한국 정부에 대한 피해자의 불만을 고조시키고 나아가 실질적으로 피해자와의 '화해' 문제를 더욱 어렵게 할 것이 분명하다는 현실적 판단에 따른 것이다.

이러한 현실적 판단에 기초하여 이강국, 민형기, 이동흡 재판관은 헌법재판소의 '위헌' 판결에 대해 반대의견을 제시했다. 반대 의견의 이유로 그들은 헌법 조항은 국가의 기본적 가치질서를 선언한 것으로써 그 자체로부터 국민에 대한 구체적인 '작위의무'가 발생하는 것이 아니라는 점을 들고 이러한 견해는 한국 사법부의 확립된 판례라고 주장했다. 또한 한일 청구권협정에는 '작위의무'를 규정하지 않고 있으며 '위헌 판결'은 과거 외교적 해결이나 중재회부 요청과 같은 행위를 '외교적 재량'으로 인정한 선례(헌재 2000. 3. 30. 98헌마206 결정)에도 배치되는 판결이라고 했다. 반대의견 제시자들은 피해자들의 기본권을 구제하기 위한 국가적 노력이 절실하다는 점은 인정하지만, 헌법과 법률의 규정 및 그에 관한 헌법적 법리해석의 한계를 넘어서까지 한국 정부에게 외교적 문제해결을 강제할 수는 없다고 주장했다.

_8_
한국 사법부의 개인청구권 판결

2012년 5월 한국 대법원이 일제 강점기 강제 징용된 피해자들에게 이들을 고용한 일본 기업체들이 손해배상을 해야 한다는 판결을 내렸다. 5월 24일 김능환 대법관이 주심을 담당한 대법원 제1부는 강제동원 피해자들이 제기한 손해배상 및 임금지급 청구 소송에서 이와 같이 판시했다. 고(故) 박창환 씨 등 5명이 부산에서 일본 미쓰비시중공업을 상대로 하여, 여운택(89) 씨 등 4명이 신일본제철을 상대로 낸 손해배상 및 임금지급 청구 소송에서, 원고 패소를 선고한 원심을 파기하고 사건을 각각 부산고법, 서울고법으로 돌려보낸 것이다. 이번 대법원 판결은 국내외를 막론하고 한인 징용피해자 개인청구권 관련 소송에서 처음으로 원고 승소가 이루어진 사례가 되었다. 이 판결을 계기로 하여 금후 강제징용 피해자들과 관련 단체들이 국내의 일본 기업을 상대로 하여 손해배상소송을 계속 제기할 것이 분명하다.

재판부는 "일본 최고재판소는 같은 내용의 소(訴)를 기각한 사실이 있지만 그 이유로 일본의 한반도와 한국인에 대한 식민통치가 합법적이라는 규범적 인식을 전제로 했다"며 "이러한 판결은 일제강점기의 강제동원 자체를 불법이라고 보는 대한민국 헌법의 핵심적 가치와 정면으로 충돌하여 그 효력을 승인할 수 없다"고 밝혔다. 재판부는 나아가 "1965년 체결된 한일 청구권협정의 해석을 통해 원고들의 미쓰비시중공업, 신일본제철에 대한 청구권은 청구권협정의 체결에 의하여 소멸했다고 볼 수 없다"고 판시했다. 또한 재판부는 "대한민국 법률의 관점에서 미쓰비시중공업, 신일본제철은 옛 미쓰비시중공업㈜, 옛 일본제철㈜과 각각 법적으로 동일한 회사로 평가되며 원고들의 청구권이 소멸 시효의 완성으로 소멸되었다는 피고들의 주장은 신의성실의 원칙에 반하기 때문에 이를 허용할 수 없다"고 하는 의견을 제시했다.

이번 대법원 판결은 종래의 한국 사법부 주장을 뒤엎는 것으로서 피해자의 손을 들어준 것은 분명하지만 한일 양국의 외교관계에 불협화음을 증폭시키는 계기가 되었다. 일본 정부가 역사교과서에서 '강제연행'이나 일본군 위안부 문제를 삭제하는 등 보수적인 태도를 취해 오고 있는 것에 대해, 한국의 사법부는 한국 정부에게 문제를 더욱 추궁해가야야 한다고 촉구한 판결을 내렸기 때문이다. 2011년 일본군 위안부 문제와 관련한 헌법재판소 위헌 판결 이후, 한국 정부가 외교교섭에서 이에 대한 강력한 주장을 하고 나선 한편 일본은 이 문제의 해결에 나서기는커녕 불쾌하다는 입장을 전달한 바 있다. 이제 징용노무 피해자들이 국내외에서 관련 일본기업에 대해 보상을 요구할 것이 분명해진 이상 한국 정부로서도 일본군 위안부 문제에다가 일본기업에 대한 징용노무자의 개인청구권 문제까지 어떠한 형태로든 입장을 표명하지 않을 수 없게 되었다. 여기에 일본 정부와 기업이 쉽사리 피해보상에 대한 전향적인 태도를 보이기는 어려울 것으로 보인다.

단기적으로는 대법원 판결은 한일양국 사이의 상호 인식에도 부정적인 분위기를 확대시켰다. 판결 직후 5월 25일자 아사히신문은 한국 대법원의 판결이 지금까지 한국 정부가 주장해온 범위를 넘어서는 것이어서 논란이 예상된다고 보도했다. 그동안 한국 정부는 '강제동원 피해자 문제는 한일청구권 협정 대상에 포함되고 일본군 위안부 등 일부 사안은 포함되지 않았다'는 입장에서 일본과 협상해왔다는 것이다. 니혼게이자이신문은 보다 강력한 표현을 사용하여 "한일 양국이 협정으로 해결한 피해보상 문제를 다시 제기하는 것은 일본 입장에서 보면 밥상을 뒤엎는 일"이라고 보도했다. 산케이신문이 주장하는 바와 같이 대법원 판결에 따라 한국에 있는 관련 일본 기업의 자산을 압류할 수도 있으며 관련 일본 기업이 이를 거부할 경우 한국 정부는 공권력을 행사하지 않을 수 없게 되며 결과적으로 한국 정부로서는 한일청구권 협정에 어긋나는 대응을 해야 한다.

이처럼 징용노무자의 개인청구권 문제가 판도라의 상자와 같이 한일관계의 새로운 국면을 가져오게 된 배경에는 일본 정부나 일본기업의 소극적인 태도와 함께 한국 정부의 방관적이고 무책임한 자세가 있었다. 피해자의 인권을 무시하는 가운데 한일 양국이 이 문제를 그때그때 봉합해왔고 양국의 사법부도 이러한 양국 정부의 태도를 용인해온 것이다. 2010년 3월에 일본 정부가 한국에 대해 공탁금 자료 사본을 전달했을 때에도 개인청구권 문제는 양국에서 더 이상 법적으로 인정되지 않을 것으로 보았기 때문에 가능한 일이었다. 이러한 상황에서 한국의 사법부가 뒤늦게 징용 피해자들의 손을 들어주게 되었고 공탁금 자료에 나타난 일본 기업들이 이제 모두 개인청구권 소송에 휘말릴 가능성에 노출되기에 이르렀다.

그럼, 앞으로 이 문제에 관한 해결책은 무엇인가. 단적으로 말하여 때가 늦기는 했지만 이제 한일 양국의 정부와 기업들이 피해자와의 화해에 적극 나서야 한다. 이것은 그간 한일 양국의 시민단체가 부단하게 제기해온 해법이다. 피해자 개개인의 소송에 따른 사회적 비용을 줄이는 동시에 양국 기업의 이미지를 해치지 않는 방법이다. 피해자들로부터 위자료 청구 소송이 제기되어 온 포스코가 100억 원을 출연하겠다고 한 결정도 피해 보상 문제를 법률적으로만 접근할 수 없다는 인식에서 비롯된 것이다. 정부와 기업 그리고 피해자의 역사적 화해는 독일에서 2000년에 출범한 '기억 · 책임 및 미래 재단'이 좋은 사례가 되고 있다. 2012년 대법원 판결은 미적미적 해온 양국의 화해 움직임에 채찍을 가하게 된 것이다.

_9_
1950년대 초 일본 정부의 전범합사 관여

2012년 1월 22일 한국의 언론기관은 일제히 전날의 아사히신문 기사를 인용하여 일본 정부가 점령종결 직후부터 전범의 야스쿠니신사(靖國神社)의 합사(合祀) 문제를 주도해왔다는 사실을 보도했다. 한중일 3국간에 외교 문제가 되고 있는 일본인 A급 전범의 합사 문제, 그리고 한일간 역사인식 문제가 되고 있는 한국인 BC급 전범의 합사 문제와 관련하여, 이미 공개된『신편 야스쿠니신사 문제 자료집』을 통해 일본 정부가 1950년대 후반부터 이 문제를 주도해왔다는 사실이 밝혀진 바 있다. 1958년에 후생성이 전범 합사를 요청한 것을 계기로 하여 1959년에 먼저 BC급 전범의 합사가 이루어지고 1978년에 A급전범의 합사가 이루어졌다.[13]

그런데 이번 언론보도를 통해서는 일본 정부가 전범합사 문제에 관여하는 움직임이 시기적으로 더 앞서서 1950년대 초반, 즉 샌프란시스코 강화회의 직후부터 나타난다는 사실이 새롭게 밝혀졌다. 이번 언론 보도의 핵심은 일본 국립공문서관에 보관되어 있는 후생성 내부 자료『업무요지』의 발견이다. 이 문서는 당시 후생성의 인양원호청에 근무하고 있던 구 육해군 출신 간부들이 '전범 문제의 조기 완전해결'을 위해 작성한 것이다. 그들은 1951년 강화조약 체결직후부터 검토에 들어가 1952년도 자료부터 1954년도 자료까지 매년 만들어 왔는데, 1954년도 자료 가운데 전범들도 일반 전사자와 함께 언젠가 야스쿠니신사에서 제사를 지내야 한다는 내용이 담겨 있는 것으로 밝혀진 것이다.

---

13) 최영호,『한일관계의 흐름 2006-2007』, 논형, 2008, pp.27-30

이것은 1952년 조약의 발효에 따라 일본의 점령이 끝마치고 나서 1년 남짓 사이에 이루어졌다. 구체적인 내용은 사형당한 전범도 지방의 위령제에서 함께 제사하도록 하고 공식적인 원호제도의 확충에 따라 이들의 합사도 순차적으로 무리 없이 추진한다는 방침이었다. 여기서 공식적인 원호제도의 확충이라고 하는 것은 일반 전사자 유족들에게 국가가 지불하는 조위금, 유족연금 등을 전범의 유족에게까지 적용한다고 하는 것을 의미했다. 일본 정부는 이처럼 공식적인 원호제도가 전범들을 일반전사자들과 동등하게 취급하게 되면 자연스럽게 이들을 야스쿠니신사에 합사하는 명분이 설 수 있을 것으로 본 것이다.

일본의 원호법은 강화조약 발효일 이틀 후인 4월 30일에 시행되었으며, 이듬해 1953년 8월에는 법 개정이 이루어져 전쟁재판 수형자(전범)의 유족에게도 조위금과 유족연금이 지급되기에 이르렀다. 이 법 개정 과정에서는 당시 우파 정당은 물론 사회당 좌우파도 찬성하는 움직임을 보였다. 이와 함께 1953년 3월에 결성된 일본유족회가 중심이 되어 합사되지 않은 전사자에 대한 야스쿠니 합사운동을 대대적으로 조직을 들어 전개하기도 했다. 1954년부터는 전범을 포함하여 생존해 있는 구 군인 군속에게 점령당국에 의해 중단되었던 은급을 지급하는 등 대대적인 전범자에 대한 복권이 단행되기도 했다. 이러한 일련의 움직임 속에서 후생성은 전범 사망자에 대한 합사도 고려한 것으로 보인다.

다만 1954년도 『업무요지』에는 즉각적인 야스쿠니 전범합사가 사회적으로 물의를 일으킬 수 있는 소지가 많기 때문에 '무리 없이' 추진하는 방법이 제안되었다. 그 결과 우선 지방의 호국신사에 합사하는 방안이 제시되었다. 이러한 의견은 후생성이 1964년 3월 지방자치단체에 대해 야스쿠니신사에 합사하는 것을 전제로 출신 지방의 호국신사에 합사할 것을 요구함으로써 현실화되었다. 아사히신문이 확인한 바에 따르면 후생성의 요구에 따라 6개

지역에서 3명의 A급 전범을 포함한 우선 합사조치가 이루어진 것으로 나타났다. 3명은 모두 도쿄재판 결과 교수형에 처해진 전범으로 각각 출신 지역에 따라 히로타 고키(廣田弘毅)는 후쿠오카(福岡), 도이하라 겐지(土肥原賢二)는 오카야마(岡山), 무토 아키라(武藤章)는 구마모토(熊本)의 호국신사에 합사되었다. 그 외에 오사카(大阪), 삿포로(札幌), 고베(神戶)에는 BC급 전범이 우선 합사된 것으로 알려지고 있다.

이번 자료 발굴과 언론 보도를 통해 일본 정부가 강화조약 발효 직후부터 A급전범 합사 문제에 직접 관여해왔으며 전범합사를 위한 환경조성을 주도해왔다는 사실이 밝혀졌다. 이제까지 일본 정부는 국회답변 등을 통해 전범의 합사에 관하여 정부가 직접 관여한 바가 없고 오로지 야스쿠니신사의 판단에 의해 추진되었다고 주장하며 일본국 헌법의 '정교분리' 원칙을 어기지 않았음을 강조해왔는데, 이러한 주장이 거짓으로 판명된 것이다. 이번 보도를 계기로 하여 앞으로 후생성 자료를 비롯하여 1950년대 초 일본 정부의 주도 움직임을 구체적으로 입증하는 자료들이 더욱 더 발굴될 것으로 보인다.

II. 한일 양국의 정치사회 변화

_1_
동일본 대지진

  2011년 3월 11일 오후 2시 46분에 일본 동북지방 근해에서 진도 9.0의 대지진이 발생했다. 진도 7.9로 기록된 1923년 관동 대지진에 비해 35배의 에너지를 가진 것이었고 진도 7.3의 1995년 한신(阪神) 대지진에 비해서는 54배가 넘는 엄청난 규모로 관측 사상 일본 국내 최대의 지진이었다. 이날 지진에 의한 직접적인 피해로 도쿄를 포함하여 관동지방과 동북지방의 5개의 현(縣)이 재해지역으로 선포되었다. 광범위한 지반 요동으로 교통이 두절되고 전기와 통신이 마비되어 지진 발생 당일 재해 지역 주민들이 대혼란을 겪어야 했다. 일본은 다른 국가에 비해 지진에 대비한 훈련과 우수한 설비를 갖춰 오고 있지만 2011년 자연의 엄청난 위력 앞에서 속수무책을 그대로 드러냈다.

  특히 대지진으로 인한 쓰나미(津波)는 엄청난 재앙을 가져왔다. 이와테현(岩手縣)에서 후쿠시마현(福島縣)에 이르는 동북부 해안에 걸쳐 거대한 쓰나미가 밀어닥쳐 해변 지역을 송두리째 휩쓸고 수만 명의 사망자와 행방불명자를 발생시켰다. 헬기를 통해 쓰나미 엄습 현장을 생중계한 NHK 방송 화면은 전 세계 사람들을 경악하게 했다. 동북지방에는 원자력발전소가 많아 대지진으로 인하여 발생한 원자로 정지와 방사능 유출 사고가 일본 뿐 아니라 주변국까지 긴장하게 했다. 발전 기능의 약화로 전력 공급이 부족하게 되자 13일 총리가 직접 기자회견에 나서 전후 최초로 한 달 이상 계획 정전을 실시하겠다는 발표하고 국민을 향하여 일본국민들에게 고통 분담을 호소했다.

한신 대지진 때의 10조 엔을 훨씬 넘는 피해액이 예상되었음에도 불구하고 대지진 직후 살아남은 일본 주민들이 보인 재난 극복을 위한 단결과 협동의 모습은 일본의 저력을 실감하게 했다. 식량 보급이 어려운 상황에서도 침착하고 질서정연하게 사회 질서를 유지하는 모습과 이들에게 식량 보급품을 무료로 대량 공급하는 일본 기업체들에 대해서 국제사회는 이구동성으로 찬사와 격려를 보냈다. 이들의 필사적인 피해 수습 노력은 국내적으로는 계속되는 여진이나 사회 혼란 등에 의한 재앙으로 더 이상 확대되는 것을 완화시켰으며, 대외적으로는 유엔을 비롯한 국제기구와 국가들, 민간단체들로 하여금 이들의 신속한 재난 극복을 지원하는 데 적극 나서게 했다.

한국은 대지진 발생 직후부터 정부와 민간단체들이 일본에 대해 위로와 지원의 움직임을 보였다. 일찍이 대지진 발생 당일 이명박 대통령이 전문을 통해 희생자에 대한 애도와 일본 국민에 대한 위로의 뜻을 전했고 외교통상부는 대변인 성명을 통해 "귀중한 인명 피해와 막대한 재산 손실이 일어난 것과 관련해 일본 정부와 국민에 대해 심심한 애도와 위로의 뜻을 표한다"고 밝혔다. 이튿날 12일에는 외교통상부 제1차관이 무토 마사토시(武藤正敏) 주한 일본대사를 면담하고 한국 정부의 적극 지원 입장을 전달했다. 이어 3월 13일에는 아랍 에미리트를 방문 중인 이 대통령과 일본 총리가 전화 통화를 통해 위로와 감사의 뜻을 교환했다. 간 나오토 총리는 한국이 가장 먼저 구조팀을 보내준 데 대해 감사한다고 했고 이 대통령은 이번 대지진에 대해 깊은 슬픔을 느끼고 있으며 일본 국민들이 차분하게 대처하고 있는 것에 큰 감명을 받았다고 말했다.

한국의 국회에서도 여야당 모두가 일본 대지진과 관련하여 일본에 서한을 보내 위로의 뜻과 함께 신속한 피해복구 지원을 약속했다. 13일 한나라당 안상수 대표는 일본 총리 앞으로 서한을 보내 "이번 강진과 해일로 인해 많은 사상자가 발생하고 큰 재산 피해가 있었다는 비통한 소식에 안타까움을 표한다"며 위로의 뜻을 밝혔다. 민주당 손학규 대표도 이날 주한 일본 대사관에 보낸 서한에서 "일본 역사상 최악의 지진으로 막대한 피해를 입은 일본 국민과 정부에 진심으로 위로의 마음을 전한다"며 "엄청난 쓰나미가 일본 국민의 삶의 터전을 휩쓸었을 때 우리 국민의 가슴도 아팠다"고 전했다.

대지진 직후 유엔의 세계식량계획(WFP)과 국제이주기관(IOM), 아세안, 유럽연합 등 국제기구와 함께 60여 국가가 일본에 대한 재해구호 활동에 참여했다. 이 가운데 한국은 일찍부터 적극적으로 구조 활동에 나섰다. 12일 민항기를 통해 중앙119구조단 소속 구조요원 5명과 수색견 2마리로 구성된 선발대를 파견했다. 이어 일본 정부의 요청을 기다리고 있던 중앙119구조단과 서울·경기지역 119구조대원 등 102명이 13일 서둘러 재난 현장으로 향했다. 한국 정부는 구조대와 구조장비, 구호물품을 수송하기 위해 C-130 허큘리스 수송기 3대를 투입시키기도 했다.

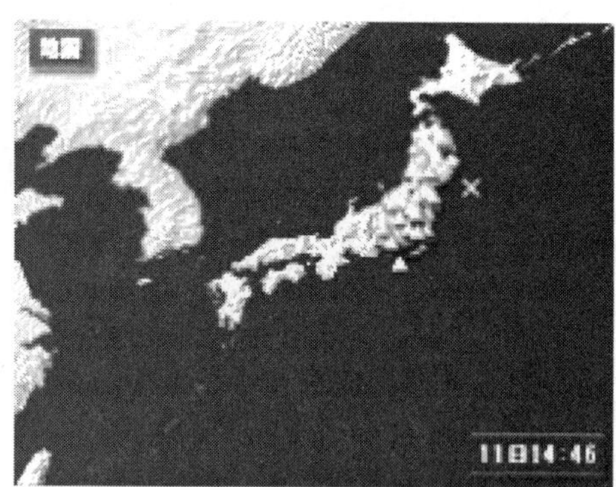
2011년 대지진 발생지역

민간 차원에서도 일본의 피해지역 주민들을 돕고자 하는 움직임이 한국 사회에 널리 확산되었다. 대지진 발생 직후 종교계가 애도와 위로의 메시지를 발표했으며 대한적십자사가 트위터를 통해 구호지원을 호소하고 국내외 한인 단체가 온라인을 통한 모금운동을 전개하기 시작했다. 민간단체 가운

일본 파견 119구조대원

데 '근로정신대 할머니와 함께 하는 시민모임'도 13일 성명을 통해 "우리는 한 많은 역사와 아픔을 간직하고 있기에 생명의 소중함을 누구보다 뼈저리게 간직하고 있다. 대지진 참상에 국경을 달리하고 있다고 해서 결코 아픔을 달리하진 않는다"고 발표했다. 또한 하늘 아래 다 같은 생명으로 어느 하나 귀하지 않는 것이 없으며 일본이 국가적 재앙을 조기에 수습하고 슬기롭게 극복하기를 바란다며 성명을 끝맺었다.

대지진 피해를 입은 동북지방에는 이때 한인 유학생을 포함하여 재일동포가 약 12,000명 정도 거주하고 있어 자연스럽게 교민들의 피해도 컸다. 대지진 당일 150명의 한인 교민들이 미야기현 센다이(仙台) 총영사관에 피난한 바 있으며 그 후 총영사관이 지역 교민들의 안부 확인 요청을 받고 행방불명자 명부를 작성했다. 대지진 직후 3월 13일까지 200건의 안부 확인 요청이 들어왔는데 이 가운데 약 70명만이 확인된 것으로 보도되었다. 재일본 대한민국민단 중앙본부는 대지진 발생 직후 '피해동포지원 중앙대책본부'를 설치하고 피해상황 파악에 들어갔다. 지진 피해가 큰 이와테현, 미야기현, 후쿠시마현의 경우 현지 민단 지방본부 건물은 파괴되지 않았지만 지진발생 직후 통신, 전기, 가스, 물류 등 인프라 설비가 전혀 기능을 하지 않아 자체 조사 작업이 전혀 불가능했다. 민단 중앙본부는 16일에 가서야 중앙집행위원회를 열고 대책을 협의했다.

　동북지방에는 다른 지방에 비해 교민의 규모가 상대적으로 작고 민단이나 조선총련의 조직이 미약하기 때문에, 지난 1995년 한신 대지진 때 한일 양 민족의 화해 움직임으로 널리 알려진 것과는 달리, 이곳에서는 재일동포 단체가 조직적으로 일본인과 교민들을 구호하는 모습을 찾아보기는 어려웠다. 다만 개별적으로 일본의 재해 극복에 동참하는 동포들에 관한 잔잔한 감동의 소식이 계속 전해졌다. 대지진 직후에 나온 소식으로 13일 낮부터 피해 지역의 실상이 외부에 알려지는 가운데, 인터넷을 통해 센다이의 한인 김치가게가 식량이 부족한 주민들에게 김치전을 만들어 값싸게 팔고 있다는 정보가 나왔다. 센다이 아오바(青葉) 지역의 '부여(扶餘)'라는 가게 앞에서 일본에 이민 온 지 28년이 되는 이광복씨(62) 부부가 태극기를 내걸고 김치전을 만들어 제공했다고 한다.

_2_
일본의 원전사고

2011년 3월에 발생한 동일본 대지진은 후쿠시마 제1원자력 발전소 사고로 이어져 일본 국내는 물론 주변국에 불안과 우려를 안겨주었다. 대지진 여파로 발생한 14미터 높이에 이르는 대형 쓰나미가 덮치면서 후쿠시마 원자력 발전소의 각 원자로를 정지시켰다. 여기에다 발전소와 연결된 송전선이 지진의 흔들림으로 쓰러지고 변전소와 차단기 등의 설비가 고장 났고 지하에 설치되어 있던 비상용 디젤 발전기가 해수에 잠겨 고장 났다. 이 때문에 펌프를 가동할 수 없게 되어 원자로 내부나 핵연료 창고에 송수가 불가능하게 되어 냉각할 수 없게 되면서 핵연료의 용해가 발생했고 원자로 내의 압력용기, 격납 용기, 각 배관 등이 부서지는 사고로 이어졌다.

후쿠시마 제1원자력발전소 사고

애초 일본 정부는 원자력 사고 정도에 대해 '4단계'로서 애써 낮게 평가했으나 사고가 터진지 한 달이나 지난 4월 12일에 뒤늦게 경제산업성이 원자력안전보안원을 통해 최악의 수준인 '7단계'라고 하는 것을 인정했다. 이것은 일본 정부가 뒤늦게 과거 체르노빌 원전사고와 같은 수준임을 인정한 것으로 방사능 유출 규모에서는 체르노빌의 10분에 1에 불과하다고 방어했지만 그동안 심각한 방사능 사고 실태를 의도적으로 은폐한 것이 아닌가 하는 의혹을 불러일으키기에 충분했다. 때늦은 감이 있지만 4월 22일 새벽부터 일본 정부가 후쿠시마 제1원전으로부터 반경 20킬로미터 이내 지역을 '경계구역'으로 지정하고 지역주민의 출입을 강제적으로 금지했다. 이렇듯 일본 정부의 원전사고에 대한 소극적이고 뒤늦은 대응이 일본사회와 주변국에게 불안과 의혹을 가중시킨 것은 분명하다.

일본 정부는 일찍이 대지진 발생 다음날인 3월 12일 원전사고에 대해 IAEA(국제원자력기구)에 보고했다. IAEA 사무국장 아마노 유키야(天野之彌)는 그 이튿날 이례적으로 일본어로 VTR을 통해 성명을 발표했다. 그때까지만 해도 그는 일본 정부 당국과 필요한 정보 수집과 안전 확보를 행하고 있다는 원칙적인 입장을 밝히고 바닷물을 주입하여 원자로를 냉각시키는 작업 등에 긍정적인 기대를 표명했다. 그러나 3월 15일이 되자 그는 일본 정부로부터 상세한 정보가 전달되지 않기 때문에 IAEA로서 적절하게 대응하기 어렵다는 불만을 토로했다. IAEA는 독자적으로 일본에서 사고 상황을 조사하고 3월 30일 방사능 검출 결과를 발표하면서 일본 정부가 피난지역으로 지정하지 않은 지역을 포함하여 피난지역을 확대할 것을 권고했다. 그러나 일본 정부는 IAEA의 권고를 받아들이지 않았다.

한편 주변국 여론에서도 대지진 발생 직후 전반적으로 일본의 재해 피해자들을 성원하고 격려하는 분위기가 조성되었는데 3월 하순에 들어서면서 일본의 원전 사고에 따른 방사능 확산을 우려하는 목소리가 훨씬 강해졌다. 3월 23일 도쿄도(東京都)가 수돗물 샘플에서 요오드가 검출되었다고 하고 유아에 대한 수돗물 섭취를 삼가도록 발표하면서 방사능 유출 문제가 재난 지역 이외에서도 현실적인 문제가 되기 시작했다. 이어 중국 국가원자력 사고 응급대책위원회가 3월 26일 중국 동북부 지방에서 대기 중 극소량의 방사성 요오드가 검출되었다고 발표했으며 그 다음날 3월 27일에는 한국의 원자력 안전기술원이 캄차카반도를 통과하여 남하한 것으로 보이는 제논(xenon)이 나흘간 강원도에서 관측되었다고 발표했다. 이윽고 기술원은 28일 오전에 한국 전역 12곳에서 대기 중에 지극히 적은 양에 불과하지만 방사성 요오드가 함유되어 있는 것이 관측되었다고 발표했다.

한국사회에서 일본을 바라보는 관점이 크게 바뀐 배경에는 역사인식의 격차라고 하는 뿌리 깊은 문제점도 크게 작용했다. 2011년 3월 30일 일본 정부가 '다케시마 영유권'을 주장하는 중학교 교과서 18종의 검정결과를 발표함으로써 한국 국민들의 감정을 자극했기 때문이다. 이때 검정에 통과한 교과서 내용 가운데는 종래의 영유권 주장에다가 한국이 불법 점거하고 있다는 기술이 크게 늘어난 것으로 알려졌다. 이에 따라 한국 정부와 국회는 비록 일본이 난리를 겪고 있는 어려운 처지에 있기는 하지만 영토 문제에 대한 단호한 입장을 취한다는 입장에서 일본 정부에 대해 항의하는 움직임을 보이지 않을 수 없었다.

그런데 더욱 더 중대한 문제는 이런 상황에서 한일 양국의 외교관계까지 소원해졌다는 데 있다. 2010년 경술국치 100년을 맞는 상황에서도 대체로 원활한 외교관계를 유지할 수 있었는데 2011년에 들어 전반적으로 한일관계는 호전되지 않았다. 따라서 정작 원전사고로 인한 주변국 피해가 우려되는 비상 상황에서도 양국 정부 사이에는 외교적인 긴밀성을 보이지 않았다. 일본측은 4월에 들어 후쿠시마 원전의 방사성 오염수를 바다에 방출하면서 미국에만 통보하고 주변국에는 이를 알리지 않았다. 뒤늦게 4월 6일 외교통상부가 주한 일본대사관 참사관을 불러 유감을 표시하고 정보 제공을 요청하면서 이 문제는 무마되었다. 한일 양국의 원자력 전문가 회의가 도쿄에서 열린 것은 원전 사고가 발생한지 한 달이 지난 4월 12일이 되어서였다. 그것도 오염수 무단 방출에 대한 비판이 일자 일본측이 먼저 제의하여 갑자기 열리게 된 것이다.

이미 3월 하순부터 원전사고 문제가 양국의 언론을 떠들썩하게 하는 상황 가운데 양국의 외교 당국이 기존의 채널을 가동하여 사전 정보 교환을 하지 않은 것은 참으로 납득하기 곤란한 일이었다. 만약 일본 정부의 답변대로 오염수 방출로 인한 방사능 피해가 예상되지 않는 미미한 수준에 불과했다면 정정당당하게 이러한 사실을 그대로 알려서 주변국의 의구심을 미리 차단해야 했다. 의구심은 억측을 낳고 나아가 상대국에 대한 불신감을 조장하기 때문이다. 2011년 4월 18일 홍콩 언론사와의 인터뷰에서 후쿠다 야스오(福田康夫) 전 수상은 후쿠시마 원전 사고에 대한 정보가 공개되지 않는 것에 대해 '핵실험 은폐' 때문이 아닌가 하는 추궁을 받았다고 실토했다.

_3_
마에하라 세이지 외상 사임

동일본 대지진이 발생하기 직전 2011년 3월 초에는 한국과 일본의 정치권에서 정치자금을 둘러싼 잡음이 발생했다. 한국에서는 의원들이 입법 로비를 허용할 목적으로 행정안전위원회에 정치자금법 개정안을 상정하여 기습 처리한 것이 정치적 문제가 되었다. 반면에 일본에서는 재일한인으로부터 정치자금을 받은 것이 발단이 되어 관련법에 위배된다는 이유로 마에하라 세이지(前原誠司) 의원이 외상 자리에서 물러났다. 의원의 활동자금을 둘러싼 법적 적용과 정치적 책임에서 양국의 정치가들이 전혀 상반되는 움직임을 보인 것이다.

일본의 정치자금규정법(政治資金規正法) 제22조 5항에는 "누구도 외국인, 외국법인, 또는 주된 구성원이 외국인 혹은 외국법인인 단체로부터 정치활동에 관한 기부를 받아서는 안 된다"고 규정되어 있다. 금액과 상관없이 외국인이나 외국 법인으로부터 기부금을 받는 것을 금지하고 있는 것이다. 야당 의원들의 집요한 추궁에 직면한 마에하라는 주위의 만류에도 불구하고 3월 6일 정치적 책임을 지고 사임하겠다는 의향을 밝혔다. 간 나오토(菅直人) 총리는 그의 후임으로 이토 히로부미(伊藤博文)의 자손으로 유명한 마쓰모토 다케아키(松本剛明) 당시 외무성 부대신을 임명했다.

이 시기 민주당 내각에 대한 국민 지지율이 형편없는 가운데에도 마에하라는 비교적 청렴하고 성실한 이미지로 집권당의 버팀목이 되어 왔다. 그는 중국과 러시아에 대해 영토 문제에서 단호한 자세를 보였고 국토교통상 재직 때부터 인프라 수출을 위해 세일즈 외교에 앞장서기도 하여 높은 평가를 받아 왔다. 한편 그는 주변에 한인 지인을 많이 가지고 있고, 한국에 대한 이해가 깊어 한국과 원만한 외교관계를 유지하는 데 중심적 역할을 담당해왔다. 그런 사람이 그를 아끼는 이웃 재일한인 아주머니로부터 생각 없이 받은 정치헌금으로 어처구니 없이 사퇴에 몰린 것이다. 일부 보수성향의 단체나 야당 일각에서 정치자금법 위반 행위를 추궁하려는 움직임이 있기는 했으나 대체로 그의 사임을 애석하게 여기는 여론의 흐름이 강했다.

외상 사임을 발표하는 마에하라

오늘날 대부분의 국가에서 공직자가 외국인으로부터 정치헌금을 받는 것에 대해서는 법률적으로 엄격하게 금지하고 있다. 다만 일본에서도 과거 냉전시기 자민당 정권이 미국으로부터 자금 지원을 받았던 것처럼 오늘날에도 법망을 피하거나 초월하여 외국인 자금을 받아쓰는 일이 비일비재하게 일어나고 있고 인터넷에 의한 정치헌금이 일상화되고 있는 상황에서 외국인인지 아닌지를 가려서 헌금을 받기도 어렵다. 하지만 민주사회에서는 공직자가 외국인이나 외국 회사로부터 정치헌금을 받은 것이 밝혀지면 당연히 정치적 책임을 져야 한다. 일본 민주당 의원 가운데 일부가 몇 푼도 안 되는 정치헌금으로 마에하라가 사임한 것이 부당하다고 하는 의견을 내놓은 일이 있는데 이러한 움직임은 오히려 야당의 공격을 부채질하고 민주당의 입지를 더욱 좁히는 역할을 했다.

문제는 정치헌금을 기부한 재일한인 여성을 단순히 정치자금법에 규정된 '외국인'으로 볼 수 있는가에 있다. 이 점에서 마에하라의 사임은 일본사회에 재일한인을 비롯한 정주외국인의 정치 참여 문제에 관한 논의를 불러일으키는 계기가 되었다. 문제의 여성은 재일동포 2세 혹은 3세로 일본에서 태어나고 자랐지만 일본의 국적법에 의해 한국 국적을 유지하고 있는 특별영주권자임에 틀림없다. 본명이 있겠지만 평상시에 일본식 이름을 쓰고 있으며 언어도 한국어는 제대로 모르고 일본어만 구사할 수 있었던 것이 분명하다. 당사자와 허물없이 지내는 절친한 관계가 아닌 이상 정체성에 관하여 깊은 대화를 나누어 보지 않고서는 이런 사람이 일본인이 아니라 '외국인'이라고 판별하기는 지극히 어려웠을 것이다.

한국적을 가진 재일한인, 조선적을 가진 재일조선인, 일본국적을 가진 코리안, 중국국적을 가진 재일조선족 등, 우리가 재일동포라고 부르는 사람은 국적만 가지고 볼 때도 다양하다. 일본사회에서는 이들을 포괄적으로 통칭하는 용어로 '자이니치(在日)'가 사용되고 있다. 근래에 들어 한국식 이름을 가진 채 일본 국적을 취득하는 재일동포가 많아지고 있는 현상에서 보면 이름만 가지고 일본 국적자인지 아닌지를 구분하는 것도 쉽지 않다. 다만 마에하라의 경우는 문제의 여성이 '자이니치'라는 것을 인지하고 있었으며 다만 정치자금법에 걸리는 '외국인'일 수 있다는 것을 미처 의식하지 못한 것이다. 또한 문제의 여성도 선량한 주민의 한 사람으로서 자신의 정치 헌금 행위가 불법 행위가 될 수도 있다고 하는 것을 미처 의식하지 못함으로써 결과적으로 자신이 아끼는 정치가에게 손상을 입히는 사건을 일으키게 된 것이다.

대부분 재일한인으로 이뤄진 특별영주권자들에게는 일시적인 일본 체류자와 마찬가지로 '외국인'이라는 이유로 선거권이 없다. 오늘날 일부 지방단체가 자율적으로 정주외국인에게 주민투표권을 인정하고 있지만, 국회에서 선거법 개정이 이루어지지 않기 때문에 선거권은 부여하고 있지 않다. 지난 2009년 8월 중의원 선거에 임할 때 민주당은 선거 공약을 통해 정주외국인 지방선거권 부여에 대한 적극적인 의향을 밝힌 바 있다. 그런데 선거 결과 민주당이 대승을 거두고 집권했음에도 불구하고 집권기간 내내 선거 공약을 실천하는 데 아무런 가시적 성과를 내놓지 않았다. 마에하라를 비롯하여 대부분의 민주당 의원들은 정주외국인 선거권 문제를 인권의 차원에서 전향적으로 보았지만, 국가의 정체성을 내세우며 반대하는 야당 의원과 보수 단체의 움직임에 맞서 이를 강력하게 밀어붙이려고 하는 적극성까지는 보이지 않은 것이다. 여기에다 민주당 정부가 경제 회생의 비전을 보이지 못하는 가운데, 수뇌부의 정치자금 문제, 미숙한 국정수행 문제, 연립정당과의 부조화 문제, 당 지도부 인사들의 신중하지 못한 언행 등으로 민심을 잃게 되면서, 정주외국인 선거권 부여 움직임은 빈사상태에 빠지고 말았다.

_4_
간 나오토 총리 사임

2011년 8월 26일 간 나오토(菅直人) 총리가 민주당 의원총회에서 당대표 사임을 공식 발표하고 조만간 치러지는 경선에서 선출될 새로운 당대표에게 총리직을 넘기기로 했다. 그는 구태정치의 타파를 외치며 오자와 이치로(小沢一郎) 전 간사장의 반대세력을 결집하여 집권했지만, 리더십 부재와 지진, 후쿠시마 원전 사고 등의 위기관리 능력부족 등으로 당 안팎으로부터 강력한 비판을 받아왔다. 2000년대 들어 고이즈미 준이치로(小泉純一郎) 총리 이후부터 일본 정부에서 단명(短命) 내각이 계속 이어지는 가운데 결과적으로 민주당 정권에 들어서도 자민당의 점철을 밟게 되었다. 다만 고이즈미 이후의 자민당 내각이 모두 12개월에 그친 점이나 민주당 정권의 초기 주자 하토야마 유키오(鳩山由紀夫) 총리가 8개월 만에 사퇴한 것에 비하면 간 총리가 재임한 15개월은 상대적으로 긴 기간이었다고도 평가할 수 있다.

총리직 사임을 표명하는 자리에서 간 나오토는 적자국채 발행을 위한 공채 특례법안과 재생에너지 법안이 이날 참의원에서 가결되면서 자신의 퇴진 조건이 성립되었다고 말하고 두 달 전에 공언한 사퇴 약속을 이제 지킬 수 있게 되었다고 했다. 그는 자신의 재임기간 동안 어려운 조건 가운데 부여된 임무를 수행해냈다고 하면서 내각 운영에서 스스로 어느 정도 '달성감'을 느낀다고 평가했다. 그러면서도 자신의 생각이 사회 전반에 제대로 전달되지 않은 점과 파행적으로 국회가 운영되는 제약 가운데 원활하게 국정을 운영하지 못한 점을 반성한다고 말했다.

간 나오토는 1946년 10월 야마구치현(山口縣) 우베시(宇部市)에서 출생하여 어린 시절을 보냈으나 고교 시절에 도쿄로 이사한 후 도쿄를 기반으로 하여 정치적 입지를 굳혀갔다. 그의 최종학력은 도쿄공업대학 이학부 응용물리학과 졸업으로 되어 있다. 대학 졸업 후 그는 특허사무실에 취직하여 근무하다가 변리사 자격시험에 합격한 후 독립하여 특허사무실을 운영하기도 했다. 그는 진보적인 시민운동을 통해 정치권에 입문하여 1976년 도쿄도 지역구 중의원에 무소속으로 입후보했다가 낙선한 것을 비롯하여 중의원과 참의원 선거에서 낙선을 몇 차례 거친 후 1980년 '사회민주연합' 소속으로 입후보하여 처음으로 중의원 의원에 당선되었다. 그 후 '신당사키가케'와 민주당 결성을 주도하기도 했고 자민당 연립내각의 후생성 장관을 비롯하여 재무성과 내각부의 장관을 역임하기도 했다. 한편 정치가로서 재빠른 변신을 보여 온 그에 대해서는 항상 주변국의 눈치를 보며 생존을 유지하는 발칸반도 국가에 빗대어 '발칸 정치가'라고 비난하는 의견도 있다.

그는 2009년 민주당 정권 수립 이후 당내 제2인자로 활동하다가 2010년 6월 하토야마 총리의 사임에 따라 제94대 총리 자리에 올랐다. 이때만 해도 그는 합법적인 특허 업무를 할 수 있는 실무 경험을 가진 정치가로서 당내 세력이나 일본 국민들로부터 높은 지지를 얻었다. 특히 민주당 내부에서 오자와의 당 운영에 불만을 가진 의원들을 규합하고 '탈 오자와' 노선을 선명하게 내세움으로써 여론조사에서 60% 정도의 높은 내각 지지율을 이끌어냈다.

그러나 총리 취임 한 달째 실시된 참의원 선거에서 그의 소비세 증세 발언 등이 문제가 되어 민주당 참패를 맛보았다. 그 결과 민주당 정권은 참의원에서 과반수에 미치지 못하게 되면서 파행적인 국회 운영이 계속되고 당내 구심력도 갈수록 약화되어 갔다. 여기에다가 센카쿠(尖閣) 열도 중국어선 충돌 사건에 대한 대응이 미온적이라는 비판에 휩싸이면서 내각 지지율이 급격히 떨어지기 시작했고 설상가상으로 2011년 3월에 발생한 동일본 대지진과 원전사고는 그를 더욱 더 곤경에 빠뜨렸다. 대재난을 계기로 국회 파행을 해소하고 수습과 복구를 원활하게 진행하기 위하여 자민당에 대해 '대연립'을 타진했지만 결국 불발로 끝났다. 2011년 4월에 실시된 통일 지방선거에서도 여당 민주당이 크게 패배하자 당내에서 그를 총리직에서 끌어내리려는 움직임이 더욱 활발해져 그는 당 내외적으로 사면초가에 빠졌다. 6월에 들어서 야당에 의한 내각불신임 결의안이 중의원 본회의에 상정되었다. 결과적으로 내각불신임안은 부결되었지만 그 대가로 그는 총리직 사임을 공언하기에 이르렀다.

총리로서 그는 대외정책에서 비교적 유화적인 태도를 취해왔지만 보는 관점에 따라 우유부단한 모습으로 비춰지기도 했다. 특히 그는 의정생활에서 비교적 한국과 친근한 직책을 담당해왔다. '일한의원연맹' 소속 의원이기도 하며 민주당 일한의원 교류위원회 고문을 맡기도 했다. 그리고 일조(日朝) 국교정상화 추진의원연맹의 고문이기도 했다. 이러한 연유 때문인지 그가 한일간 역사인식 문제에 대해 보인 태도에서는 상대국에 대한 배려와 유연함이 돋보였다. 2010년 8월에 발표한 한국병합 100주년 총리 담화와 그것에 기초하여 한국과 맺은 도서협정은 양국의 외교관계를 돈독하게 하는데 중요한 기능을 했음을 높이 평가하지 않을 수 없다.

하지만 다른 한편으로 아름다운 언사에 비해 실행력이 부족하고 애매모호한 입장으로 일관했다고 하는 비판을 받기도 했다. 총리직에 재임하면서 그가 독도 문제와 역사교과서 문제에 대한 입장에서 보수 우파 세력의 움직임을 억제하지 못한 점이나 재일한인의 지방참정권 부여 문제에 대한 정치적 결단을 내리지 못한 점은 이웃국가에게 신뢰감을 주지 못하는 것이었다. 북한에 대해서도 '납치' 문제와 핵 문제의 해결, 국교정상화, 경제 지원을 하나의 패키지로 추진하겠다고 하는 정책을 내세웠지만 정작 관계 개선을 위한 정치적 움직임은 전혀 내보이지 않았다.

이와 함께 간 나오토는 유난히 재일한인 관련 스캔들로 정치권으로부터 많은 비판을 받았다. 이것은 한국에 대한 그의 유화정책이 불필요하게 일본 국민들로부터 불신을 받도록 빌미를 제공하는 문제가 되었다. 예를 들어 그가 1980년대 '사회민주연합' 소속 의원이었을 때 선배 의원의 요청에 따라 재일한인 정치범 석방 요망서에 서명한 일이 있다. 그런데 그 정치범 가운데 일본인 '납치' 현행범인 신광수(辛光洙)를 비롯하여 북한 간첩 용의자 10명이 포함되어 있다는 것이 밝혀지면서 신중하지 못한 행동을 했다는 비판을 받았다. 이와 함께 2000년대에 재일한인으로부터 정치헌금을 받았다는 것이 밝혀지기도 했다. 이에 대해서는 2011년 3월 11일 동일본 대지진 발생 당일에 야당으로부터 추궁을 당했고 그도 헌금 수수 사실을 시인했다. 그 후 재일한인 남성에게 정치헌금을 되돌려주면서 몰래 전화를 걸어 서로 만난 일이 없도록 해달라고 했다는 것이 알려지면서 그의 정치적 신뢰도는 땅에 떨어지고 말았다.

_5_
노다 요시히코 총리 취임

2011년 8월 간 나오토의 총리직 사임에 따라 민주당 대표 선거가 치러져 재무상을 담당하고 있던 노다 요시히코(野田佳彦)가 최종적으로 당 대표에 선출되었다. 이때 노다는 후쿠시마 원전사고 수습을 가장 우선 과제로 내세웠고 자신은 원자력 탈피 입장을 견지한다고 하면서 원자력발전소를 신설하지 않겠다고 표명했다. 5명이 출마한 민주당 대표 선거에서는 첫 번째 투표에서 가이에다 반리(海江田万里) 당시 경제산업상이 143표, 노다 102표, 마에하라 세이지(前原誠司) 전 외상 74표, 가노 미치히코(鹿野道彦) 농림수산상 52표, 마부치 스미오(馬淵澄夫) 전 국토교통상 24표를 얻어 5명 모두 과반수 득표를 얻지 못했다. 이에 따라 가이에다와 노다에 의한 결선 투표를 치러야 했다.

총리 시절의 노다 요시히코

제1차 투표에서는 가이에다가 오자와 이치로(小澤一郎) 전 간사장과 하토야마 유키오(鳩山由紀夫) 전 총리로부터 전면적인 지지를 받는 가운데 가장 많은 표를 획득했다. 하지만 결선 투표에서는 177표를 얻는데 그쳐 215표를 얻은 노다에게 패배했다. 오자와가 당내 영향력을 유지하려는 움직임에 대해 이를 우려하는 중간파 의원들이 노다에게 표를 몰아준 결과였다. 2010년 9월의 경선에서 간 나오토가 206:200으로 가까스로 오자와에게 승리했던 것과 비교하면 2011년 민주당 대표 선거에서는 반(反) 오자와 세력의 결집력이 훨씬 강해졌고 이것이 투표결과로 나타났다는 것을 알 수 있다. 이처럼 노다가 결선 투표에서 역전하여 당선된 것은 민주당으로서는 처음 경험하는 일이었다.

선거결과에 따라 그는 곧 바로 새로운 내각 진용과 주요 당직자 인선에 들어갔다. 그리고 중의원과 참의원의 총리 지명 선거를 거쳐 제95대 62번째 총리에 취임했다. 그는 마쓰시다(松下) 정경숙 출신으로 처음으로 총리에 취임한 인물이다. 그는 민주당과 국민신당의 연립정부를 발족시켰으나 동일본 대지진 피해의 복구와 일본경제 부흥이라는 난제를 안고 행정 수반직을 수행해가야 했다. 세 차례에 걸쳐 내각을 개편하면서 실추해가는 국민들로부터의 지지를 회복하고자 했지만 2012년 12월 중의원 선거에서 민주당이 자민당에게 참패를 겪으면서 그의 총리직이 끝났고 2009년부터 이어온 민주당 정권도 끝이 났다.

노다는 1957년 5월생으로 지바현(千葉縣) 후나바시시(船橋市) 출신이다. 그의 부친은 육상자위대(육군) 대원이었다. 1976년 후나바시 고등학교를 졸업했고 1980년에 와세다대학 정치학과를 졸업했다. 1985년 마쓰시다(松下) 정경숙 제1기생으로 졸업했고 1987년 지바현 의원에 입후보하여 당시 최연소 당선을 기록했다. 1992년 '일본신당' 결성에 참가하여 중앙정계에 입문했고 이듬해 중의원 총선거에 출마하여 당선되어 '일본신당' 부대표 간사를 맡았다. 1994년 '일본신당'이 해체되면서 '신진당' 결성에 참여하여 1996년 중의원 선거에 출마했지만 낙선하고 말았다.

그러나 그는 2000년 새로 결집된 민주당에서 공천을 받아 중의원에 당선됨으로써 정계에 복귀할 수 있었다. 보수중도 세력과 중도좌파 세력이 혼재된 민주당에서 그는 '보수중도' 노선을 견지했으며 하토야마 유키오와 간 나오토에 의한 Two-top 체제를 대신할 신세대 세력의 선봉 주자로 나섰다. 2002년에 당대표 선거에 신세대 통일 후보로 입후보했다가 비록 떨어지기는 했지만, 그는 이 선거전을 일본 사회에 자신의 인지도를 결정적으로 높이는 계기로 만들었다. 그는 민주당에서 총무국장, 국회대책위원장을 역임했고, 하토야마 내각에서 재무성 부상, 간 내각에서 재무상이 되어 국가정책을 담당했다.

한일관계와 관련하여 노다 총리는 그의 재임 시기에 영유권 문제와 역사인식 문제에서 갈등을 잠재우지는 못했지만 적어도 외교적 갈등이 확산되는 것을 저지하고자 '외교적 관리'에 노력했다고 평가할 수 있다. 취임 후 얼마 되지 않은 2011년 10월 중순 그는 한국을 방문하여 이명박 대통령과 정상회담을 가졌다. 그는 이 자리에서 한일경제제휴협정(EPA) 교섭의 조기 재개를 향해 실무자 협의를 가속시키자는 데 합의했으며 금융시장의 불안정화에 대비하여 양국의 통화 스왑(currency swaps)의 한도액을 당시의 130억 달러에서 700억 달러로 확대하자는 데 합의했다. 그는 이때 한국에 전달할 문화재 도서 가운데 5권을 가지고 한국을 방문하여 이명박 대통령으로부터 감사의 인사를 받았다.

비교적 합리적이고 온후한 성격의 소유자로 알려져 있기는 하지만 그는 때때로 정치가로서 보수적인 색깔을 드러냈던 전력을 가지고 있다. 그의 정치적 성향과 행보 과정에서 볼 때 그의 총리 취임에 즈음하여 국내정치에서 대외정책을 둘러싼 야당과의 융화는 이루어지기 쉬운 반면에, 하토야마와

간 내각이 보여준 주변국에 대한 외교적 배려를 그에게서 기대하기는 어려울 것이라는 평가가 많았다. 특히 역사인식 문제나 독도영유권 문제에서 주변국 국민의 감정을 자극하고 한국과 중국 정부를 곤혹스럽게 할 소지가 많은 것으로 지적되었는데 역시 그는 재임 기간 중에 한국과 중국과 외교적인 갈등을 해소하지 못했고 정권 후반기에 들어서서는 외교적 갈등을 심화시키고 말았다.

과거 고이즈미 준이치로 총리가 야스쿠니 신사에 참배했을 때, 민주당 내부에서는 A급 전범 합사(合祀)를 이유로 하여 이를 비판하는 견해가 다수를 차지했다. 그러나 그때에도 노다는 A급 전범으로 불리는 사람들이 전쟁 범죄자가 아니라고 말하고, "야스쿠니 참배의 옳고 그름은 국제정치적 이해(利害)에 따른 것이지, 잘못된 A급 전범 이해(理解)에 기초한 시비론은 A급 전범으로 불리는 사람들에 대한 인권 침해이며, 인권과 국가의 명예와 관련되는 문제"라고 주장하며 민주당 당내에서 물의를 일으킨 바 있다. 그 밖에도 그는 '남경대학살 20만 명설'을 부인하는 한편, 만주사변 이후 일본의 지속적인 대륙침략을 비판하는 '15년 침략전쟁설'에 대해서 이의를 제기하기도 했다.

그는 일본 내 보수세력의 견해에 맞추어 중국과의 영유권 분쟁에 대해서 단호한 태도를 보여왔다. 2004년에 중국인 활동가 7명이 센카쿠(尖閣諸)섬에 상륙했을 때, 그는 일본의 영토라는 것을 확인하는 국회결의를 하자고 제안한 바 있다. 같은 해 중국정부가 오키노도리(沖ノ鳥)섬에 대해 일본의 영유권은 인정하면서도 바위에 지나지 않는 곳을 배타적 경제수역으로 설정할 수는 없다고 주장한 일이 있다. 이에 대해 그는 남사제도(Spratly Islands)를 실효지배하고 있는 중국이 그런 주장을 펼칠 입장이 아니라고 일축한 바 있다. 다만 독도 문제에 대해서 그는 총리가 되기 전까지 분명한 태도를 밝힌 일이 없다. 그러나 총리 취임 이후에는 정치적 입장에 따라 독도를 분쟁

지역화 하고자 하는 관료들의 움직임에 동조했다.

또한 재일한인을 포함한 재일외국인에 대한 지방참정권 부여 문제와 관련하여, 그는 이에 대한 반대 입장을 분명히 해왔다. 2009년 민주당이 집권한 직후 지방참정권 법안 상정의 움직임이 나타나자, 그는 법안 제출을 둘러싸고 당내 의견이 분분해지는 것을 우려하고 의원입법이든 정부입법이든 법안을 국회에 제출하지 말 것을 주장했다. 참정권 부여 대신에 외국인에 대한 귀화 수속을 간략하게 하면 된다는 것이 그의 지론이었다. 결과적으로 그의 집권 시기 내내 재일외국인의 참정권 부여 문제는 정치적 의제로 떠오르지 않았다.

_6_
북한의 일본인 '납치' 문제

근래 들어 일본에서 북한의 일본인 '납치' 문제를 둘러싸고 여느 때보다 강렬한 집단적 움직임이 나타나고 있다. 인도적인 문제에 관하여 북한이 협력하는 모습을 보이고 있지 않은 것이 문제의 발단이기는 하지만 핵개발 문제와 얽혀 북한과의 외교접촉이 두절된 상황에서 일본사회의 움직임은 '납치' 문제의 외교적 해결을 더욱 곤란하게 하고 있을 뿐 아니라 이 문제를 이용하여 자유 언론과 정권에 대해 사회적인 불만을 쏟아내는 방향으로 치닫고 있는 것이 아닌가 하는 우려를 자아내고 있다. 장기적인 국내 경기침체와 함께 대지진과 원전사고 등으로 사회적 불만이 가중되고 있는 가운데 이에 편승한 보수 집단이 '납치' 문제를 준동의 구실로 삼고 있는 것이 아닌가 생각되는 것이다.

북한은 납치 문제에 대하여 일본 정부에 대해 13명을 납치했다는 사실을 인정하고 있으며 이 가운데 일본에 귀국한 5명 이외에는 8명이 모두 사망했다고 일관되게 주장하고 있다. 그러나 일본 정부는 최소한 17명 이상이 납치되었을 것으로 보고 있고 피해자 전원이 여전히 생존해있을 것이라는 전제 아래 북한에 대해 이에 대한 진상조사를 지속적으로 요구해오고 있다. 북일 양국은 지난 2008년 8월 실무자 협의를 통하여 북한에 위원회를 설치하고 재조사 작업에 착수하기로 합의했으나 그 해 9월에 북한이 위원회 설치를 연기하겠다고 일방적으로 통보한 이후로 오늘날에 이르기까지 아무런 진전을 보이지 않고 있다.

일본사회에서는 '납치' 문제를 구실로 하여 우경화 움직임이 두드러지게 나타나고 있다. 특히 2011년 6월에는 이와 관련한 움직임이 많이 나타났다. 6월 3일 고베(神戸) 지방법원에서는 저널리스트 다하라 소이치로(田原總一朗)에 대한 8번째 구두 변론이 이루어졌다. 그는 지난 2009년 4월 TV토론 방송에서 "납치 피해자가 살아있지 않다는 것을 외무성도 알고 있다"고 하는 취지의 발언을 하여 사회적 물의를 일으켰다. 이에 대해 피해자 가족이 "허위 발언으로 피해자 가족의 감정을 상하게 했다"는 이유를 들어 그 해 7월 천만 엔의 위자료를 청구하는 소송을 제기했다. 구두 변론에서 다하라는 자신의 발언의 진위가 왜곡되었다고 변명하면서도 피해자 가족에 대해서는 "난폭한 발언으로 죄송하다"고 하며 사죄했다.

또한 6월 10일에는 '특정실종자 문제조사회'라고 하는 민간단체가 납치 피해자 가족과 함께 일본 서해안을 대상으로 3일간에 걸쳐 실종 현장 시찰을 시작했다. 11일 이시카와현(石川縣)을 방문한 아라키 가즈히로(荒木和博) 조사회 대표는 "현장을 돌아보고 납치가 조직적인 범죄라는 것을 실감했다"고 했으며, "조금이라도 더 많이 진실을 알려서 여론을 환기시키는 것이 납치 문제의 본질에 다가가는 일"이라고 했다. 이에 앞서 6월 5일 '가족회' 등 피해자 지원단체들은 도쿄 시내에서 그 해 9월까지 북한이 연기하고 있는 재조사를 실행하도록 정부에게 대북 외교 접촉을 요구하는 시위를 전개했다. 주최 단체는 이 모임에 1,000명 정도가 참여했다고 발표했다. 이어 6월 11일과 12일에는 납치 피해자의 '구출'을 요구하는 서명운동이 일본 전국 35개 지역에서 일제히 벌어졌다. 납치 피해자 가족을 대표하는 요코다 메구미 부모는 5일의 도쿄 집회에는 물론 12일의 가와사키(川崎) 집회에도 참석하여 시민들의 협력을 요청하고 일본 정부에 대해 북한에 대한 압박을 촉구했다.

한편 전국적인 서명운동에 들어가기 전날 '구출회'를 중심으로 하는 21개 납치피해자 지원단체는 '납치 문제대책본부 정보실'의 권한과 기능을 강화하도록 요구하는 요망서를 발표하고 정부에 이를 제출했다. 요망서 문구는 일본 정부에 대해 비교적 완곡한 표현을 사용했으며 주로 정보실 조직만을 거론하면서 '납치' 문제 해결에 대한 조직적 무능력을 비판했다. 그러나 북한에 대한 정보 공작을 부추기는 일이 현실적으로 납치 피해자 '구출'이나 진상 조사 착수와 같은 문제 해결 방향과는 정반대의 주장이라는 것이 누가 보아도 분명한 가운데, 이들은 요망서를 통해 간접적으로 민주당 정권의 무능력을 비판했던 것이며 '구출' 문제의 미해결을 빌미삼아 정권 비판의 강도를 높여간 것이다.

아무튼 이러한 사회적 요청을 받아들여 2011년 6월 10일 간 나오토 총리는 반 년 만에 납치 문제대책본부 회의를 열었다. 그가 총리가 된 후 5번째 열리는 회의였다. 이 자리에서 그는 9월까지 북한에 대해 재조사 실시를 요구하겠다고 하고 만약 불응할 경우 제재를 강화하겠다고 했다. 그러나 일본 정부로서는 2004년 이래 매년 대북제재를 이어오고 있으며 북한적 선박의 입항금지와 수출입 물품 금지 조치를 계속하고 있는 상황에서 북한을 더 이상 압박할 제재수단이 없다는 것을 잘 알고 있었다. 2010년 11월에도 일본 정부가 추가 제재 검토를 조건으로 하여 북한에 대해 '납치' 피해 재조사를 요구했지만 북한은 이에 응하지 않았다. 결국 해법이 보이지 않는 가운데 총리는 대책본부에서 "납치 문제가 주권의 문제이며 인명에 관한 문제이기 때문에 단호하게 대처하겠다"고 하는 원론적인 입장만을 밝히는데 그쳤다.

그런데 2011년 7월 일본 총리가 '납치' 사건 용의자의 친족이 관련된 정치단체에 대해 정치헌금을 했다는 것이 알려지면서 '납치' 피해자 가족으로부터 항의를 받고 이에 총리가 사죄하는 해프닝이 발생했다. '납치' 사건에 관여한 것으로 국제적인 수배를 받고 있는 모리 준코(森順子)의 아들 모리 다이시(森大志)가 소속된 「시민의 당」으로부터 파생된 「정권교체 목표로 하는 시민의 모임」에 2007년부터 간 나오토를 포함한 민주당 의원이 선거 응원과 함께 정치헌금을 제공해왔다는 것이 산케이신문 보도에 의해 뒤늦게 밝혀

총리관저의 납치피해자단체 초치 간담회 (2012년 10월)

진 것이다.[1]

이 문제를 둘러싸고 간 나오토 총리는 '납치' 피해자 단체로부터 격렬한 비난을 받았다. 이와 관련하여 2011년 7월 21일의 참의원 예산위원회에서 간 총리는 "그런 단체는 모른다" "모르기 때문에 사과할 일도 없다"라고 답변했다. 참고인으로 출석한 '가족회' 사무국장이 정치헌금의 의도에 대해 추궁하자, 간 총리는 결국 "납치 문제와 관련 있는 단체라면 교제를 끊겠다", "그런 일이 있었다면 몹시 미안하게 생각한다"라고 하며 관련 단체와의 관련성이나 이미 지불한 정치헌금의 환불에 대해서는 일체 언급하지 않은 채 애매하게 사과하는 데 그쳤다.

북한과 일본은 2012년 8월 말 4년 만에 중국 베이징에서 과장급 회담을 열고 중단된 북일 국교정상화 교섭을 재개하기로 하고 "가까운 시일에 고위급 회담을 열어 상호 관심사를 폭넓게 협의하자"고 하는 데 합의한 바 있다. 이에 따라 2012년 11월 15일과 16일 이틀간 몽골 울란바토르에서 북일간 국장급 회담이 재개되었다. 이때 북일 양측은 납북자 문제를 포함한 현안 협의를 계속하기로 합의한 것으로 알려졌다. 국교정상화의 전제조건으로 '과거 청

<hr>

1) 産経新聞, 2011.7.13.

2012년 11월 울란바토르 북일교섭

산 문제', '재일조선인 법적지위 문제'와 함께 일본이 원하는 '일본인 납치 재조사' 문제도 의제로 채택된 것으로 보이나 구체적인 논의 내용에 대해서는 북일 양국이 모두 밝히지 않았다.

한국의 동계올림픽 유치에 대한 일본의 반응

2011년 7월 6일 2018년 동계올림픽 개최지를 결정하는 국제올림픽위원회(IOC)가 남아공의 더반에서 열려 한국의 평창으로 결정했다. 두 차례 낙방한 후 3번째 다시 도전한 평창은 제1차 투표에서 과반수를 훨씬 넘는 63표를 획득하여 역대 최대 득표 신기록을 세웠다. 발표 직후 유럽올림픽위원회(EOC) 위원장인 패트릭 히키(Patrick Hickey) 아일랜드 위원은 한국 평창이나 25표를 얻은 독일 뮌헨, 7표를 얻은 프랑스 안시, 모두가 실수 없이 프로답게 발표를 잘 하여 우열을 가리기 힘들었다고 말하면서, 평창의 승리 원인으로 "이념이나 로비활동 모두 잘 갖추어졌고 내용도 훌륭했다"고 평가했다.

아시아 지역에서 동계올림픽이 열리는 것은 지난 1972년 삿포로(札幌)와 1998년 나가노(長野)에 이어 평창이 세 번째가 된다. 이번에 '새로운 지평선 New Horizons'를 슬로건으로 내세우고 프레젠테이션에 나선 평창은 경기시설 계획의 우수성과 함께 다른 후보지에 비해 월등하게 높은 92%라고 하는 지역 주민의 지지율에서 커다란 힘을 얻었다. 여기에다가 마지막 프레젠테이션에 이명박 대통령이 직접 참여하여 정부의 조건 없는 전폭 지원을 보증한다고 하며 호소했고 피겨스케이트 여왕 김연아 선수도 이를 거들었다. 현지 주민의 적극적인 염원과 정치적 리더십, 각계각층의 효과적인 협력이 승리의 결실을 맺은 것으로 보인다. 앞으로 경기장과 사회기반시설 건설을 통한 낙후된 강원도 지역의 발전에 희망을 걸 수 있게 되었다.

평창은 드라마 '겨울연가'의 촬영지로서 한류에 매료되어 있는 일본인들이 관광지로 선호하고 있는 곳이기도 하다. 하지만 한국의 2018년 동계올림

평창 개최 결정을 발표하는 IOC 위원장

픽 유치 결정은 2020년 하계올림픽 유치를 노리고 있는 일본에게 좋지 않은 영향을 끼칠 것이라는 전망이 지배적이어서 일본인들에게 반드시 환영받을 소식만은 아니었다. 동계와 하계 올림픽이 같은 해에 열리다가 1994년 노르웨이 릴레함메르 동계올림픽 이후 2년 간격으로 따로 열리고 있는데 그 후로 2년 사이에 동계와 하계 올림픽이 연이어 같은 대륙에서 치루지 않는 것을 IOC가 관행으로 삼고 있기 때문이다. 이에 따라 일본의 대부분의 언론은 평창 올림픽 유치가 결정되자 도쿄 올림픽 유치 움직임에 대한 비관적인 전망을 내놓았다.

다만 IOC 자크 로게(Jacques Rogge) 위원장이 평창 올림픽 발표 직후 기자회견에서 아시아 도시가 2020년 하계올림픽에 입후보할 경우의 영향에 대해 "하계와 동계는 서로 다르기 때문에 지장이 되지 않을 것"이라는 원론적인 입장을 밝혔다. 실제로 2004년 아테네 하계올림픽에 이어 2006년에 토리노 동계올림픽이 열린 적이 있고, 2012년 런던 하계올림픽에 이어 2014년 소티(러시아) 동계올림픽이 열리기로 되어 있어 유럽의 경우 관행이 지켜지지 않고 있기도 하다. 하지만 이것은 하계올림픽 이후 2년 만에 동계올림픽이 열리는 경우이며 그 반대의 경우는 아직 없다. 동계올림픽 분리 개최과정에 있어서 1992년 프랑스 알베르빌에 이어 2년 만에 릴레함메르가 올림픽을 유치한 이후 동계를 서두로 한 동계-하계 올림픽을 하나의 기간으로 간

주해오고 있기 때문이다. 따라서 이제까지의 관행이 지속되는 한 2018년 평창 올림픽에 이은 2020년 도쿄 올림픽은 그 유치 가능성이 밝다고 보기 어렵다. 2020년 올림픽 유치에는 도쿄를 비롯하여 로마, 베를린, 더반(남아공), 도하(카타르), 이스탄불(터키) 등이 관심을 나타내고 있다.

이런 상황에서 일본의 네티즌 가운데 평창 올림픽 유치 결정에 대해 비아냥거리며 야유를 보내는 사람도 있었지만 대체로 이를 축하하는 목소리가 높았던 것으로 보인다. 이웃나라가 보여주고 있는 불굴의 도전 자세와 총력적인 협력 움직임에 대해 대체로 긍정적인 평가를 내린 것으로 보인다. 지난 6월 28일 일본을 방문한 민주당 손학규 대표가 간 나오토 총리를 만나 평창 올림픽 유치에 협조해달라고 부탁하자, 직접 IOC에 말을 전달하겠다는 긍정적인 약속을 한 것으로 알려지고 있다. 이와 같은 일본 총리의 언질이 일본 올림픽 위원에게 전달되었는지는 불분명하지만 한국의 여야 정치가가 한 뜻으로 올림픽 유치를 위해 노력하는 모습을 긍정적으로 평가한 것은 분명하다. 다니가키 사다카즈(谷垣禎一) 자민당 당수도 손학규 대표의 협조 요청에 긍정적인 반응을 보인 것으로 보도되었다.

일본올림픽위원회(JOC)의 다케다 쓰네카즈(竹田恒和) 위원장은 평창 유치가 결정되자 곧 바로 기자회견을 통해 이를 축하한다는 인사를 했다. 그리고 아시아 동계 스포츠를 진흥시키는 데 커다란 의의가 있다고 했으며 서울 올림픽 개최의 경험을 살려서 멋진 운영이 이루어지기를 기대한다고 했다. 또한 2020년 도쿄 올림픽 유치 재도전을 향해 열정을 보이고 있는 이시하라 신타로(石原慎太郎) 도쿄 도지사도 평창 유지 결정 직후 기자회견을 통해 "같은 아시아의 일원으로서 진심으로 축하의 말씀을 드린다"고 말했다. 그는 한국 뿐 아니라 올림픽 유치를 위해 노력한 뮌헨과 안시에 대해서도 경의를 표한다고 말하고, "평창이 훌륭한 올림픽과 장애인 올림픽을 개최하여 성공을 거두기를 기원한다"는 커멘트를 남겼다.

_8_
여수엑스포 '일본의 날'

2012년 5월 12일부터 8월 12일까지 93일간 여수 엑스포가 '살아 있는 바다, 숨 쉬는 연안'을 주제로 하여 여수 신항 일대에서 열렸다. 2006년 5월 국제박람회기구(BIE)에 유치 신청서를 제출했고, 2007년 11월 파리에서 개최된 국제박람회기구 총회에서 140개 회원국의 2차 투표를 거쳐 경쟁국 모로코를 제치고 유치에 성공했다. 전시 면적 25만㎡에 종사자 숙박시설, 환승 주차장, 공원, 녹지 등 지원시설을 포함한 행사장 총 면적은 174만㎡에 달했다. 바다 위에 만들어지는 주제 전시관, 106개 국가가 참가하는 국제관 등 20개 전시관, 국내 최대 아쿠아리움, 하루에 90여 차례 열리는 문화예술공연 등을 선보였다.

다만 여수 엑스포는 국제박람회기구가 공인한 '인정 EXPO'로, 2010년의 상하이 EXPO와 같은 '등록 EXPO'와는 달리 '등록 EXPO' 사이에 한 차례 열 수 있도록 허락을 받았으며 개최 기간 3개월, 개최 면적 25만㎡이라는 제한도 받았다. 5년에 1회, 최장 6개월간 규모에 제한 없이 개최할 수 있는 '등록 EXPO'에 비하면 매우 제한적인 행사였다. 결과적으로 여수의 시민과 관련 단체들이 지역 살리기 일환으로 고객 유치와 지역 홍보에 나섰지만 여수의 접근성 문제나 숙박지 부족 문제 등을 해결하지 못하고 막바지에 덤핑 입장료로 단체 고객을 유치하는 모습을 보였다. 밀려드는 인파로 엑스포 전시장 주변의 교통 혼잡이 극심했던 것에 대해서도 비판의 목소리가 높았다.

그럼에도 불구하고 엑스포가 끝난 후에 실시한 한 여론조사는 여수시민 5명 가운데 4명이 기대 이상의 성과를 거둔 것으로 평가했다는 것을 밝혔다. 전남발전연구원과 전남도립대가 엑스포 개최 전인 2011년 12월과 개최 후인 2012년 9월 여수시민 353명과 469명을 각각 조사하여 그 결과를 발표한 것이다. 조사결과 결과 엑스포 개최에 대한 전체 만족도는 78.6%에서 81.2%로 높아졌고, 5명 가운데 한 명 정도가 '매우 만족' 또는 '만족'이라고 대답했다. 자긍심이 고취될 것으로 보느냐는 질문에 대해서는 개최 전에 77.9%, 개최 뒤에는 83.7%가 긍정적으로 대답했다. KTX와 도로 등 기반시설 확충에 대한 만족도에서도 개최 전 77.9%에서 개최 후 83.7%로 긍정적인 의견이 높아졌고, 주민들의 삶의 질 향상에 대한 만족도 역시 68.6%에서 82.8%로 크게 상승했다.[2]

2012 여수엑스포 개관을 두 달 앞두고 조직위원회는 중국과 일본의 관객 유치 활동에 주력하고 있는 가운데 3월에 들어 일본 각지에서 관광업과 매스컴 관계자를 대상으로 하여 홍보활동에 나섰다. 3월 10일에는 나고야에서 '한일교류스테이지'를 겸하여 엑스포를 홍보했고, 13일에는 도쿄에서, 그리고 15일에는 오사카에서 홍보 이벤트를 개최했다. 이때에도 일본의 국내경기가 전반적으로 침체된 데다가 여수의 호텔 부족과 접근성 불량, 그리고 일본의 황금 연휴와 어긋나는 엑스포 일정 등으로 일본인 유치가 어

여수 EXPO 일본관

---

2) 노컷뉴스, 2013. 1. 16.

일본관 심볼마크

려울 것으로 예상되는 가운데, 엑스포 조직위원회는 일본인 관광객 20만 명을 유치할 것을 목표로 하여 총력을 기울였다. 엑스포 준비과정에서 일본관의 공식 서포터로 한인에게도 널리 알려진 SMAP의 구사나기 산요시(草彅剛)가 홍보 활동을 하면서 한국과 일본의 젊은이들에게 EXPO에 대한 관심을 높였다. 그 외에도 와세다대학 교수 후카가와 유키코(深川由起子), 도예가 심수관(沈壽官) 등이 공식 서포터로서 활동했다.

일찍이 3월 9일 공사 중이던 일본의 전시관(Pavilion)이 일반 언론에 미리 공개되었다. 여기에는 일본의 경제산업성과 무역진흥기구(JETRO)가 공식 참가하여 전시 내용을 준비한 가운데 전시의 총괄 기획을 맡고 있는 경제산업성 산하 박람회 추진실은 여수 엑스포를 통하여 주로 동일본대지진으로 인한 참사를 극복해가는 일본인들의 모습을 홍보했다. 전시관 입구 옆에 세워질 대형 모니터를 통해서 거대한 쓰나미가 덮치는 장면, 지역재생을 위해 노력하고 있는 주민들의 모습을 내보였다. 이와 함께 피해 지역 주민들이 각국의 언어로 작성한 감사의 문구를 포함하여 재난 복구를 위해 세계 각국이 일본에 제공한 지원과 격려에 대해 감사하는 마음을 담은 영상들이 펼쳐졌다.

여수 EXPO 조직위원회는 일찍이 2011년 10월 31일에 일본측과 참가계약을 체결했다. 일본의 경제산업성은 12월 13일 보도자료를 내고 일본관의 심볼마크를 확정하여 발표했다. 이 마크는 수목이 무성한 숲, 바다의 혜택, 바다와의 공생을 나타낸다고 했다. 바다 생물의 다양성, 물고기의 무리, 농촌의 벼이삭, 삼림의 나뭇잎, 그리고 지구를 이미지화하여 디자인했다는

일본의 날 거리공연

것이다. 엑스포 기간동안 이 심볼마크는 일본관 정문 입구에 장식되었고 일본관 홈페이지와 관계자 명함과 뱃지 등의 로고로 사용되었다.

2012년 6월 2일은 여수 엑스포 조직위원회가 정한 '일본의 날'이었다. 이 날 무더위가 기승을 부리는 가운데 필자는 오전부터 '일본의 날' 풍경을 보기 위해 엑스포 전시장을 찾았다. 오전부터 예정되어 있던 '일본의 날' 기념식에는 애초 예정과는 달리 바다를 주제로 하는 엑스포에서 독도 관련 전시물이 나옴에 따라 이를 이유로 일본측 고위 관료가 대거 참석하지 않는 사태가 발생했다. 결국 이날 오전에 관료 가운데는 경제산업성의 이와타 야스시(岩田泰) 박람회 추진실장만이 참석한 가운데 조촐하게 기념식을 마쳤다. 여수 엑스포 각국의 날 기념식에 각국이 대사나 장차관급 관료들을 보냈으나 일본만은 과장급 관료가 참석한 것이다. 이와타 실장은 기념사에서 여수엑스포의 성공 개최와 한일 우호관계 증진, 동일본 대지진 당시 한국민에 대한 감사 등을 말했을 뿐, 독도와 관련된 언급은 하지 않았다.

이렇듯 공식적인 외교행사가 파행을 이루는 가운데서도 민간차원의 한일 교류행사는 예정대로 진행되었다. 가라쓰(唐津)에서 방문한 사절단이 오전부터 땡볕 아래에서 길거리를 누비며 일본의 전통 축제 풍경을 재현했고 오후에는 엑스포홀에서 한국과 일본의 우정을 주제로 하는 '스페셜 콘서트'가 펼쳐졌다. 이 콘서트에는 한류스타 김정훈과 일본 톱스타 구라키 마이(倉木

한일합동공연

麻衣) 등이 나와 열기를 북돋우었고 한일 어린이 파워 Dance Mix 공연과 한일합동 공연단이 무대를 화려하게 장식했다. 또한 이 날을 기념하여 5월 30일부터 6월 3일까지 일본에서 '바다의 귀부인'으로 불리는 범선 '가이오마루 (海王丸)'가 동일본 대지진 피해 지역의 어린이들이 그린 그림을 가지고 여수에 기항했다. 1930년에 항해연습선으로 출범한 '가이오마루'를 이어받아 1989년부터 새로 취항한 '가이오마루' 2세에 해당하는 것으로, 총 2,556톤, 길이 110미터, 폭 13.8미터, 돛 높이 50미터의 초호화 대형 범선이다.

그런데 여수와 일본을 연결하는 교통사정이 여의치 않고 여수에 숙박시설이 부족했기 때문에 일본관광객을 유치하는 데 어려움이 많았던 것으로 전해진다. 보통 비행기로 부산이나 서울에 도착한 후 다시 여수까지 4~5시간을 이동해야 했기 때문이다. 이에 대한 보완 방법으로 일본의 여객회사 JR큐슈가 EXPO 개최 기간 동안 여수와 후쿠오카를 잇는 200인승 고속여객선을 왕복 운항했다. 또한 정원 680명의 '재팬 크루즈'가 두 차례에 걸쳐 여수에 입항했고, 정원 400명의 크루즈 선박 'MOL'이 5월 25일을 시작으로 EXPO 기간 동안 네 차례에 걸쳐 일본에서 관광객들을 싣고 여수에 들어왔다.

엑스포 준비 과정에서 거론된 것과 같이 EXPO를 계기로 하여 그 후에도

여수항에 입항한 가이오마루(海王丸)

여수와 후쿠오카 사이에 정기항로를 운행하기로 하는 방안은 여객선 회사에게 있어서 단기적으로 타산이 맞지 않기 때문에 성사되지 않았다. 아무튼 접근성 문제로 일본인 참관객 유치가 어려웠고 영유권 문제로 양국의 외교관계가 원활하지 않았음에도 불구하고 2012 여수 EXPO는 한국사회에 동일본대지진 참사를 극복해가는 일본인의 모습을 널리 알리고, 오늘날 서울, 부산, 제주에 집중되고 있는 일본과의 민간교류 움직임을 지역적으로 보다 다양하게 확대할 수 있는 계기가 된 것이 분명하다.

_9_
2012년 일본의 중의원 선거와 한국의 대통령 선거

2012년 12월 일본과 한국에서 3일간의 시차를 두고 각각 정권의 성격을 선택하는 중대한 국정선거가 치러졌다. 선거운동이 활발하게 진행되던 12월 7일 영국의 'Financial Times' 중국어판은 한국과 일본의 선거에서 나타나는 공통점과 차이점에 대한 흥미로운 기사를 내보냈다. 한일 양국 선거의 공통점으로는 제3의 세력이 선거바람을 일으켰다는 점을 들었으나 그 제3세력으로 한국에서는 진보적이고 미래지향적인 후보가 돌풍을 일으킨데 반하여 일본에서는 수구적인 후보들이 인기를 모았다고 했다.

또한 당선 가능성이 높은 후보가 한일 양국 모두 혈통적으로 정치가의 자손이라는 점에서 공통점을 가지고 있었으나, 한국의 박근혜 후보는 부친 박정희 대통령의 인권침해 문제에 대해 사죄하고 부친과는 다른 정치 스타일을 강조한 반면, 일본의 아베 신조(安倍晋三) 자민당 총재는 외조부 기시 노부스케(岸信介) 수상과의 차이를 내세우지 않았다고 지적했다. 또한 한국과 일본에서 공통적으로 경제 문제가 2012년 선거에서 가장 큰 이슈가 되었지만, 한국의 후보들은 부의 재분배 문제를 강조한 반면 일본의 후보들은 경제 재생 문제를 강조했다고 지적했다. 한편 한국의 선거과정에서는 외교 문제가 중시되지 않았고 일본에서는 영토 문제를 둘러싸고 강경한 입장을 취하는 후보들이 두드러지게 많았다고 했다.

필자는 마이너리티 후보가 어느 정도 선거과정에 부각되었는지를 중심으로 한국과 일본을 비교해 보았다. 한국의 경우 제3의 후보가 사퇴한 이후로는 새누리당과 민주통합당의 박빙 승부에 언론 보도가 집중되어 마이너리티 후보의 주장이나 정책은 거의 무시되었다. 반면에 일본의 중의원 선거는 각 지방에서 다양한 정당의 지역구 후보 유세가 이루어지는 만큼 한국의 대통령 선거에 비하면 민심의 '쏠림 현상'이 상대적으로 심하지 않은 편이었다. 그럼에도 불구하고 일본에서도 민주당 정권으로부터 자민당의 정권 탈환을 중심으로 하는 정치적 변동에 지나치게 언론이 집중되다보니 마이너리티 무소속 후보들의 목소리가 그다지 알려지지 않았다는 점은 한국과 그리 다를 바 없다.[3]

일본의 제46회 중의원 선거

2012년 11월 16일에 중의원이 해산됨에 따라 12월 4일에 선거일이 공시되어, 제46회 중의원 선거 투표가 12월 16일에 실시되었다. 투표일 당일의 개표 결과에 따라 자민당이 공명당과 합해 총 의석의 3분의 2를 넘어 압승하고 약 3년 3개월 만에 정권을 탈환했다. 이에 따라 자민당의 아베 신조 총재가 12월 26일에 소집된 특별국회에서 제96대 수상으로 지명되었고 그는 안정된 국정 수행을 위해 자민당 공명당 연립 정권을 발족시켰다. 반면에 개표 결과 민주당은 선거일 공시 전의 의석에 비해 약 4분의 1만을 획득하는 대참패를 만끽했다. 또한 우파적 성향을 강하게 띠는 '일본유신회'가 54석을 획득하여 일거에 제3당으로 등극했다.

개표 결과 전체 중의원 의석 480석을 자민당(294), 민주(57), 일본유신(54), 공명(31), 여러분(18), 미래(9), 공산(8)에 이어 무소속(5) 순으로 차지하게 되었다. 또한 사민(2), 대지(1), 국민신당(1)에서도 당선자를 냈다. 그런데 2012년 중의원 선거의 투표율은 59.3%로 전후 가장 낮은 것이었고, 소선거구 후보의 투표에서 사표(死票)가 차지하는 비율이 56.0%로 2009년 선거의 46.3%

---

3) 최영호,「일본 사회의 마이너리티: 같지도 않고 그다지 다르지도 않은」,『일본비평』제8호, 2013년 2월, p. 4.

보다도 높게 나왔다. 또한 자민당이 소선거구에서 237석을 확보하여 압승을 거두기는 했지만 비례구의 득표율에서는 27.6%를 얻는 데 그쳐 지난 2009년 민주당에 참패했을 때의 26.7%와 별반 다르지 않은 결과를 보였다. 비례구 투표수에서는 자민당이 1662만 표를 차지하여 2009년의 1881만 표보다 오히려 적었다. 이러한 득표 결과만을 본다면 이번 중의원 선거에서 자민당이 국민들의 압도적인 지지를 받았다고 평가하기는 어렵다.

〈당파별 중의원 후보자와 당선자〉

	후보자수				선거전 의석	당선자수
	선거구	비례구	중복	합계		
민주	264	267	264	267	230	57
자민	288	326	277	337	118	294
미래	111	119	109	121	61	9
공명	9	45	0	54	21	31
공산	299	35	12	322	9	8
여러분	65	68	64	69	8	18
유신	151	172	151	172	11	54
사민	23	33	23	33	5	2
국민	2	1	0	3	2	1
대지	7	7	7	7	3	1
일본	1	0	0	1	1	0
개혁	0	2	0	2	0	0
제파	25	42	-	67	0	0
무소속	49	-	-	49	10	5

※제파는 행복실현당 등

한국의 제18대 대통령 선거

대통령의 임기 5년이 만료됨에 따라 실시된 선거로 현행 대한민국 헌법이 대통령의 재임을 금지하고 있는 가운데 새로운 후보끼리 선거전을 치렀다. 선거기간 초기에는 여당 새누리당의 박근혜, 민주통합당의 문재인, 그리고 젊은 층과 무당파층으로부터 높은 지지를 얻고 있던 무소속의 안철수에 의한 3파의 대결 구도가 되었다. 그 후 후보 등록 마감을 3일 후에 앞둔 11월 23일에 안 후보가 자진 사퇴를 표명하여 선거전은 여당 새누리당과 야당 민주통합당에 의한 사실상의 양자대결 구도가 되었다.

특기할 만한 것으로 이 선거부터 재외국민에 의한 재외투표와 선상투표가 가능해졌다. 또한 2012년 12월 19일 대통령 투표일 당일에 경상남도지사 보궐 선거와 서울특별시 교육감 재선거 등 26곳에서 재보선 투표도 동시에 실시되었다. 이때 대통령 선거에 총 7명의 후보자가 등록했고 그 가운데 1명이 중도에 사퇴했다. 선거인 등록자 총 4050만 7842명 가운데 3072만 1459명이 투표하여 투표율 75.8%를 기록했다. 이 투표율은 2007년 대통령 선거보다 12.8% 웃도는 것이었고, 2002년 선거에 비해서도 5%를 상회하는 것으로 그만큼 선거에 대한 유권자의 관심이 높았음을 증명하는 결과가 되었다.

개표 결과 새누리당의 박근혜 후보가 민주통합당 문재인 후보에 대해 108만 여 표차를 이루고 제18대 대통령에 당선되었다. 이로써 한국 헌정 사상 처음으로 여성 후보자가 대통령에 탄생되었다. 또한 박근혜 후보는 전체 유효투표 수 가운데 51.6%를 얻어 문민정부 이래 처음으로 대통령 선거에서 과반수 득표를 기록하며 당선되었다.

〈개표 결과〉

순위	기호	후보자	소속정당	득표수	득표율
1	1	박근혜	새누리당	15,770,910	51.6%
2	2	문재인	민주통합당	14,689,975	48.0%
3	6	강지원	무소속	53,299	0.2%
4	7	김순자	무소속	46,010	0.2%
5	5	김소연	무소속	16,684	0.1%
6	4	박종선	무소속	12,852	0.0%
유효표				30,589,730	100.0%
무효표				133,701	
총 투표수				30,723,431	

Ⅲ. 2012년판 일본 중학교 역사교과서에 나타난 근대 한일관계

* 3장은 최영호 논문, 「근현대 서술의 변화와 특징: 한일관계 관련서술을 중심으로」, 『한일관계사연구』 제40호(2011년) 내용을 단행본 체제에 맞추어 재구성한 것이다.

_1_
일본의 중학교 역사교과서

   3장과 4장에서는 2011년 3월에 일본의 문부과학성으로부터 검정합격을 받은 7종의 중학교 역사교과서 내용 가운데 근현대 서술 내용을 분석하여 진보적 변화와 보수적 변화가 어느 정도 이루어졌는지 설명하고자 한다. 2011년 일본에서 검정결과가 발표되자 한국에서는 보수적 역사교과서 내용의 비판을 주된 목적으로 하여 일찍이 그 해 5월에 아시아평화와역사교육연대[1]가, 그리고 6월에는 동북아역사재단[2]이, 그리고 8월에는 한일관계사학회[3]가 각각 발표회를 주관하여 검정합격본 내용에 관한 분석결과를 발표했다. 필자는 한일관계사학회에서 근현대 부분에 관한 분석결과를 담당하여 발표했는데, 이 책의 내용은 2011년 발표문을 단행본 체제에 맞게 재구성한 것이다.

   2011년에 검정을 통과한 '검정합격본' 교과서는 지난 2008년에 발표된 일본 정부의 '학습지도요령'과 '학습지도요령해설서'를 처음으로 적용하여 2012년부터 교육현장에서 사용되기 시작했다. 검정과정에서 종래 진보적인 내용을 실어온 출판사 일본서적(日本書籍) 교과서가 퇴출되는 한편, 보수적인 사관의 내용을 담은 '새로운 역사교과서를 만드는 모임'(이하, '새역모'로 약칭함) 계열의 출판사 육붕사(育鵬社) 교과서가 추가되어 전반적으로 역사

---

1) 아시아평화와역사교육연대 등 주최, 「2011년 일본 중학교 교과서 분석 심포지엄: 역사, 공민을 중심으로」(2011년 5월 20일, 만해NGO교육센터).

2) 동북아역사재단 주최, 「2011년도 검정통과 일본 중학교 교과서 심층 분석 국제학술회의」(2011년 6월 9일, 만해NGO교육센터).

3) 한일관계사학회 주최, 「일본 역사교과서의 분석과 역사교육의 실태: 2011년 검정통과 일본 역사교과서를 중심으로」(2011년 8월 27일, 동북아역사재단대회의실).

2011.3.30 일본 중학교교과서 검정결과에 한국 정부 항의

교과서 환경의 보수적 변화를 느끼게 했다. 검정합격본 역사교과서가 '학습지도요령'을 구체적으로 어떤 방향에서 적용하고자 했는지를 알기 위해서는, 2011년까지 사용되고 있던 교과서(이하, '기존사용본'이라고 약칭함)와 검정합격본 즉 2012년판의 내용을 상호 비교하여 항목별로 어떻게 서술 문구가 변화했는지 분석하는 작업이 필요했다.

이에 따라 필자는 근대와 현대 시기에 국한하여 7종의 검정합격본 역사교과서 내용을 기존사용본의 내용과 대조해가면서 모두 분석하기로 했다. 이러한 상황에서 전략적으로 연구 대상을 한정지을 필요가 생겼으며, 한정하는 방법으로는 교과서의 근현대 내용 가운데 전체적인 내용을 시야에 넣으면서도 한일관계와 관련이 있는 부분만을 집중하여 분석하는 방식을 취하기로 했다. 결국 연구방법으로서 한일관계에 한정시켜 일본 교과서 내용의 변화 방향을 평가해내는 방식을 취하기로 한 것이다. 결과적으로 필자의 분석은 일본 정부의 '학습지도요령'이 한일관계 인식 또는 교육에 어떠한 영향을 끼치고 있는지 검토한 결과로서 의의를 갖게 되었다.

이때 분석 대상이 된 역사교과서는 기존사용본 6종과 검정합격본 7종이다. 기존사용본 6종은 ① 五味文彦など. 『新編新しい社会 歴史』(東京書籍,

2006年), ② 熱田公など.『中学社会〈 歴史的分野 〉』(大阪書籍株式會社, 2005年), ③ 黑田日出男など.『社会科 中学生の歴史: 日本の歩みと世界の動き』(帝国書院, 2005年), ④ 笹山晴生など.『中学社会 歴史: 未来をみつめて』(教育出版株式會社, 2005年), ⑤ 大口勇次郎など.『新中学校歴史: 日本の歴史と世界』(清水書院, 2005年), ⑥ 日本人の歴史教科書編集委員会.『日本人の歴史教科書』(株式會社自由社, 2009年) 순이다. 이렇게 분석 순위를 정한 것은 기존사용본의 채택 비율을 기준으로 하여 채택률이 높은 출판사의 것을 우선으로 했기 때문이다. 교과서 채택 비율로서는 지난 2009년 9월 일본의 전쟁책임자료센터 사무국장 우에스기 사토시(上杉聰)는 일본 전국 583구의 교과서 채택 결과를 참고했다.[4]

〈역사교과서 채택 결과〉

출판사	도쿄서적	오사카서적	제국서원	교육출판	시미즈서원	일본서적	일본문교	부상사/자유사
2005.9 채택률	51.2%	14.0%	10.9%	13.0%	2.5%	5.9%	2.3%	0.0%
2009.9 채택률	47.3%	18.0%	14.9%	13.4%	2.7%	2.1%	1.2%	0.4%
변화	-3.9	+4.0	+4.0	+0.4	+0.2	-3.8	-1.1	+0.4

또한 검정합격본 7종은 ① 도쿄서적, ② 일본문교 출판의 오사카서적본, ③ 제국서원, ④ 교육출판, ⑤ 시미즈(清水)서원, ⑥ 자유사,[5] ⑦ 육붕사가 제출한 것이다. ⑦ 육붕사 교과서의 경우는 2011년 검정에 처음 신청한 것이지만, '새역모' 계열의 교과서라는 이유로 ⑥ 자유사의 기존사용본과 비교하여 그 내용에 있어서의 변화 정도를 검토했다. 2011년 검정과정에 신청을

---

4) http://www4.ocn.ne.jp/~aoitori/siten3.html 上杉聰는 2009년 9월 시점의 채택율을 2005년 9월 시점의 채택율과 비교하여 그 조사결과를 발표했다.

5) 自由社 출판의 기존사용본은 2006년부터 사용되기 시작한 扶桑社 출판의 교과서『新しい歴史教科書(改訂版)』와 거의 같은 내용을 실었다.

하지 않은 일본서적 출판사의 교과서와 수정 결과를 제출하지 않아 결과적으로 불합격 처리가 된 일본문교 출판의 일본문교 검정신청본은 분석 대상에서 제외시켰다.

이때 분석 대상 내용이 되는 한일관계 관련 항목으로서는, 근대사의 경우 2009년 9월에 동북아역사재단이 '새역모' 교과서 분석 최종보고서를 정리할 때 채택했던 13개 항목[6]을 기준으로 하고, 여기에 '3.1운동'을 추가하여 총 14개 항목을 집중 검토했다. 그리고 다음 4장에서 언급하는 현대사의 경우는 지난 2006년 7월 필자가 한일관계사학회에서 일본의 중고교 역사교과서 분석 결과를 발표할 때 채택했던 9가지 항목[7] 가운데 일본의 모든 역사교과서에서 아직 관련 서술을 하고 있지 않은 항목 '이승만라인(평화선)'을 제외하고, 그 대신에 최근 일본의 역사교과서가 모두 중시하고 있는 항목 '북한의 일본인 납치 문제'를 추가하여 총 9개 항목에 집중하여 서술 내용을 검토했다.

서술 내용의 변화는 크게 '진보', '무변', '보수'의 세 가지 방향으로 해석했다. 이때 '진보'는 대외개방, 평화지향, 자국체제비판, 전쟁책임인정 등과 같은 변화를 의미하고, 반면에 '보수'는 자민족중심, 대립지향, 자국체제옹호, 전쟁책임회피 등의 변화를 뜻하는 것으로 해석했다. 각 교과서에 나타난 서술 내용을 일일이 상세하게 해설하는 것은 가능한 생략하고 매우 중요하다고 생각되는 변화에 대하여 각 항목별로 언급하기로 했다. 기존사용본과 검정합격본의 내용을 비교적 넓은 시야에서 비교하면서 모든 교과서에서 전체적으로 어떠한 변화 양상이 나타났는지, 즉 일본사회의 변화를 읽어나가는 것이 교과서 분석의 주된 목적이었기 때문이다.

---

6) 동북아역사재단, 『《새역모 교과서》 분석 최종보고서』(2009년 9월), pp. 149-155.

7) 최영호, 「한국과 일본의 중고교 역사교과서에 나타난 현대 한일관계 관련 서술」, 『동북아역사논총』 제17호(2007년 9월), pp. 187-219.

널리 알려진 바와 같이 일본에서는 2012년부터 일본 중학교 역사수업의 시수가 종래의 105시간에서 130시간으로 증가했고 이에 따라 역사교과서 전반에 걸쳐 서술 내용의 분량도 늘어났다. 다음 표는 본 연구가 분석 대상으로 하는 교과서 범위와 함께, 근현대 내용에 국한하여 검정합격본이 기존 사용본과 비교하여 얼마나 기술 내용이 증가했는지를 나타내는 것이다. 6개 출판사의 교과서 모두가 그 분량을 늘렸음을 잘 알 수 있다. 그 중에도 ⑤ 시미즈서원과 ④ 교육출판의 교과서가 근대 부분에서 커다란 증가폭을 보였고, ③ 제국서원의 교과서가 현대 부분에서 서술 내용을 많이 늘린 것으로 나타났다. 근현대를 하나로 묶어서 본다면, ③ 제국서원의 교과서가 그 서술 내용의 분량을 가장 많이 늘렸다.

〈근현대 부분 서술 분량의 변화〉

		도쿄서적	일본문교	제국서원	교육출판	시미즈서원	자유사	육붕사
기존사용본	근대사	123-202	92-177	137-213	127-207	117-193	129-211	-
	현대사	203-220	178-204	214-224	208-228	194-207	212-228	-
검정합격본	근대사	131-222	146-241	133-226	127-228	145-246	147-242	137-226
	현대사	223-253	242-269	227-262	229-260	247-275	243-268	227-248
증감 (페이지)	근대사	+12	+10	+17	+21	+25	+13	-
	현대사	+13	+1	+25	+11	+15	+9	-

2011년 검정합격에 이르기까지 신청 원고에 대하여 검정위원의 지적이 어느 정도 나왔는지, 근현대 부분에 한하여 각 출판사별로 살펴보면 다음과 같다. 역사교과서 전체 서술에서 총 666건의 검정 의견이 나온 가운데 '새역모' 계열의 자유사와 육붕사가 다른 교과서에 비해 압도적으로 많은 지적을 받았다. 근대사 서술의 경우에도 이 두 출판사의 검정신청 원고는 7개 평균

지적 수 32건에 비해 압도적으로 많은 89건과 65건의 지적을 받았으며 현대사 서술의 경우에도 평균 10건에 비해 월등히 많은 24건과 16건의 지적을 받았다.

　두 출판사가 다른 출판사에 비해 역사교과서 출판 경험이 일천하기도 하지만, 검정 준비를 소홀히 하고 서둘러 검정에 임한 것이 주된 원인이라고 생각된다. 두 교과서는 보수 편향적 내용과 함께, 이 교과서 채택에 반대하는 운동을 전개하고 있는 일본인 연구자의 지적과 같이,[8] 교과서 발행 능력과 자격을 의심받을 수 있을 정도로 엉성하게 편집하여 신청한 것이라고 하는 문제점을 지적받아 마땅하다.

〈근현대 서술에 대한 검정의견 지적 수〉

	도쿄서적	일본문교	제국서원	교육출판	시미즈서원	자유사	육붕사	계
근대사	10	13	17	14	19	89	65	227
현대사	2	6	6	3	11	24	16	68
계	12	19	23	17	30	113	81	295

---

8) 俵義文, 「지유샤판·이쿠호샤판 교과서 채택을 위한 우익세력의 동향」, 동북아역사재단, 『2011년도 검정통과 일본 중학교 교과서 심층 분석 국제학술회의 자료집』(2011년 6월 9일), p. 5.

_2_
정한론

이 항목에 관한 검정합격본 서술 내용에서는 일본 무사세력의 침략성을 언급하고 있는가를 중심으로 하여 그 변화를 살펴보았다. 새역모 교과서를 제외하고는 대체로 내용 변화가 보이지 않으며, 기존사용본의 문장을 다듬는 정도의 수준에 그치고 있다. ③ 제국서원의 경우, "시족(土族)의 불만을 해소하려고 했다"는 서술을 추가하여,[9] 일본측 원인을 더욱 강조한 것이 유일하게 나타나는 진보적 변화라고 생각된다.

그러나 새역모 계열의 교과서에서는 보수적 변화가 두드러지게 나타나고 있다. 특히 ⑦ 육붕사의 경우, 일본 사족의 의도나 태도에 관한 언급이 없는 가운데, "조선측 태도가 바뀌지 않았기 때문에"라고 서술하여,[10] 정한론 대두 원인을 조선측의 태도에서 찾고 있다. ⑥ 자유사는 사족에 관한 언급을 하면서도, 기존사용본의 '사이고의 전쟁을 각오한 교섭'에서 '죽음을 각오한 교섭'으로 보다 애국심을 고양시키는 표현을 사용하고 있다.[11]

종합적으로 볼 때 이 항목에서는 상대적으로 약간의 보수적인 변화가 일어났다고 할 수 있다.

---

9) ③帝國書院 검정합격본, pp. 158-159.

10) ⑦育鵬社 검정합격본, p. 157.

11) ⑥自由社 검정합격본, p. 169.

| 교과서
출판사 | 서술내용의 차이 | | 변화 | | | 주요
특징 |
	기존사용본	검정합격본	진 보	무 변	보 수	
① 東京 서적	(148-149) 정부 내에 무력으로 개국을 강요하는 주장(정한론)이 높아져 1873년 일단 사절 파견이 결정되었지만, 서구에서 귀국한 岩倉과 大久保는 국력 충실이 우선이라고 하여 파견을 중지시켰습니다.	(154) 정부 내에 무력으로 개국을 강요하는 주장(정한론)이 높아져 1873년 일단 사절 파견이 결정되었지만, 서구에서 귀국하여, 국력의 충실이 우선이라고 여긴 岩倉具視와 大久保利通은 파견을 중지시켰습니다.		●		
② 大阪 서적 / 일본 文教	(118) [BOX] 조선의 개국: 쇄국을 하고 있던 조선에 대해 西鄕隆盛 등은 신정부에 불만을 가진 士族의 관심을 해외로 향하게 할 목적도 있어서 무력에 호소해서라도 일본과 국교를 맺게 하려고 정한론을 주장했습니다.	(178) [BOX] 조선의 개국: 西鄕隆盛 등은 불만을 가진 士族의 관심을 해외로 향하게 하기 위해 무력에 호소해서라도 일본과 국교를 맺게 하려고 했습니다(정한론).		●		
③ 帝國 서원	(156-157) 신정부는 조선과 새로운 외교관계를 맺고자 했지만 조선은 종래 관계를 해치는 것이라고 생각하여 그 요구에 응하지 않았습니다. 그래서 西鄕隆盛과 板垣退助 등이 무력으로 조선에 자국의 요구를 관철시키려고 하는 정한론을 주장했지만, 1873년에 귀국한 岩倉·大久保 등은 국내정비가 우선이라고 하며 정한론을 억제했습니다.	(158-159) 신정부는 아시아 이웃국가들에도 개국을 요구하고 국교를 맺고자 했습니다. 우선 조선에 국서를 전달하려고 했지만 조선은 江戶시대 관계를 해치는 내용이라고 하여 국서를 접수하지 않았습니다. 그래서 西鄕隆盛과 板垣退助 등은 무력에 호소해서라도 요구를 관철시키려고 하는 정한론을 주장하고, 士族의 불만도 해소하려고 했습니다.	○			士族 불만 국내적 요인 언급 추가
④ 教育 출판	(146-147) 일본 정부 안에는 西鄕隆盛·板垣退助 등을 중심으로 무력을 사용해서라도 요구를 실현시키자고 하는 주장(정한론)이 일어났다.	(158) 일본 정부 안에는 무력을 사용해서라도 조선에 새로운 국교를 인정하게 하자는 주장(정한론)이 일어났지만, 1873년 구미제국 시찰에서 돌아온 大久保利通·木戶孝允 등은 국내의 개혁과 국력의 충실을 우선으로 해야한다고 생각하고 이에 반대했습니다.		●		
⑤ 清水 서원	(138-139) 조선이 관계변화를 거부하자 士族 가운데는 조선을 책망하는 것을 구실로 전쟁을 일으켜서 조선에 출병하여 힘으로 개국시키자고 하는 정한론이 높아졌다.... 정한론은 정부에서는 西鄕隆盛과 板垣退助가 대표했다.	(176-177) 조선은 당시 攘夷정책을 취하고 있기도 하여 일본 신정부와의 교섭을 거부했다. 왕정복고 후 국내 일부에는 조선에 출병하여 국가의 세력을 보여주자는 주장(정한론)이 있었는데, 조선의 대응은 이것에 구실을 제공하는 일이 되었다. 정한론은.... 士族으로부터 강한 지지를 모았으며 정부에서는 西鄕隆盛과 板垣退助가 주장했다.		●		

⑥ 自由社	(152) 국내에서는 1873년 일본의 개국 권유를 거절해온 조선의 태도를 무례하다고 하여 士族들 사이에 무력을 배경으로 조선에 개국을 압박하는 정한론이 끓어올랐다. 폐번으로 失業한 사족들은 징병령이 시행되었기 때문에 무사의 긍지를 손상당했다고 하여 불만을 높이고 있었다. 그들 가운데는 征韓 싸움에서 자신들의 존재의의를 나타내려고 하는 자도 있었다. (153) 西鄉은 자신이 사절로서 조선에 갈 것을 강력하게 주장하고 板垣退助·江藤新平 등 다른 參議도 이에 동의하여 정부결정을 성립시켰다. 西鄉자신은 전쟁각오의 교섭에 의해 조선에 문호를 개방시키려고 생각하고 있었다.	(168) 1873년 일본에 대한 조선의 태도를 무례하다고 하여 士族들 사이에 무력을 배경으로 조선에 개국을 압박하는 정한론이 끓어올랐다...... (169) 西鄉은 자신이 사절로서 조선에 갈 것을 강력하게 주장하고 정부결정을 성립시켰다. 西鄉 자신은 죽음을 각오한 교섭에 의해 조선에 문호를 개방시키려고 생각하고 있었다.			○	西鄉의 죽음 각오 표현 도입
⑦ 育鵬社	(157) 조선측 태도가 바뀌지 않았기 때문에 무력을 배경으로 조선에 개국을 압박하자고 하는 소위 정한론이 주창되었습니다.				○	士族 태도 언급 없음

3

강화도 조약

이 항목에 관한 서술 내용에서는 일본의 침략성과 강화도 조약의 불평등성을 언급하고 있는가를 중심으로 하여 그 변화를 살펴보았다. 전반적으로 일본의 침략성과 강화도 조약의 불평등성에 관한 서술이 약화된 상당한 보수적 변화를 엿볼 수 있다. ③ 제국서원 교과서만이 '침입'이라는 용어를 사용하여 강화도 사건의 원인 서술에서 유일하게 약간의 진보적인 변화를 보이고 있다.[12]

반면에 ④ 교육출판과 ⑤ 시미즈서원이 기존사용본에서 사용하고 있는 '(조약의) 불평등성' 문구를[13] 검정합격본에서 삭제하는, 약간의 보수적 변화를 보이고 있다.[14] 여기서 약간의 변화라고 평가하는 것은 비록 '불평등' 문구는 없지만 잘 읽어보면 불평등한 조약임을 이해할 수 있게 하는 문장이기 때문이다. 나아가 새역모 교과서에서는 강화도 사건의 원인에 관한 서술에서 기존사용본의 '무단(측량)'이라는 용어를[15] 삭제하여 일본의 침략성에 관한 언급을 약화시키고 있다.[16]

---

12) ③帝國書院 검정합격본, p. 159.

13) ④敎育出版 기존사용본, p. 147; ⑤淸水書院 기존사용본, p. 139.

14) ④敎育出版 검정합격본, pp. 158-159; ⑤淸水書院 검정합격본, p. 177.

15) ⑥自由社 기존사용본, p. 153.

16) ⑥自由社 검정합격본, p. 169; ⑦育鵬社 검정합격본, p. 157.

교과서 출판사	서술내용의 차이		변화			주요 특징
	기존사용본	검정합격본	진 보	무 변	보 수	
① 東京 서적	(149) 일본은 조선에 개국을 요구하는 교섭을 추진하고 1875년 강화도 사건을 계기로 이듬해 조선을 독립국으로 인정하는 조약(日朝修好條規)을 체결하고 조선을 개국시켰습니다. 그러나 그 내용은 불평등조항을 강요하는 것이었습니다. 일본이 조선, 중국과 맺은 조약은 근대 국제법에 기초한 서구형 외교관계를 아시아에 들여온 것으로, 중국을 중심으로 하는 아시아 전통적인 국제질서와 대립하고 일본과 중국은 조선에 대한 주도권을 둘러싸고 대립을 심화시켜갔습니다.	(154-155) 일본은 조선에 개국을 요구하는 교섭을 추진하고 1875년 강화도 사건을 계기로 이듬해 조선과의 사이에 淸의 종주권을 부정하고 독립국으로 인정하는 조약(日朝修好條規)을 체결하고 조선을 개국시켰습니다. 그러나 그 내용은 불평등조항을 강요하는 것이었습니다. 또한 이 조약은 근대적인 국제법에 기초한 서구형 외교관계를 아시아에 들여온 것으로, 중국을 중심으로 하는 아시아 전통적인 국제관계와 대립하게 되어 일본과 중국은 조선에 대한 주도권을 둘러싸고 점차 대립을 심화시켜갔습니다.		●		관련 언급 구체화
② 大阪 서적 / 일본 文敎	(118)[BOX] 1875년 정부는 조선에 군함을 파견하고 연안을 무단 측량하는 등의 압력을 가했기 때문에 강화도 포대와의 사이에서 포격전이 일어났습니다(강화도사건). 이것을 이유로 이듬해 군사력을 배경으로 하여 치외법권 등을 포함한 불평등한 조일수호조규를 조선에게 인정하게 하고 부산 등 3개 항구를 열게 하여 무역을 시작했습니다.	(178)[BOX] 1875년 정부는 조선에 군함을 파견하고 무단으로 연안을 측량하는 등의 압력을 가했기 때문에 강화도 포대와의 사이에서 포격전이 일어났습니다(강화도사건). 이것을 이유로 이듬해 군사력을 배경으로 하여 치외법권 등을 포함한 불평등한 조일수호조규를 조선에게 인정하게 하고 부산 등 3개 항구를 개항시켜 무역을 시작했습니다.		●		문장 정비됨
③ 帝國 서원	(157) 1875년 조선 강화도 앞바다에서 조선에 무단으로 측량을 하고 있던 일본의 군함이 포격당하는 사건이 일어났습니다(강화도사건). 이 사건을 구실로 하여 정부는 조선에 불평등조약인 조일수교조규를 맺게 했습니다.	(159) 1875년 일본은 군함을 조선연해에 파견하여 무단으로 측량을 행하는 등의 압력을 가했습니다. 그리고 강화도 근처에 침입한 일본 군함에게 조선 측이 포격하는 사건(강화도사건)이 일어나자, 이듬해 1876년 이 사건을 구실로 일본은 조선과 조일수교조규를 맺고 개항하게 했습니다. 이것은 조선에서 일본이 일방적으로 영사재판권을 가지는 등 불평등한 조약이었습니다.	○			조선 침입 언급을 분명히 함
④ 敎育 출판	(147) 1875년 강화도사건을 계기로 일본은 페리가 행한 방식을 흉내내어 이듬해 군함을 이끄는 사절을 조선에 보내어 압력을 가하고 조일수호조규를 체결하고 개국시켰다. 이 조약은 조선에 있어서 불평등조약이었다.	(158-159) 1875년에 강화도사건이 일어나자 이듬해 정부는 군함을 이끄는 사절을 보내어 조선에 압력을 가하고 일본에 유리한 조일수호조규를 체결하고 조선을 개국시켰습니다. (159) [註] 일본의 영사재판권과 관세면제를 인정시키는 내용이었습니다.			○	조약의 불평 등성 언급 없어짐

⑤ 淸水 서원	(139) 1876년에는 조선을 강경한 태도로 압박하고 조선에게 불평등한 조일수호조규를 강요했다. (139) [그림] 조선과의 교섭: 1875년 일본은 조선의 강화도 부근에 측량 명목으로 군함을 보냈습니다….	(177) 일본은 한반도 강화도 부근에 측량 명목으로 보낸 군함이 군사분쟁을 일으킨 것을 계기로 조선에 사절을 파견하고 1876년 조일수호조규를 체결했다…. (177) [그림] 조선과의 교섭: 1876년 일본 사절이 군함을 이끌고 조선과의 교섭회장으로 가는 중		O	'압박' 조약의 불평 등성 언급 없어짐
⑥ 自由社	(153) [註] 이후 일본은 1875년 조선 황해측에 있는 강화도 앞바다에 군함을 파견하고, 무단으로 주변 연안을 측량하는 등의 압력을 가했기 때문에 그 군함이 포격당하여 교전하는 사건이 일어났다(강화도사건). 이것을 이유로 일본은 이듬해 76년 조일수호조규를 맺고 조선을 개국시켰지만 이것은 조선에게 불평등한 조약이었다.	(169) [註] 이후 1875년 일본의 군함 雲揚호가 조선 강화도 앞바다를 측량하며 威壓했다. 조선측이 이것을 포격하여 교전하게 되었다(강화도사건). 일본은 이듬해 76년 조일수호조규라고 하는 불평등조약을 맺고 조선을 개국시켰다.		O	'무단'이 '위압' 으로 대체됨
⑦ 育鵬社	(157) 1875년 조선 연안에서 측량중이던 우리나라 군합이 포격당한 강화도사건을 계기로 조선과 교섭하고 이듬해 조일수호조규를 맺고 조선을 개국시켰습니다. (157) [註] 이것은 조선에 있어서 불평등조약이었습니다.			O	'무단' 측량 언급 없음

4

한반도 지정학적 위협설

이 항목에서는 과거 새역모 교과서가 한반도의 지정학적 위치에 대해 일본열도에 위협이 되고 있다고 언급하여 물의를 빚었던 것을 감안하여 이에 대한 서술 내용의 변화를 살펴보았다. 논란이 된 ⑥ 자유사의 기존사용본에는 "동아시아 지도를 살펴보자. 일본은 유라시아 대륙으로부터 약간 떨어져 바다에 떠오른 섬나라다. 이 일본을 향하여 대륙으로부터 한 개의 팔뚝과 같이 한반도가 튀어나와 있다. 양국의 이러한 지리적 관계는 긴 역사상 중요한 의미를 지녀왔다"라고 서술되어 있었다.[17] 그러나 이번 검정합격본에서는 관련 문장이 사라졌다. 굳이 변화의 성격으로 말하자면 진보적인 변화라고 할 수 있을 것이다.

교과서 출판사	서술내용의 차이		변화			주요특징
	기존사용본	검정합격본	진보	무변	보수	
①東京서적	-	-		●		관련언급 없음
②大阪서적 /일본文教	-	-		●		관련언급 없음
③帝國서원	-	-		●		관련언급 없음

---

17) ⑥自由社 기존사용본, p. 163.

④教育출판	-	-		●	관련언급 없음
⑤清水서원	-	-		●	관련언급 없음
⑥自由社	(163) 동아시아 지도를 살펴보자. 일본은 유라시아 대륙으로부터 약간 떨어져 바다에 떠오른 섬나라다. 이 일본을 향하여 대륙으로부터 한 개의 팔뚝과 같이 한반도가 튀어나와 있다 양국의 이러한 지리적 관계는 긴 역사 상 중요한 의미를 지녀왔다.	-	●		관련 언급 없어짐
⑦育鵬社	-		●		관련언급 없음

_5_
한반도 근대화와 일본

이 항목에서는 일본의 경제침략과 무력 개입을 언급하고 있는가를 중심으로 하여 서술 내용의 변화를 살펴보았다. 이 부분은 강화도 조약 이후 일본의 한반도 개입과 침략에 관한 서술 내용이다. 7개 교과서 전체를 볼 때, 일본의 경제적 침략성에 관한 언급에서는 그다지 변화가 보이지 않지만, 일본의 무력 개입에 대해서는 전체적으로 이를 옹호하는 방향으로 크게 보수적인 변화가 일어난 것으로 평가된다.

굳이 진보적인 변화를 찾자면, ⑤ 시미즈서원이 일본과의 무역에 따른 물가 상승이라고 하는 일본과의 무역관계를 언급함으로써 미미하게나마 진보적인 변화를 보이고 있다고 생각한다.[18] 다만 이 경우에도 일본의 경제적 침략성을 분명히 하고 있지 않다. 교과서 내용의 변화는 없지만, 일본의 경제적 침략성을 나타내는 교과서는 ② 일본문교와 ③ 제국서원의 교과서라고 할 수 있다.[19]

그런데 ③ 제국서원 교과서는 검정합격본에서 '탈아론'을 무비판적으로 추가 언급하고 있고,[20] ④ 교육출판 교과서는 조선 내부 분열을 추가 언급함으로써 오히려 기존사용본보다 일본의 무력 개입을 옹호하는 보수적 변화를 보였다.[21] 여기에 새역모 교과서는 국제관계의 변화를 강조하여 일본의

---

18) ⑤清水서원 검정합격본, p. 190.

19) ②大阪書籍 기존사용본, p. 130; ②日本文敎 검정합격본, p. 188; ③帝國書院 기존사용본, p. 167; ③帝國書院 검정합격본, p. 174.

20) ③帝國書院 검정합격본, p. 171.

21) ④敎育出版 검정합격본, p. 168.

무력개입을 옹호하는 방향으로 보수적 변화를 보이고 있다. 특히 ⑥ 자유사
의 경우, 이번 검정합격본에서 후쿠자와 유키치(福沢諭吉)의 견해를 언급하
며 일본의 안전을 위해서 무력 침략도 필요했다고 함으로써 가장 보수적인
변화를 나타내고 있다.[22]

교과서 출판사	서술내용의 차이		변화			주요 특징
	기존사용본	검정합격본	진보	무변	보수	
① 東京 서적	(154-155) 조선 국내에서는 명치유신을 본받아 근대화를 꾀하려는 친일파와 淸과의 관계를 유지하고 구미에 내항해가자고 하는 친중파가 심하게 대립했습니다.	(161) 조선 국내에서는 명치유신을 본받아 근대화를 꾀하려는 친일파와 淸과의 관계를 중시하고 구미에 대항헤기가고 하는 친중파가 심하게 대립했습니다.		●		일본 경제 침략 언급 없음
② 大阪 서적 / 일본 文敎	(130) 일본이 조선과 불평등조약을 맺은 후 일본상인은 조선의 쌀과 금을 싸게 구입하고 면제품을 비싸게 팔았습니다. 그 때문에 조선에서는 식량이 부족해지는 등 경제적 혼란이 깊어졌습니다.	(188-189) 일본이 조선과 불평등조약을 맺은 후 일본상인은 조선의 쌀과 금을 싸게 구입하고 면제품을 비싸게 팔았습니다. 그 때문에 조선에서는 식량이 부족해지는 등 경제적 혼란이 깊어졌습니다.		●		문장 정비됨
③ 帝國 서원	(167) 조선에서는 무거운 세금에다가 흉작과 일본 상인에 의한 매점 쌀값 앙등이 계속되고 있었습니다.	(171) 조선에서는 일본을 따라서 군대와 정치를 개혁하고자 하는 세력이 대두했습니다. 그러나 그것에 반발하고 淸과의 관계를 강화하려고 하는 세력도 강해져 일본의 진출은 저지당했습니다. 이런 가운데 아시아국가들과 연대하지 않고 일본의 서구화를 지향하는 생각(탈아론)이 등장했습니다. (174) 19세기 말의 조선에서는 무거운 세금에다가 흉작과 일본 상인에 의한 쌀의 매점으로 쌀값 앙등이 계속되고 있었습니다.			○	탈아론 언급 도입
④ 敎育 출판	-	(168) 19세기 말 조선 국내에서는 일본을 본받아 근대화 정책을 추진하자고 하는 개화파와 이에 반대하는 보수파가 다투고 있었습니다.			○	조선의 국내 대립 언급 도입

22) ⑥自由社 검정합격본, p. 181.

⑤ 清水 서원	(150) 조일수호조규를 계기로 개국한 조선은 淸과 일본에 유학생을 보내고 문명개화 노력을 시작했다.	(189) 일본과 조일수호조규를 맺은 후에는 조선은 淸과 일본에 사절을 보내 근대화 길을 모색하기 시작했다. 군대 근대화도 추진하려고 시도했지만 구식 군대가 1882년 반란을 일으키는 등 개혁은 순조롭게 진척되지 않았다. (190) 개국 후 조선 왕조에서는 일본과의 무역이 시작되자 물가가 상승했다. 그러나 정부는 적절한 정책을 실행하지 못하고 민중들은 생활에 고통받으며 불만을 강화시켰다.		○	개화 동향 구체적 언급 추가 일본 경제 관련 언급 약간 도입
⑥ 自由社	(163) 일본은 조선 개국 후 근대화를 시작한 조선에 대해 軍制개혁을 원조했다. 조선으로부터도 시찰단이 와서 명치유신 성과를 배우려고 했다. 조선이 타국에 침략당하지 않는 국가가 되는 일은 일본의 안전보장에 있어서도 중요했다.	(181) 일본·조선·청국이라고 하는 서로 이웃한 가옥의 안전을 위해서는 이웃집 주인을 절반 강제해서라도 우리집과 같은 석조가옥을 만들게 하는 것이 필요하다. 이것이 福澤의 생각이었다.		●	무력 개입 옹호 하는 언급 도입
⑦ 育鵬社	(170) 우리나라가 조일수호조규에서 조선의 독립을 인정하는 한편, 淸은 조선을 자신의 속국으로 여기고 있었습니다. 우리나라는 조선의 군사 제도개혁을 원조했지만, 조선에서는 일본을 본받아 근대화를 추진하려는 독립당과 淸과의 관계를 유지하려고 하는 事大黨이 대립했습니다.... 우리나라가 조선독립과 근대화를 고집했던 배경에는 태평양에 세력을 늘리는 대국 러시아의 남진정책이 있었습니다. 우리나라 바로 근처에 있는 조선이 淸의 영향 아래 혼란을 계속하여 러시아 식민지가 되면 일본의 안전이 위협받게 될 것으로 생각한 것입니다.			○	조선 침략 옹호 하는 언급 경제 수탈 언급 없음

6

한반도를 둘러싼 청일 대립

이 항목에서는 청일전쟁의 원인으로 일본의 침략에 관하여 언급하고 있는가를 중심으로 하여 서술 내용의 변화를 살펴보고자 한다. 이 부분은 청일전쟁의 원인에 관한 설명으로서 미미한 보수적 변화를 감지할 수 있다. ② 오사카서적의 기존사용본과 같이 일본문교의 검정합격본도 변함없이 청일 간 대립보다는 오히려 서구열강의 아시아 침략을 언급하고 있다.[23]

그러나 나머지 교과서는 모두 1880년대의 청일 대립을 언급하고 있고 일본의 침략성 비판을 보이지 않고 있으며, 검정합격본에서도 그 기조를 그대로 유지하고 있는 것으로 그다지 내용 변화를 파악하기 어렵다. 다만 ⑦ 육붕사의 경우 나가사키(長崎)에 기항한 청국군함 해군병사들이 일본 경찰과 난투를 벌여 양측에 사상자를 냈던 사건을 언급하며 청국의 위협을 한층 부각시키고 있는 것은 약간의 보수적 변화라고 평가할 수 있을 것이다.[24]

교과서 출판사	서술내용의 차이		변화			주요 특징
	기존사용본	검정합격본	진보	무변	보수	
① 東京 서적	(155) 1884년에 일어난 정변 이후 淸의 영향력이 강해지자 일본은 구미열강의 아시아 침략이 강해지는 가운데 조선에 진출하지 않으면 일본의 앞길도 위험하다고 보고 淸에게 대항하기 위하여 군비 증강을 꾀해 갔습니다.	(161) 1884년에 일어난 갑신정변 이후 일본 세력이 후퇴하는 한편, 淸의 세력이 강해지자 일본은 淸에게 대항하기 위해 군비 증강을 꾀해 갔습니다. 일본국 내에서는 프랑스의 인도지나 점령과 러시아의 시베리아 철도건설 등 열강의 아시아 진출에 대항하여 조선에 진출하지 않으면 일본의 앞길도 위험하다고 하는 주장이 강해졌습니다.		●		구체화 표현 완화

---

23) ②大阪書籍 기존사용본, p. 130; ②日本文教 검정합격본, p. 188.

24) ⑦育鵬社 검정합격본, p. 170.

② 大阪 서적 / 일본 文敎	(130) 아시아에서도 프랑스는 인도차이나 반도에, 영국은 버마 등에 세력을 넓혔습니다. 또한 미국도 하와이와 필리핀을 획득했습니다. 러시아도 서아시아에서 중국으로 침략해 왔습니다. 이리하여 남하정책을 취하는 러시아와 남에서 북으로 세력확대를 꾀하는 영국이 격렬하게 대립하게 되었습니다.	(188) 19세기말에는 영국 뿐 아니라 프랑스, 독일, 미국에서도 산업이 급격히 발전했습니다. 이들 국가에서는 소수 대기업과 대은행이 국가경제를 지배했습니다…이러한 나라들에 러시아를 더한 강국들은 식민지를 찾아서 아시아, 아프리카로 군사력에 의한 침략을 거듭하고 서로 대립했습니다.	●			
③ 帝國 서원	(167) 일본은 조일수호조규를 맺은 후 한반도에 세력을 확대했습니다. 그 때문에 조선을 세력범위라고 여기고 있던 淸과 대립하게 되었습니다.	(173) 조선에서는 일본을 본받아 근대화와 독립을 지향하는 개혁세력이 전통을 중시하는 세력과 대립했으며, 淸과 일본의 개입도 있어서 혼란이 계속되었습니다. 1884년 일본과 손을 잡은 개혁세력이 정치개혁을 지향하고 쿠데타를 일으켰지만 청의 군대에 의해 진압당하고 실패로 끝났습니다.	●			구체화
④ 敎育 출판	(157) 조선에 세력을 넓히려고 한 일본은 조선을 속국으로 여기는 淸과 대립했다. 조선 국내에서는 전제적 지배와 외국세력에 반대하는 움직임이 높아져..	(168) 개화파을 지원하여 조선에 세력을 확대하려고 한 일본은 조선에 대한 지배를 강화하려고 하는 淸(중국)과 대립을 심화하고 군비를 강화해갔습니다.	●			
⑤ 淸水 서원	(150) 일본에서는 조선의 개화파를 도와 그때까지 조선과 밀접한 관계를 맺고 있던 淸으로부터 독립시키자고 하는 생각이 생겼지만 淸은 조선의 보수파와 손잡고 개화파와 일본세력을 추방하고 관리를 보내 조선을 이전보다 더 강하게 지배하게 되었다.	(189) 淸의 지지를 받아 점진적으로 개혁을 추진하려는 움직임과 일본 明治유신을 본받아 정치를 개혁하려는 움직임이 충돌하게 되었다. 1884년 급진적인 개혁을 요구한 그룹이 일본의 지원을 받아 정변을 일으키자 淸軍이 개입하였고 그 후 조선에서는 淸의 영향력이 강해졌다.	●			
⑥ 自由社	(164) 1884년에는 일본의 명치유신을 본받아 근대화를 추진하려 한 김옥균의 쿠데타가 일어났는데, 이때도 淸의 군대는 이것을 진압했다(갑신정변). 조선에서 청조와의 세력다툼에 두 번 패배한 일본은 청과의 전쟁을 예상하고 급속하게 군비를 확장하고 드디어는 거의 대등한 군사력을 갖추게 되었다.	(182) 1884년에는 일본의 명치유신을 본받아 근대화를 추진하려 한 김옥균의 쿠데타가 일어났는데, 이때도 淸의 군대는 이것을 진압했다(갑신정변). 조선에서 청조와의 세력다툼에 두 번 패배한 일본은 청과의 전쟁을 예상하고 급속하게 군비를 확장하고 드디어는 거의 대등한 군사력을 갖추게 되었다.	●			
⑦ 育鵬社	(170) 1882년 개혁에 반발하는 군인의 폭동(壬午事變)이 발생하고, 1884년에는 독립당 김옥균 등이 쿠데타(甲申事變)을 일으켰지만 모두 淸의 군대에 의해 진압당했습니다… (170) [註] 이즈음 長崎에 기항한 청국군함 해군병사들이 현지 경찰과 난투를 벌여 양자에게 사상자가 나오는 사건이 있어서 일본 국민 사이에 청에 대한 반감이 높아지고 있었다.			○		淸의 위협 강조

7

동학농민운동과 청일전쟁

이 항목에서는 일본군 출병의 원인으로 일본의 침략성에 관하여 언급하고 있는가를 중심으로 하여 서술 내용의 변화를 살펴보고자 한다. ② 오사카서적 기존사용본과 일본문교 검정합격본이 공통적으로 일본이 미리 전쟁준비를 하고 있었다는 점을 언급하면서 가장 전쟁 비판적인 내용을 담고 있으며 그 기조를 계속 유지하고 있다.[25] 서술 내용의 변화에서 보면, ⑤ 시미즈서원이 이번 검정합격본에서 일본이 군대를 철수하지 않았다고 하는 서술을 추가하여 일본의 침략성을 강조하는 가장 진보적인 변화를 보였다.[26] 그러나 새역모 교과서를 제외한 나머지 교과서의 경우는 종래와 같이 청의 출병에 대응한 출병이라는 견해를 그대로 유지했다.

보수적인 변화로서는 새역모 교과서가 일본군 출병을 정당화하는 문구를 사용하고 있다는 점을 들 수 있다. 기존사용본에서는 ⑥ 자유사 교과서가 청과의 '약속을 구실로(申し合わせを口実に)' 라고 서술하고 있는데, 검정합격본에서는 '약속에 따라서(申し合わせに従って)'라고 정당화 정도를 강화했다.[27] 더 나아가서 ⑦ 육붕사는 '약정에 기초하여(取り決めに基づいて)'라고 하는 서술을 사용하여 훨씬 더 출병을 정당화 하고 있다.[28] 이와 함께 일본의 무력 침략과 관련하여 청일전쟁 후 명성황후 시해 사건을 일으킨 것에 대해

---

25) ②大阪書籍 기존사용본, p. 130; ②日本文教 검정합격본, p. 189.

26) ⑤清水서원 검정합격본, p. 190.

27) ⑥自由社 기존사용본, p. 164; ⑥自由社 검정합격본, p. 182.

28) ⑦育鵬社 검정합격본, p. 171.

서는 7개 교과서가 모두 이를 언급하고 있지 않다. 이 항목에서는 전체적으로 약간의 보수적 변화를 감지할 수 있다.

| 교과서 출판사 | 서술내용의 차이 | | 변화 | | | 주요 특징 |
	기존사용본	검정합격본	진보	무변	보수	
① 東京 서적	(156) 조선에서는 청일양국의 대립 가운데 정치와 경제가 혼란했기 때문에 1894년 민간신앙을 기초로 한 종교(동학)를 신봉하는 단체를 중심으로 한 농민들이 부패한 관리의 추방과 외국인 배척을 지향하며 조선남부 일대에서 봉기했습니다(갑오농민전쟁). 이것을 계기로 淸과 일본이 조선에 출병하여 8월에 청일전쟁이 시작되었습니다.	(162) 조선에서는 청일양국의 대립 가운데 정치와 경제가 혼란했기 때문에 1894년 민간신앙을 기초로 한 종교, 동학을 신봉하는 단체를 중심으로 한 농민들이 한반도 남부 일대에서 봉기했습니다(갑오농민전쟁). 그들은 부패한 관리의 추방과 같은 정치개혁과 일본이나 구미 등 외국인의 배척을 지향했습니다. 조선정부가 淸에 출병을 요구한 것을 계기로 일본은 조선에 출병했으며 8월에 청일전쟁이 시작되었습니다.		●		
② 大阪 서적 / 일본 文敎	(130) 1894년 동학을 믿는 사람들이 농민과 결탁하여 외국세력 추방과 정치개혁을 목표로 군대를 일으켰습니다(갑오농민전쟁). 조선정부가 淸에 출병을 요구하자 전쟁준비를 하고 있던 일본도 淸과의 조약을 이유로 조선에 출병했습니다.	(189) 1894년 동학을 믿는 사람들이 농민과 결탁하여 외국세력 추방과 정치개혁을 목표로 군대를 일으켰습니다(갑오농민전쟁). 조선정부가 淸에 출병을 요구하자 전쟁준비를 하고 있던 일본도 淸과의 조약을 이유로 조선에 출병하여…		●		
③ 帝國 서원	(167) 1894년…. 농민군은 정부군을 격파하고 조선남부에 세력을 확대했습니다(갑오농민전쟁)…농민반란을 제압하지 못한 조선정부는 淸에 원군을 요청했습니다. 일본도 淸에 대항하여 군대를 보냈기 때문에 청과의 대립이 깊어져 1894년 7월 豊島 앞바다 충돌을 계기로 청일전쟁이 시작되었고….	(174) 1894년….(東學)을 신앙하는 농민들을 중심으로 일본과 구미국가들을 내쫓고 조선의 정치개혁을 지향하는 반란이 남부에서 일어나 세력을 확대했습니다(갑오농민전쟁). 반란을 진압하기 위하여 조선정부가 淸에게 원군을 요청하자 일본도 淸에 대항하여 조선에 군대를 보냈습니다.		●		
④ 敎育 출판	(157) 1894년 남부지역에서 동학을 신앙하는 농민을 중심으로 하는 반란이 일어났다(갑오농민전쟁). 淸이 조선정부의 요청에 응하여 군대를 보내자 일본도 이에 대항하여 출병하였고 1894년 7월 청일전쟁이 시작되었다.	(168) 1894년 조선남부에서 동학이라고 하는 종교를 신앙하는 농민들이 부패한 정치의 개혁을 요구함과 함께 외국의 세력을 쫓아내려고 하여 봉기했습니다(갑오농민전쟁). 이것을 진압하기 위하여 조선정부의 요청에 응하여 淸이 군대를 보내자 일본도 이에 대항하여 출병하였고 청일전쟁이 시작되었습니다.		●		

⑤ 淸水 서원	(150) 1894년 조선남부에 동학을 믿는 농민의 대반란이 일어나자, 조선은 淸에게 원군을 요청했다. 청의 출병을 알게 된 일본은 스스로도 군대를 보내 청국군과 개전했다.	(190) 1894년에 농민이 반란을 일으키자 동학을 믿는 지도자 아래에서 대반란으로 발전했다 (갑오농민전쟁)....조선정부가 淸의 원군을 요청하자 일본도 군대를 보냈다. 농민들은 정부와 화해했지만 일본군은 물러서지 않고 조선의 개혁안을 淸에게 제안했다...	●			일본군 전쟁 도발 언급 도입
⑥ 自由社	(164) 근소한 병력밖에 없던 조선왕조는 淸에게 [농민군] 진압을 위한 출병을 요구했는데, 일본도 淸과의 약속(申し合わせ)을 구실로 군대를 파견했으며 청일양군이 충돌하여 청일전쟁이 시작되었디.	(164) 근소한 병력밖에 없던 조선왕조는 淸에게 [농민군] 진압을 위한 출병을 요구했는데, 일본도 淸과의 약속(申し合わせ)에 따라서 군대를 파견했기 때문에 청일양군이 충돌하여 청일전쟁이 시작되었다.			●	일본 출병 이유 정당화
⑦ 育鵬社	(171) 淸은 조선의 요구에 응하여 '속국을 보호한다'는 이유로 출병했는데, 이를 인정하지 않는 우리나라도 청과의 약정(取り決め)에 기초하여 출병했기 때문에, 양군은 충돌했고 청일전쟁이 시작되었습니다.				●	일본 출병 이유 더욱 정당화

_8_
러일전쟁과 한국

이 부분은 러일전쟁 이후 한국통감에 관한 언급으로 역사교과서가 통감부 통치의 침략성에 대해 어떻게 서술하고 있는지를 중심으로 하여 살펴보았다. 7개 교과서 모두가 통감부 통치의 강제성에 대해서는 다양한 형태로 인정하고 있지만, 국제법적 합법성을 둘러싸고는 새역모 교과서와 그 밖의 교과서가 견해를 달리 하고 있는 양상을 보이고 있다. 기존사용본에 대한 검정합격본의 변화를 볼 경우, 새역모 이외의 교과서에서는 일본의 강압적 지배에 관하여 보다 강화된 진보적인 변화를 보이고 있다고 평가된다. 특히 ①도쿄서적의 경우 "1905년에 한국을 보호국으로 하여 외교권을 빼앗고 한국통감부를 두었다"고 서술했고,[29] ③ 제국서원의 경우 일본인들의 우월의식을 비판하는 내용을 담았다.[30]

그런데 ④ 교육출판과 ⑤ 시미즈서원의 경우는, 한편으로 안중근 의거를 언급하면서도 다른 한편으로는 기존사용본에 있던 의병사진을 삭제했다.[31] 나아가 새역모 교과서의 경우에는 매우 보수적인 변화를 보이고 있다. ⑥ 자유사 기존사용본이 "구미열강이 이의를 제기하지 않았다"고 서술한데 대해, 검정합격본은 "구미열강이 승인했다"고 보다 적극적으로 서술했으며,[32] ⑦ 육봉사 교과서는 아예 "포츠머스 조약에서 일본의 보호권을 인정했다"고 하

---

29) ①東京書籍 검정합격본, p. 166.

30) ③帝國書院 검정합격본, p. 178.

31) ④敎育出版 검정합격본, p. 174; ⑤淸水書院 검정합격본, p.195.

32) ⑥自由社 기존사용본, p. 172; ⑥自由社 검정합격본, p. 190.

여,[33] 보다 더 합법성을 강조했다.

교과서 출판사	서술내용의 차이		변화			주요 특징
	기존사용본	검정합격본	진보	무변	보수	
① 東京 서적	(160) 러일전쟁이 한창일 때부터 韓國은 일본에 의한 식민지화 움직임에 노출되어 갔습니다. 1905년에는 외교권이 빼앗겼고 1907년에는 황제가 퇴위당했으며 한국의 내정은 한국통감부에 의해 장악되었습니다. 이 때문에 국내에서는 민족적 저항운동이 확산되었고 일본에 의해 해산당한 병사들은 농민들과 함께 궐기했습니다. 이것은 일본군에 의해 진압당했지만 일본의 지배에 대한 저항은 그 후에도 계속되었습니다.	(166) 러일전쟁이 한창일 때부터 韓國은 일본에 의한 식민지화 움직임에 노출되어 갔습니다. 일본은 1905년에 한국을 보호국으로 하여 외교권을 빼앗고 한국통감부를 두었습니다. 초대 통감에는 伊藤博文이 취임했습니다. 1907년에는 황제가 퇴위당했으며 군대도 해산당했습니다. 한국 국내에서는 이러한 움직임에 대한 저항운동이 확산되었고 일본에 의해 해산당한 병사들은 농민들과 함께 궐기했습니다(의병운동). 이것은 일본군에 의해 진압당했지만 일본의 지배에 대한 저항은 그 후에도 계속되었습니다.	○			일본의 주체성보다 분명히 함
② 大阪 서적 / 일본 文教	(134) 러일전쟁 후 일본은 조선(한국)의 외교권을 빼앗고 한국통감부를 두었으며 이어 조선 내정권도 장악하여 조선 군대를 해산시켰습니다. 해산당한 병사들은 농민들과 함께 각지에서 일본의 지배에 격렬하게 저항했고 초대 한국통감이었던 伊藤博文이 조선청년 안중근에게 사살되는 사건도 일어났습니다.	(192) 러일전쟁 후 일본은 조선(한국)의 외교권을 빼앗고 한국통감부를 두었으며 나아가 내정권도 장악하여 군대를 해산시켰습니다. 해산당한 병사들은 농민들과 함께 일본에 저항(의병운동)했고 초대한국통감이었던 伊藤博文이 민족운동가 안중근에게 사살되는 사건도 일어났습니다.		●		
③ 帝國 서원	(170) 그때까지 小國으로 생각된 일본인 러일전쟁에 승리한 것은 식민지 지배에 고통받는 아시아 사람들에게 독립에 대한 희망과 자신을 주었습니다. 아시아 국가들로부터 일본으로 유학이나 망명하는 사람이 늘었습니다. 그중에도 孫文은 1905년 東京에서 淸을 타도하기 위한 운동을 시작했습니다. 그러나 실제로 일본은 한국의 식민지화를 추진하여 제국주의 움직임을 활발화해갔습니다.	(178) 일본이 러일전쟁에 승리한 것은 식민지 지배에 고통받는 아시아 사람들에게 독립에 대한 희망과 자신을 주었습니다. 그 때문에 아시아 국가들로부터 일본으로 유학·망명하는 사람이 늘었습니다. 그중에도 孫文은 1905년 東京에서 淸을 타도하기 위한 운동을 시작했습니다. 한편 일본인 사이에는 청일·러일전쟁에 승리하자 일본인이 아시아 중에서 우수하다고 생각하는 사람이 늘었습니다. 그리고 아시아 국가들의 기대와는 달리 일본은 한국의				일본인의 우월의식 비판

---

33) ⑦育鵬社 검정합격본, pp. 176-177.

		식민지화를 추진하고 육군·해군 군비를 증강하는 등, 제국주의 국가로서 움직임을 활발화 해 갔습니다.	○			
④ 敎育 출판	(162) 러일전쟁에 승리한 일본은 무력을 배경으로 한국을 보호국으로 하고 통감부를 두고 한국의 외교권을 빼앗았다. 이윽고 한국의 내정 실권을 장악하고 군대도 해산시켰다. 해산당한 병사들은 농민과 함께 무기를 들고 일본과 싸웠다. 이것을 의병이라고 한다. (162) [사진] 반일투쟁을 행한 의병들	(174) 일본은 포츠머스조약을 맺고 바로 한국을 보호국으로 했습니다. 한국의 외교권을 빼앗고 한국에 통감부를 두어 통감이 외교를 감독했습니다. 일본은 이윽고 한국의 내정 실권도 장악하고 군대를 해산시키는 등, 한국에 대한 지배를 강화했습니다. 국가로서 권리를 빼앗긴 한국에서는 무기를 취하여 일본과 싸우는 의병 등의 저항운동이 확산되었습니다. 이런 가운데 초대통감 伊藤博文이 한국의 운동가 안중근에게 사살되는 사건도 일어났습니다.	○			한국의 저항 운동 구체화 안중근 의거 언급 의병 사진 없어짐
⑤ 淸水 서원	(152) 한국에 관하여 구미 강국의 지지를 얻어 1905년에 보호국으로 했다. 외교권을 빼앗고 통감을 두어 내정감독도 꾀했다. 이에 대해 한국민은 심하게 저항했으며 애국자 안중근이 초대통감 伊藤博文을 암살했다. (152) [사진] 한국의 의병	(195) 러일전쟁에 승리한 일본은 한국의 식민지화를 추진했다. 1905년에 외교권을 빼앗고 통감부를 두어 보호국으로 했다. 한국에서는 저항운동이 확산되었으며 독립운동가 안중근은 초대통감 伊藤博文을 중국 동북부 하얼빈에서 암살했다. 한국의 황제도 국제적으로 여론에 호소하려고 했으나 구미열강에게 무시당하였다.	○			고종의 밀사 사건 언급 도입 의병 사진 없어짐
⑥ 自由社	(172) 러일전쟁 후 일본은 한일협약에 의해 한국에 한국통감부를 두고 지배를 강화해갔다. 구미열강은….자국의 식민지와 세력권 지배를 일본이 인정하는 대신, 일본이 한국을 영향 하에 두는 것에 이의를 제기하지 않았다.	(190) 러일전쟁 후 일본은 한국 통감부를 두고 보호국으로 했으며 근대화를 추진해갔다. 구미열강은….자국의 식민지와 세력권 지배를 일본이 인정하는 대신, 일본에 의한 한국의 보호국화를 승인했다.			●	통감 지배 미화 정당화
⑦ 育鵬社	(176-177) 러일전쟁이 시작되자 일본은 그 무력을 배경으로 한국과 한일의정서를 맺었습니다. 이것은 한국영토를 타국(러시아)으로부터 지키기 위하여 일본군이 한국 내에서 활동하는 것을 인정하는 내용의 것이었습니다. 또한 러일전쟁 중에는 미국의 필리핀 영유와 일본의 한국보호국화를 서로 지지하는 내용의 합의가 미일간 행하여졌습니다. 나아가 갱신된 영일동맹과 포츠머스조약에서도 한국에 대한 일본의 보호권이 인정되었습니다. 그 후 한일협약에 따라서 일본이 한국의 외교권을 장악하게 되었고 한국통감부를 두고 초대통감으로 伊藤博文이 부임했습니다. 이윽고 통감의 권한은 내정에까지 미치게 되었습니다. 이에 대하여 한국에서 저항운동이 일어났지만 마침내 진압되었습니다. 그 가운데 1909년 伊藤博文이 만주에서 한국의 청년·안중근에게 암살당하는 사건이 일어났습니다.				●	국제 법적 합법성 언급

_9_
한국강제병합

이 부분에서는 일본의 역사교과서가 한국병합의 강제성과 불법성을 어떻게 보고 있는지를 중심으로 하여 내용 변화를 파악했다. 7개 모든 교과서가 강제성에 대해서는 다양한 형태로 인정하고 있지만 불법성에 대해서는 직접적인 언급을 하고 있지 않다고 하는 공통점을 보이고 있다. 기존사용본에 대한 검정합격본의 변화를 볼 경우, 새역모 이외의 교과서에서는 대체로 병합의 강제성에 관하여 보다 강화된 서술을 보여 약간의 진보적인 변화를 보였다고 평가된다.

① 도쿄서적이 "일본은 한국을 병합"했다고 하여 기존사용본에 비해 보다 책임을 분명히 했고, ② 일본문교도 "모든 정치운동을 금지하고 신문 발행도 제한"했다고 추가 서술했다. 아울러 ③ 제국서원은 "일본지배에 대한 조선민중의 저항이 그 후에도 계속되었다"고 추가 서술했고, ④ 교육출판은 "저항을 억누르고" 한국을 영유했다고 부가했다.[34] 그러나 한국병합에 대한 조선민족의 저항에 대해서는 ① 도쿄서적, ④ 교육출판, ⑤ 시미즈서원의 교과서가 기존사용본에 이어 검정합격본에서도 아무런 언급을 하지 않고 있어, 오히려 새역모 교과서 검정합격본의 내용에도 미치지 못하는 내용에 그치고 있다. 일본측의 강제적 병합 서술에만 치중한 느낌이다. 병합의 강제성 서술을 둘러싸고 가장 보수적인 변화를 보이고 있는 것으로는 ⑦ 육봉사 교과서가 "구미열강에게 한국병합에 대해 간섭할 의도가 없었다"고 서술함으

---

34) ①東京書籍 검정합격본, p. 166; ②日本文敎 검정합격본, p. 192; ③帝國書院 검정합격본, p. 178; ④敎育出版 검정합격본, p. 174.

로써[35] 병합의 정당성을 주장한 점을 지적할 수 있다.

교과서 출판사	서술내용의 차이		변화			주요 특징
	기존사용본	검정합격본	진보	무변	보수	
① 東京 서적	(160) 1910년 한국은 일본에게 병합당했습니다. 일본은 조선총독부를 설치하고 무력을 배경으로 한 식민지 지배를 추진했습니다.	(166) 1910년 일본은 한국을 병합하고(한국병합) 조선총독부를 설치하여 무력을 배경으로 한 식민지 지배를 추진했습니다. 수도 漢城(서울)도 京城으로 개칭되었습니다.	○			일본의 강제 병합 보다 분명히 함
② 大阪 서적 / 일본 文敎	(134) 일본은 1910년 군대의 힘을 배경으로 하여 조선을 식민지로 했습니다. 이것을 한국병합이라고 합니다. 병합 후 조선총독부가 설치되고 일본 군인이 총독이 되어 조선 전역에 일본 군대와 경찰을 배치하고 저항운동을 억눌렀습니다. 학교에서는 일본어와 일본역사를 강제로 가르쳤습니다. 이처럼 조선민족의 관습과 문화를 부정하고 일본에 동화시키는 정책을 추진했지만, 대만과 마찬가지로 조선 사람들에게는 선거권을 인정하지 않았습니다. 이때부터 일본인의 조선민족에 대한 우월감이 한층 강해졌고 반면에 일본의 지배에 대한 조선 사람들의 저항도 더욱 계속되었습니다.	(192) 이러한 움직임에 대해 일본은 1910년 군대의 힘을 배경으로 하여 조선을 식민지화 했습니다. 이것을 한국병합이라고 합니다. 병합에 의해 조선총독부가 설치되고 군인이 총독이 되어 일본군대와 경찰을 전역에 배치하고 저항운동을 억눌렀습니다. 이것은 국내에서는 정치에 대한 군대의 영향력을 강화시키는 것이었습니다. 조선총독부는 모든 정치운동을 금지하고 신문의 발행도 제한했으며 학교에서는 일본어와 일본역사를 강제로 가르쳤습니다. 이처럼 조선민족의 관습과 문화를 부정하고 일본에 동화시키는 정책을 추진했지만, 먼저 식민지가 된 대만과 마찬가지로 조선에 거주하는 사람들에게는 선거권을 인정하지 않았습니다. 한편 일본 지배에 대한 조선민중의 저항은 그 후에도 계속되었습니다.	○			강제 병합 동화 정책 서술 강화
③ 帝國 서원	(170) 1910년 일본은 한국을 병합하고 식민지로 하고 조선총독부를 두고 지배를 시작했으며 한국의 수도 漢城(서울)을 京城으로 바꾸었습니다.	(178) 1910년 일본은 한국을 병합하고 식민지로 했습니다(한국병합).. 한국을 조선으로 고치고 군인 조선총독을 두고 통치했으며, 수도 漢城(서울)도 京城으로 이름을 바꾸었습니다. 일본의 지배에 대한 조선 사람들의 저항도 더욱 계속되었습니다.	○			조선 저항 관련 기술 추가

---

35) ⑦育鵬社 검정합격본, p. 177.

④ 教育 出版	(162) 1910년에는 한국을 일본의 식민지로 했다(한국병합). 일본은 조선에 총독부를 두고 조선을 지배했다.	(174) 일본은 한국의 저항을 억누르고 1910년 한국을 영유하고 조선으로 바꾸었습니다. 이것을 한국병합이라고 합니다. 조선에는 총독부가 놓였고 무력을 배경으로 식민지지배가 행하여졌습니다.	○	강압적인 병합 관련 언급 추가
⑤ 清水 서원	(152) 그 이듬해(1910년) 일본은 한국병합을 강행했다.	(195) 1910년 일본은 한국병합을 강행하고 조선총독부를 두고 무력에 의해 지배하려고 했다.	●	일본군 전쟁 도발 언급 도입
⑥ 自由社	(172) 1910년 일본은 무력을 배경으로 한국 내 반대를 억누르고 병합을 단행했다(한국병합). 한국 국내에는 민족독립을 상실하는 것에 대한 격렬한 저항이 일어났고 그 후에도 독립회복 운동이 뿌리깊게 행하여졌다.	(190) 1910년 일본은 무력을 배경으로 한국 내 반대를 억누르고 병합을 단행했다(한국병합). 한국 국내에서는 민족독립을 상실하는 것에 대한 격렬한 저항이 자주 일어났다.	●	
⑦ 育鵬社	(177) 이듬해 1910년 정부는 한국병합을 단행했는데, 구미열강에게도 한반도 문제에 관하여 일본에 간섭할 의도는 없었습니다. 일본의 조선통치에서는 식민지 경영의 일환으로 쌀의 생산이 강요되거나 일본어교육 등 동화정책이 추진되었기 때문에 조선 사람들의 일본에 대한 반감은 강해졌습니다. (177) [註] 일본은 무력을 배경으로 한국 내 반대를 억누르고 병합을 행했다. 한국 국내에는 민족독립을 상실하는 것에 대한 저항이 일어났고 그 후에도 독립회복 운동이 뿌리깊게 행하여졌다.		●	병합의 정당성 논리 찾기

10

식민지 조선 개발론

　이 부분에서는 일본의 동화정책과 조선민족의 저항을 중심으로 하여 서술 내용의 변화를 살펴보았다. 이와 관련하여 ⑤ 시미즈서원의 교과서만이 토지조사와 민족차별에 관한 언급을 추가하여 진보적인 변화를 나타냈고,[36] 나머지 교과서는 현상유지 혹은 보수적 변화를 나타내고 있다. ② 오사카서적 출판 기존사용본에 있던 식민지 수탈 관련 언급은 일본문교 출판 검정합격본에서 삭제되었다.[37] 새역모 교과서 가운데는 ⑥ 자유사 기존사용본이 "조선사람들의 반감"을 서술했던 것에 비하여 새역모 계열 검정합격본 2권 모두가 동화정책을 옹호하거나 조선민족의 저항 서술을 삭제하고 있고, 특히 ⑦ 육붕사의 경우 아예 동화정책이나 민족저항을 전혀 언급하지 않음으로써 가장 보수적인 변화를 보이고 있다.[38] 결과적으로 이 부분에서는 매우 보수적인 변화가 보인다.

| 교과서 출판사 | 서술내용의 차이 | | 변화 | | | 주요 특징 |
	기존사용본	검정합격본	진보	무변	보수	
① 東京 서적	(160) 학교에서는 조선사를 가르치는 것을 금지했으며 일본사와 일본어를 가르치고 일본인으로 동화시키는 교육을 행하였습니다.	(166) 학교에서는 조선의 문화나 역사를 가르치는 것을 금지했으며 일본사와 일본어를 가르치고 일본인으로 동화시키는 교육을 행하였습니다. 식민지 지배는 1945년의 일본패전까지 계속되었습니다.		●		

---

36) ⑤清水書院, 검정합격본, p. 195.

37) ②大阪書籍 기존사용본, p. 148; ②日本文敎 검정합격본, p. 192.

38) ⑥自由社 기존사용본, p. 173.

교과서	번역문	일본어 원문				비고
② 大阪 서적 / 일본 文敎	(148) 한국병합 후 조선에서는 일본이 토지조사를 추진하고 소유권이 불명확한 토지를 농민 등으로부터 거두어들였고 나아가 기업활동도 규제했습니다. 토지나 직장을 잃은 사람들은 일본이나 만주에 건너가 일본인보다 낮은 임금으로 일해야 했습니다.	-			●	식민지 수탈 언급 없어짐
③ 帝國 서원	(171) 한국의 학교에서는 일본어와 일본의 역사, 지리를 가르치게 되었고; 한국의 고유 역사와 문화를 지울 것을 요구했습니다. 많은 농민들이 토지를 빼앗기고 소작인으로 되는 등, 어려운 생활을 강요당했습니다.	(179) 조선에서는 학교에서 일본어와 일본의 역사, 지리를 가르쳤고, 한국의 고유 문화와 역사를 가르칠 기회가 줄어들었습니다. 또한 많은 농민들이 토지를 빼앗겼기 때문에 소작인으로 되는 사람과 일본이나 '만주'로 이주하지 않을 수 없는 사람도 있었습니다. (179) [사진] 조선에서 일본어를 배우는 사람들: 한국병합 후 일본은 조선 사람들을 '일본국민'으로 하고 조선을 일본에 동화시키는 정책을 추진했습니다. 또한 학교에서는 일본어수업이 중시되었고 조선어수업은 줄어들어갔습니다.		●		식민 수탈 동화 정책 서술 확대
④ 敎育 출판	(162-163) 또한 토지조사를 행하였고 그 가운데 많은 조선인들에게서 토지를 빼앗았다. 이 때문에 생활이 어려워진 많은 조선인이 중국 동북부와 일본에 이주했지만 조선인은 임금이나 사회생활에서 갖가지 차별을 받았다.	(174) 또한 토지조사사업이 이루어진 결과 근대적인 토지소유권이 확립되었지만 많은 조선 농민들이 토지를 잃게 되었습니다. 이 사람들은 소작인이 되거나 농촌을 떠나거나 했지만 그 가운데에는 생활을 위하여 일본이나 만주에 이주하는 사람도 있었습니다.		●		표현 완화
⑤ 淸水 서원	(152) 일본은 조선총독부를 두고 대만과 비슷한 통치를 행하였지만 오랜 역사를 자랑하는 조선 사람들은 저항을 계속하였고....	(195) 총독부는 토지조사를 실시하여 촌의 공유지 등은 국유지로 했다. 식민지 사람들도 대일본제국 신민이 되었지만 일본인과 동등한 권리는 갖지 못하였다. (214) 일본 식민지 조선에서는 언론·집회·결사의 자유가 극도로 제한되었고 강압적인 정치가 행하여져 사람들은 저항을 계속했다.	○			총독부 토지 조사 권리 차별 언급 추가
	(173) 한국병합 후에 놓인 조선총독부는 식민지정책의 일환으로 철도·관개시설을 정	(191) 병합 후에 놓인 조선총독부는 식민지정책의 일환으로 조선의 철도·관개시설을 만드는				동화 정책 옹호

⑥ 自由社	비하는 등의 개발을 행하고, 토지조사를 개시했다. 그러나 이러한 근대화사업에 의해 종래의 경작지에서 쫓겨난 농민도 적지 않으며, 또한 그 외에도 조선의 전통을 무시한 갖가지 동화정책을 추진했기 때문에 조선사람들은 일본에 대한 반감을 더욱 강화했다.	등의 개발을 행하고, 토지조사를 실시했다. 또한 학교도 개설하여 일본어교육과 함께 한글문자를 도입한 교육을 행하였다.		●	조선 민족 저항 서술 삭제
⑦ 育鵬社	-			●	총독부 통 치 평가 언급 없음

11

3 · 1 독립운동

　이 부분에서는 일본의 탄압정책과 조선민족의 저항을 중심으로 하여 서술 내용의 변화를 살펴보았다. 3 · 1독립운동에 관한 서술 변화에서 나타난 가장 큰 특징으로 새역모 교과서의 내용에 거의 변화가 없는 대신, 새역모 이외의 교과서에서 진보 · 보수의 서로 다른 변화가 나타난 점을 들 수 있다. 따라서 이 부분에 관한 역사교과서 전반의 변화를 딱히 규정하기가 어렵다.

　③ 제국서원, ④ 교육출판, ⑤ 시미즈서원에서 민족저항 움직임에 관한 언급을 확대하고 야나기 무네요시(柳宗悅)와 같은 일본인의 3 · 1운동 지지 움직임을 소개한 것은 진보적인 변화라고 해석된다.[39] 그러나 ① 도쿄서적과 ② 일본문교 검정합격본은 기존사용본과 달리 민족저항 움직임에 관한 서술을 약화시키거나 삭제함으로써 보수적인 변화를 나타내고 있다.[40]

교과서 출판사	서술내용의 차이		변화			주요 특징
	기존사용본	검정합격본	진보	무변	보수	
① 東京 서적	(174-175) 일본의 식민지 지배 아래 놓인 조선에서는 1919년 3월 1일 서울에서 독립을 지향하는 지식인과 학생들이 일본으로부터의 독립을 선언하는 문장을 발표했으며 사람들은 '독립만세'를 외치며 데모행진을 행하였습니다. 이에 자극을 받아 독립	(191) 일본의 식민지 지배 아래 놓인 조선에서는 1919년 3월 1일 서울(京城)에서 독립을 지향하는 지식인과 학생들이 일본으로부터의 독립을 선언하는 문장을 발표했으며 사람들은 '독립만세'를 외치며 데모행진을 행하였습니다. 이에 자극을 받아 독립운동은 눈깜짝할 사이에 한반도			○	독립운동 계속의 원인이 정치권리

---

39) ③帝國書院 검정합격본, p. 193; ④敎育出版 검정합격본, pp. 196-197; ⑤淸水書院, 검정합격본, p. 214.

40) ①東京書籍 검정합격본, p. 191; ②日本文敎 검정합격본, p. 211.

	운동은 단기간에 조선 전역으로 퍼졌습니다(3·1독립운동). 조선총독부는 무력으로 이것을 진압하는 한편, 이제까지의 武斷지배를 완화하는 자세를 보였기 때문에 조선의 근대화를 요구하는 움직임이 활발해졌습니다. 또한 독립운동은 그 후에도 계속되었습니다.	전체로 퍼졌습니다(3·1독립운동). 조선총독부는 무력으로 이것을 진압하는 한편, 이러한 무력에 의한 지배를 완화하고 정치적인 권리를 일부 인정하는 등의 통치 방침을 보였기 때문에 조선의 근대화를 요구하는 움직임이 활발해졌습니다. 그 가운데 독립운동은 그 후에도 계속되었습니다.				인정에 있는 듯한 뉘앙스
② 大阪 서적 / 일본 文教	(149) 1919년 3월 1일 조선의 독립을 지향하는 사람들이 서울(京城)에서 독립선언문을 발표하고 수천 명의 사람들이 '독립만세'를 외치며 데모행진을 했습니다. 이 움직임은 이윽고 조선 전역에 확산되었고 200만이라고도 일컬어지는 사람들이 참가하는 운동이 되었으며 일본 정부는 경찰과 군대를 동원하여 진압했습니다. 이 운동은 3·1독립운동으로 불리며 그 후의 조선독립운동의 출발점이 되었습니다. (161) 조선에서는 일본인 학생이 모욕적인 언동을 했다고 하는 사건이 계기가 되어 광주에서 학생투쟁이 일어나 1929년부터 이듬해까지 학교를 집단으로 쉬거나 반일데모가 행하여지거나 했습니다. (165) [중일전쟁] 또한 조선과 만주의 국경지대에서도 조선 사람들이 일본군에 대하여 무력에 의한 저항을 계속하고 있었습니다.	(211) 1919년 3월 1일 조선의 독립을 지향하는 지도자들이 서울(京城)에서 독립선언문을 발표했습니다. 이에 따라 모여든 사람들이 '독립만세'를 외치며 행진했습니다. 이 움직임은 조선 전역에 확산되었고 조선총독부는 경찰과 군대를 동원하여 진압했습니다. 이 운동은 3·1독립운동으로 불립니다. 정책의 전환이 불가피해진 일본은 헌병경찰제도를 폐지하고 조선어신문 발행도 허가하게 되었습니다.		○		독립운동 서술 약화 정책 변환 서술로 대치 광주학생운동 서술 없어짐 만주지역 저항 서술 없어짐
③ 帝國 서원	(189) 일본의 식민지가 되어 있던 조선에서도 1919년 3월 1일 京城(서울)의 파고다공원에서 독립선언이 행하여져 독립만세를 외치는 민중운동이 조선각지에 퍼졌습니다. (189) [그림] 유관순; 서울 이화학당에 재학 중 3.1운동을 만났습니다……고문을 받아 옥사했습니다. 16세였습니다.	(193) 일본의 식민지 조선에서는 1919년 3월 1일 京城(서울)에서 독립선언이 행하여져 '독립만세'를 외치는 민중운동이 조선각지에 퍼졌습니다. (193) [그림] 3.1운동 3.1운동에서 싸운 소녀: 서울 여학교에 재학 중에 3.1운동을 만난 유관순은…… 3·1독립운동을 지지한 일본인: 조선 예술작품을 높이 평가한 柳宗悦은…… 민본주의를 주창한 吉野作造는…… (197) [해방을 요구하여 궐기하는 사람들] 식민지 대만에서는				柳宗悦, 吉野作造 3.1운동 지지 서술 추가

		1920년부터 대만의회 설치와 자치를 요구하는 운동이 행하여졌으며, 조선에서는 일본으로부터의 독립을 지향하는 운동이 높아졌습니다.	●			조선 독립 움직임 서술 도입
④ 敎育 出판	(182) 일본의 식민지가 된 조선의 사람들은 1919년 3월 1일 서울 등 주요 도시에서 조선독립을 선언하고 가두에 나와 '독립만세'를 외쳤다.... (182) [그림] 15세 조선의 소녀 유관순은...	(196) 1차대전이 끝나자 일본의 식민지가 된 조선에서는 독립을 향한 희망이 높아졌습니다. 1919년 3월 1일 京城(서울)에서 조선독립이 선언되고 사람들이... (196) [그림] 독립운동의 릴리프와 독립선언서(일부), [지도] 조선에서의 독립운동 (197) [BOX] 일본인이 본 3.1운동	●			서술 확대 柳宗悅, 石橋湛山 3.1 운동 지지 서술 추가
⑤ 淸水 서원	(152) 1919년에는 원래 황제의 죽음을 계기로 독립운동을 전재하여 일본의 심한 탄압을 받았다. (152) [그림] 3·1독립운동 지도 (153) [사진] 3·1독립운동 릴리프: 이 소녀는...	(214) 1919년 3월 1일 京城(서울) 중심부 공원에서 독립선언문이 낭독되었고 민중들이 '독립만세'를 외치며 대규모 데모를 행하였다. 독립을 지향하는 민중집회와 데모는 조선전역으로 퍼졌고 각지에서 경찰·군대와 충돌했다. 이 과정에서 무저항 조선민중이 살해되거나 잔학한 고문이 행해지거나 했다. (214) [사진] 3·1독립운동 릴리프(좌)와 독립선언문이 낭독된 장소	○			독립 운동 서술 확대
⑥ 自由社	(185) 조선에서는 1919년 3월 1일 舊 국왕의 장례식에 모인 사람들이 서울에서 독립을 선언하고 '독립만세'를 외치며 데모행진을 행했다. 이 움직임은 곧바로 조선전역으로 확대되었다. 조선총독부는 무력으로 이를 진압했으나 이후에는 통치방침을 문화통치정책으로 변경하고, 나중에 일본과의 일체화를 추진해 가게 되었다. (185) [사진] 조선3·1독립운동: 체포된 조선학생. 최초에는 종교가가 호소한 비폭력 독립선언집회였는데, 소란해지면서 각지에 퍼졌다.	(185) 조선에서는 1919년 3월 1일 舊 국왕의 장례식에 모인 사람들이 서울에서 독립을 선언하고 데모행진을 행했다. 이 움직임은 곧바로 조선전역으로 확대되었다. 조선총독부는 무력으로 이를 진압했으나 이후에는 통치방침을 文治정책으로 변경하고, 나중에 일본과의 일체화를 추진해 가게 되었다. (185) [사진] 조선3·1독립운동: 독립을 외치며 행진하는 여학생	●			
⑦ 育鵬社	(195) 조선에서도 일본으로부터의 '독립만세'를 외치는 대규모 데모행진이 서울에서 일어나 전국에 퍼졌습니다. 조선총독부는 군대의 힘으로 진압했으나 이후 무력으로 억누르는 통치의 방법을 바꾸었습니다. (195) [사진] 3·1독립운동: 오른쪽은 여학생에 의한 데모행진		●			

_12_
관동대지진

이 부분에서는 관동대지진 발생 후의 조선인 학살에 관한 언급을 중심으로 하여 서술 내용의 변화를 살펴보았다. 여기서도 딱히 전체적인 변화의 방향을 가늠하기가 어렵다. ⑤ 시미즈서원 검정합격본이 조선인학살 문제를 더욱 강조하고 본문에 서술한 점에서 진보적인 변화를 보였다.[41] 그러나 이 부분에 관한 서술 내용에서 나타난 가장 큰 변화는 ⑥ 자유사 검정합격본이 조선인학살 관련 언급을 아예 삭제한 점이다. 자유사는 기존사용본에서 주민 자경단에 의한 살해에 관하여 언급한 바 있기 때문이다.[42] 2003년부터 일본사회에서 시민단체들이 관동대지진 조선인 학살에 관한 국가 책임을 추궁하고 있는 실정에 비추어볼 때,[43] 교과서 전반에 걸쳐 관동대지진을 통하여 기존사용본에서와 같이 일본인의 민족차별 감정이 폭력으로 나타난 것을 이해할 수 있도록 했으나, 유일하게 ⑥ 자유사 교과서만이 지나친 보수적 변화를 나타낸 것으로 해석된다.

---

41) ⑤淸水書院 검정합격본, p. 219; p. 221.

42) ⑥自由社 기존사용본, p. 189.

43) 山田昭次, 「관동대진재시 조선인 학살을 둘러싼 전후 일본의 운동: 추도·조사부터 국가 책임 추궁까지」, 『전후 일본의 시민운동을 통해 본 한·일관계와 재일한인』(한일민족 문제학회 주최 2011년 한-일합동학술세미나 발표집, 2011년 8월 5일), pp. 15-17.

교과서 출판사	서술내용의 차이		변화			주요 특징
	기존사용본	검정합격본	진보	무변	보수	
① 東京 서적	(181) 혼란 가운데 조선인과 사회주의자가 폭동을 일으킨다는 유언비어가 확산되어 많은 조선인, 중국인, 사회주의자 등이 살해당했습니다.	(197) 혼란 가운데 조선인과 사회주의자가 폭동을 일으킨다는 유언비어가 확산되어 많은 조선인, 중국인, 사회주의자 등이 살해당했습니다.		●		
② 大阪 서적 / 일본 文敎	(154) 이 혼란 가운데 조선인이 우물에 독을 던져넣었다든지 사회주의자가 폭동을 일으키려고 한다든지 하는 소문이 주민과 경찰 등에 의해 퍼졌습니다. 그리고 차별의식과 서형에 대한 두려움도 있어서 수천 명의 조선인 이외에 사회주의자와 노동조합 지도자들이 주민들이 조직한 자경단과 군대·경찰 등에 의해 체포되거나 살해되거나 했습니다.	(217) 이 혼란 가운데 조선인이 우물에 독을 던져넣었다고 하는 소문이 주민과 경찰 등에 의해 퍼졌고 주민들이 조직한 자경단, 또는 군대·경찰이 조선인 등 수천 명을 살해했습니다. 사건의 배경에는 갑작스런 재난에 의한 정신적 혼란, 조선인에 대한 차별의식 등이 있었을 것으로 생각됩니다. 또한 군인들이 사회주의자와 노동조합원을 살해하는 사건도 일어났습니다.		●		본문에서 빼내어 Box 안에 서술함
③ 帝國 서원	(195) [BOX] 혼란 가운데 '일본에 사는 조선 사람들이 폭동을 일으킨다'는 근거없는 소문이 퍼져, 자경단을 만든 주민들이 일본칼·죽창 등으로 무장하고 조선 사람들을 죽이는 사건도 일어났습니다.	(203) [BOX] 혼란 가운데 '조선인들이 폭동을 일으켰다' 등의 유언비어가 퍼져, 주민들이 조직한 자경단과 경찰·군대 등에 의해 많은 조선인과 중국인이 살해당하는 사건이 일어났습니다. 또한 사회주의자와 노동운동가 가운데도 살해된 사람이 있었습니다.		●		
④ 敎育 출판	(185) [BOX] 혼란 가운데 '조선인들이 폭동을 일으켰다' 등 갖가지 소문이 퍼져, 주민으로 만들어진 자경단과 경찰·군대 등에 의해 수천 명의 조선인들이 살해당하는 사건이 일어났다. 또한 사회주의자·노동운동가 가운데도 살해된 사람이 있었다.	(174) 일본은 한국의 저항을 억누르고 1910년 한국을 영유하고 조선으로 바꾸었습니다. 이것을 한국병합이라고 합니다. 조선에는 총독부가 놓였고 무력을 배경으로 식민지지배가 행하여졌습니다.		●		
⑤ 淸水 서원	(172) [BOX] 이 재난의 혼란 가운데 '조선인들이 폭동을 일으킨다'는 소문이 퍼지자 경찰과 군인이 이것을 사실로 하고 조선인을 체포했고, 민중도 자경단을 조직하여 조선인과 중국인을 학살했습니다. 대략 7천 명의 조선인,	(219) 또한 조선인학살사건 외에 군인과 경찰에 의한 사회주의 운동가 살해사건도 일어났다. (221) 1923년 관동대지진 후 혼란 가운데서는 조선인이 폭동을	○			조선인 학살 구분하여 본문에 서술

	200명의 중국인, 말려들어간 일본인 60명이 살해됐다고 일컬어지고 있습니다. 또한 사회주의자와 노동운동 지도자도 경찰과 군대에 의해 살해되었습니다.	일으킨다고 하는 소문을 믿은 일본인들이 조선인을 학살하는 사건이 關東 각지에서 발생했다.				
⑥ 自由社	(189) [註] 이 혼란 가운데 '조선인과 사회주의자 사이에 불온한 계획이 있다'는 소문이 퍼져서, 주민의 자경단 등이 조선인과 그들로 오인한 중국인, 일본인을 죽이거나, 군인들이 독단으로 사회주의자들을 살해하는 사건이 일어났다.	-		●		조선인 학살 관련 언급 없어짐
⑦ 育鵬社	(199) 교통과 통신이 두절된 혼란 가운데 조선인과 사회주의자가 주민들이 만든 자경단 등에게 살해당하는 사건도 일어났습니다.		●			

_13_
황민화 정책

황민화 정책에 관한 서술에서는 식민지 조선인에 대한 동화정책과 강제동원 관련 언급을 중심으로 그 변화를 파악했다. 이 부분에서는 새역모 교과서가 보수적인 변화를 일으키는 한편 이와 대별적으로 새역모 이외의 교과서가 진보적인 변화를 보여주고 있다. 동화정책에 관한 서술에서 보자면 새역모 교과서는 신사참배 강요에 관한 언급을 하고 있지는 않지만 여타 교과서와 같이 창씨개명에 관한 언급을 하고 있다. ③ 제국서원의 교과서는 기존사용본에서와는 달리 검정합격본에서 신사참배에 관한 언급을 추가했다.[44] 한편 강제동원에 관한 서술에서는 ① 도쿄서적, ② 일본문교, ③ 제국서원의 교과서가 기존사용본에 비해 중일전쟁 때 노동력 동원 문제, 지원병 제도, 징병 제도에 관한 언급을 추가하여 진보적인 변화를 보이고 있다.[45]

반면에 ③ 제국서원과 ④ 교육출판의 교과서가 기존사용본에서 언급했던 중일전쟁 때 노동력 동원 문제와 BC급 전범 관련 언급을 삭제한 것은 보수적인 변화로 해석된다. ② 일본문교와 ④ 교육출판의 경우는 기존사용본에서 사용하던 '연행'이라는 용어를 '동원'이라는 용어로 바꾸었다.[46] 이렇게 하여 모든 7개 교과서 검정합격본에서 '연행'이라는 용어가 사라졌다. 한편 새역모 교과서의 경우, ⑥ 자유사 기존사용본에 사용된 '끌려와서'라고 하는 사실상 '연행'을 의미하는 용어가 검정합격본에서 없어진데 반하여, 또 하나의

---

44) ③帝國書院 검정합격본, p. 213.

45) ①東京書籍 검정합격본, p. 211; ②日本文教 검정합격본, p. 227; ③帝國書院 검정합격본, p. 213.

46) ②日本文教 검정합격본, p. 227; ④教育出版 검정합격본, p. 221.

'새역모' 교과서 ⑦ 육붕사의 경우는 이 용어를 삭제하지 않고 그대로 사용하고 있다.[47]

| 교과서 출판사 | 서술내용의 차이 | | 변화 | | | 주요 특징 |
	기존사용본	검정합격본	진보	무변	보수	
① 東京 서적	(189) 조선에서는 '황민화' 이름 아래 일본어 사용과 성명 표기법을 일본식으로 고치게 하는 창씨개명을 추진했습니다. 나아가 지원병제도를 실시하고 조선 사람들도 전쟁터에 동원했습니다. (193) 한편 일본에 끌려와서 의사에 반하여 노동을 하게된 조선인, 중국인 등도 있으며 그 노동조건은 가혹했고 임금도 낮아 지극히 어려운 생활을 강요하는 것이었습니다.	(205) 조선에서는 '황민화' 이름 아래 일본어 사용과 성명 표기법을 일본식으로 고치게 하는 창씨개명을 추진했습니다. 나아가 노동력으로서 동원하거나 지원병제도를 실시하거나 하는 등 조선 사람들도 전쟁에 동원했습니다. (211) 일본은 식민지와 점령지에서도 심한 동원을 행하였습니다. 다수의 조선인과 중국인이 의사에 반하여 일본에 끌려와서 광산이나 공장 등에서 열악한 조건 아래 가혹한 노동을 강요당했습니다. 전쟁말기에는 징병제가 조선과 대만에서도 실시되었습니다.	○			중일전쟁 노동력 동원 추가 기술 징용, 징병 서술 강화
② 大阪 서적 / 일본 文敎	(165) 조선에서는 神社를 만들어 참배시키거나 일본식 성명으로 '창씨개명'을 강제하여 일본에 동화시키는 황민화 정책을 추진했습니다. (171) 조선에서 약 70만 명, 중국에서 약 4만 명을 강제로 일본에 연행하여 광산이나 공장 등에서 일하게 했습니다.	(227) 조선에서는 주민들을 神社에 참배시키거나 '氏'를 쓰게 하여 가족제도를 일본식으로 고치는 '창씨개명' 등, 황민화 정책을 추진했습니다. 1938년에는 조선인지원병 제도가 도입되었습니다. (233) 조선과 대만에서도 징병을 개시하고 조선과 중국의 점령지로부터 수십 만으로 일컬어지는 사람들을 동원하여 광산이나 공장 등 심한 노동조건의 직장에서 일하게 했습니다.	○			조선인 지원병 제도 언급 도입
③ 帝國 서원	(207) 식민지였던 조선과 대만에서는 그들을 '황국신민'으로 하는 황민화정책이 취해졌습니다. 학교에서는 '국어'로서 일본어를 가르쳤고 조선어와 중국어 사용을 금지했습니다. 또한 皇居를 향하여 경례하는 등의 天皇숭배도 강제되었습니다. 나아가 조선에서는 일본식 이름	(213) 전쟁이 격해지자 일본은 총력을 다하여 전쟁에 임하기 위해, 식민지 조선과 대만 사람들을 '황국신민'으로 하는 정책을 행하였습니다(황민화정책). 학교에서는 '국어'로서 일본어를 가르쳤고 조선어와 중국어 사용을 금지했습니다. 또한 皇居를 향한 경례와 각지에 세워진 神社에 참배를 강제했습니다. 나아	○			神社 참배 징병 실시 관련 서술 추가

---

47) ⑥自由社 검정합격본, pp. 234-235; ⑦育鵬社 검정합격본, pp. 218-219.

	을 부르게 하는 창씨개명도 행하여졌습니다. 일본 국내에서 노동력이 부족해지자 강제적으로 조선인과 중국인을 일본으로 데려와 각지의 탄광, 광산, 군사시설에서 일을 시키는 일도 행하여졌습니다.	가 조선에서는 일본식 이름으로 바꾸는 창씨개명도 행하여졌고, 대만·조선 사람들로부터도 징병을 실시했습니다. 일본 국내에서 노동력이 부족해지자 기업 등에서 절반 강제로 배당을 결정하여 조선인과 중국인을 모아 일본 각지의 탄광·광산 등으로 데려가 낮은 임금으로 심한 노동을 강요했습니다.				강제적 연행 언급 없어짐
④ 教育 出版	(196-196) 정부는 조선인에 대해서 일본인으로 동화시키는 황민화정책을 한층 강화하고 일본식 성명을 부르게 했으며(창씨개명), 神社 참배를 깅제했다. 　중일전쟁이 시작되자 노동력부족으로 고심하던 일본이 조선인과 중국인을 강제적으로 국내 탄광·광산·공장 등에 보내넣었다... 강제연행된 많은 조선인과 중국인이 사망했다고 일컬어지고 있다. (204) 노동력부족을 보충하기 위해 강제적으로 일본에 연행된 약 70만 조선인과 약 4만 중국인은 탄광 등의....	((215) 일본 정부는 식민지 조선인들에 대하여 일본인으로 동화시키는 황민화정책을 강화했습니다. 일본어 사용과 일본식 성명을 부르게 하는 창씨개명이 추진되었고 神社 참배 등이 강제되었습니다. (221) 전쟁이 총력전이 시작되자 일본 국내뿐 아니라 식민지와 점령지 사람들도 노동력과 병력으로 동원하게 되었습니다...전쟁 말기가 되자 조선과 대만에서 지원병제도가 개정되어 징병제가 도입되었습니다.			○	중일 전쟁 전시 동원 관련 언급 삭제
⑤ 清水 서원	(152) 총독부는 일본어 사용과 일본풍 성명 개명, 神社참배를 의무화하려고 했다. 이 일본으로의 동화정책은 조선문화와 친족결연을 파괴하는 것이었으며 한글개량 등 문화면에서 민족의 존엄을 지키려고 노력했던 조선사람들은 깊은 분노를 간직하게 되었다. (188) [사진] 京城의 朝鮮神宮 (189) [BOX] 전시하 일본에서는 노동력 부족을 메우기 위해서 조선인을 강제적으로 일본에 연행하여 탄광·광산 등에서 일하게 했다. 패전까지 일본에 끌려온 조선인은 약 80만 명에 달했다...... 조선과 대만 사람들에게 징병제를 깔아...전후 전범이 되어 처형당한 사람도 있었다.	(238) [사진] 京城의 朝鮮神宮 (239) 天皇과 일본국가에 대한 충성을 강요하는 황민화정책이 추진되었다...... 일본은 조선과 대만 사람들을 전쟁을 지탱하기 위한 식량증산과 군수물자 생산을 지탱하는 노동에 임하게 했다. 또한 조선과 대만에는 지원병제도와 징병제도도 깔렸기 때문에 일본군 병사가 된 사람들도 있었다. (239) [사진] 징병검사를 받는 식민지 청년			○	BC 전범 관련 언급 없어짐

⑥ 自由社	(208) 한반도와 대만에서는 중일전쟁 개시 후 일본식 성명을 부르게 하는 창씨개명 등이 시행되었고 조선인과 대만인을 일본인화 하는 정책이 강행되었다. 전쟁말기에는 징병과 징용이 조선과 대만에도 적용되었고 현지 사람들에게 갖가지 희생과 고통을 강요하게 되었다. 또한 다수의 조선인과 중국인이 일본의 광산 등에 끌려와서 가혹한 조선과 대우 아래에서 일하게 되었다.	(234-235) 한반도와 대만에서는 중일전쟁 개시 후 창씨를 명하고 일본식 성명을 부르는 창씨개명이 실시되었고 현지 사람들을 일본인화 하는 정책이 추진되었다. 전쟁말기에는 징병과 징용도 적용되어 현지사람들에게 갖가지 희생을 강요했다. 다수의 조선인과 중국인이 일본의 광산 등에 보내어져 가혹한 조선과 대우 아래에서 일하게 되었다.		○	끌려와서 -〉 보내어져 강제성 서술 약화
⑦ 育鵬社	(218-219) 우리나라가 통치하고 있던 한반도에서는 일본식 성명을 부르게 하는 창씨개명 등, 조선인을 일본인화 하는 정책이 추진되었습니다. 전쟁말기에는 조선과 대만에도 징병과 징용이 적용되게 되어 사람들에게 고통을 강요하게 되었습니다. 일본의 광산 등에 끌려와서 엄한 노동을 강요당하는 조선인과 중국인도 있었습니다.		●		

_14_
여성의 전시동원

　여기서는 중일전쟁 이후 정신대 노무동원과 일본군 위안부 동원에 관하여 어떻게 언급하고 있는지를 중심으로 하여 서술 변화를 파악했다. 여성의 전시동원에 관한 언급에서는 7개 교과서 전반에 걸쳐 커다란 보수적 변화를 감지할 수 있다. 모든 교과서가 기존사용본에서부터 이미 '일본군 위안부'라고 하는 용어를 사용하지 않게 된 가운데, ⑤ 시미즈서원 기존사용본만이 이와 관련된 용어로 '비인도적 위안시설'을 사용했는데, 이 용어마저 2011년 검정합격본에서 사라졌다.[48]

　1990년대부터 한일관계와 일본사회에서 과거사 문제의 하나로 큰 화제를 모아 온 '일본군 위안부' 문제가 이제는 일본 역사교과서에서 흔적도 없이 사라진 것이다. 이와 함께 ② 일본문교와 ⑤ 시미즈서원 검정합격본은 여성동원 관련의 서술을 대폭 삭감하거나 관련 사진을 삭제했다.[49] 여기에다가 새역모 교과서는 한술 더 떠서 공통적으로 검정합격본에서 특공대를 배웅하는 여학생들의 사진을 게재하고 있다.[50]

---

48) ⑤淸水書院 기존사용본, p. 189; ⑤淸水書院 검정합격본, p. 241.

49) ②日本文敎 검정합격본, p. 232; ⑤淸水書院 검정합격본, p. 241.

50) ⑥自由社 검정합격본, p. 235; ⑦育鵬社 검정합격본, p. 219.

교과서 출판사	서술내용의 차이		변화			주요 특징
	기존사용본	검정합격본	진 보	무 변	보 수	
① 東京 서적	(193) 일본이 침략한 동아시아와 동남아시아에서는 전쟁터에서 죽거나 노동에 차출되거나 하여 여성과 어린이를 포함하여 일반 사람들도 많은 희생을 냈습니다.	(211) 이러한 동원은 여성에게도 미쳤으며 전쟁터에서 일하게 된 사람도 있었습니다.		●		위안부 직접 표현 없음
② 大阪 서적 / 일본 文教	(173) 여성들에게 정부와 군이 요구한 것은 '출산하는 性'이었고 총력전을 대비한 사람 확보를 위해 인구를 7천 만명에서 1억 명으로 증가시키는 일이었습니다……1944년에는 '송두리째 동원'이 행하여져 군사공장에서 많은 여성들이 일하게 되었습니다.	(232) 젊은 여성이나 중학생을 공장이나 농촌으로 근로 동원했습니다.			○	여성 동원 관련 표현 대폭 삭감
③ 帝國 서원	(208) 1941년에 그때까지의 尋常고등소학교가 國民학교가 되었고 군사교육이 강화되었습니다. 나중에는 중학생과 여학생이 군수공장에서 일하게 되었습니다.	(216) 1941년에 그때까지의 尋常고등소학교가 國民학교가 되었고 군사교육이 강화되었습니다. 나중에는 중학생과 여학생이 공부를 중단하고 군수공장에서 일하게 되었습니다(근로동원).		●		위안부 관련 표현 없음
④ 教育 출판	(204) 나아가 많은 조선인 여성 등도 공장 등에 송출되었다.	(221) 많은 사람들이 '일본군병사'로서 전쟁터에 송출된 것 외에 조선인 여성 등도 공장 등에 송출되었습니다.		●		
⑤ 清水 서원	(189) [BOX] 전쟁터의 비인도적 위안시설에는 일본인뿐 아니라 조선과 대만 등의 여성도 있었다. (189) [사진] 교정에 밭을 만드는 여학생	(241) 정부는 이제까지 동원대상이 아니었던 미혼여성을 여자근로정신대로 하거나...			○	여학생 사진 삭제 위안부 관련 표현 없어짐
⑥ 自由社	(208) 미혼여성은 여자정신대로서 공장에서 일하게 되었다. (208) [사진] 근로동원: 비행기공장에서 일하는 여학생. 연합국측에서도 이러한 직장에 많은 여성들이 동원되었다.	(234) 미혼여성은 여자정신대로서 공장에서 일하게 되었다. (234) [사진] 근로동원: 군수공장에서 일하는 여학생. (235) [사진] 출격하는 특공대: ...여학생들에게 배웅을 받으며 날아오르는 특공대 전투기			○	특공대와 여학생 관련 언급
⑦ 育鵬社	(218) 남자 대부분이 전쟁터에 나갔기 때문에 여성들이 직장을 지탱했습니다. (218) [사진] 근로동원: 공장에서 일하는 여학생. 25세 미만의 미혼여성은 근로정신대로서 군수공장에 동원되었다. (219) [사진] 특공대: 鹿兒島縣 知覽기지를 날아오르는 특공대 대원을 현지 여학생들이 벚꽃 가지를 흔들며 배웅하고 있는 모습				○	특공대와 여학생 관련 언급

_15_
대동아공영권

　여기에서는 일본의 아시아 지배와 각 지역의 민족적 저항에 관한 언급을 중심으로 서술 변화를 파악했다. 대동아공영권에 관한 서술에서는 진보적 변화와 보수적 변화가 골고루 나타나고 있어 전체적인 변화 방향을 가늠하기가 어렵다. ② 일본문교와 ③ 제국서원의 교과서가 대동아공영권의 착취적 실상을 도입하거나 추가하는 진보적인 변화를 보인데 반하여,[51] ④ 교육출판과 ⑤ 시미즈서원의 교과서는 '대동아공영권' 슬로건에 반하는 착취적 실상에 관하여 관련 서술을 삭제하거나 이 슬로건을 정당화 하는 서술을 도입함으로서[52] 보수적 변화를 나타내고 있다.

　다만 주목을 끄는 것으로 새역모 교과서 가운데 ⑦ 육붕사 교과서가 태국과 버마(오늘날 미얀마) 사이의 철도 건설 과정에서 현지 노동자들과 연합군 포로들을 희생시켰다고 하는 사진 해설을 게재함으로써[53] ⑥ 자유사 기존 사용본보다도 오히려 진보적으로 변화된 내용을 담고 있는 점을 지적할 수 있다.

---

51) ②日本文教 검정합격본, 231쪽; ③帝國書院 검정합격본, 213쪽.

52) ④教育出版 검정합격본, 219쪽; ⑤淸水書院 검정합격본, 238쪽.

53) ⑦育鵬社 검정합격본, 217쪽.

교과서 출판사	서술내용의 차이		변화			주요 특징
	기존사용본	검정합격본	진 보	무 변	보 수	
① 東京 서적	(192) 그리고 아시아로부터 구미 세력을 몰아내고 아시아 민족들만으로 번영한다고 하는 '대동아공영권'을 주창했습니다.	(208) 일본은 '대동아공영권' 건설을 주창했습니다. 그것은 일본의 지도 아래 구미 식민지 지배를 타파하고 아시아 민족들만으로 번영하자고 하는 주장이었습니다.		●		관련 서술 약간 구체화
② 大阪 서적 / 일본 文敎	(169) 일본은 아시아를 구미 식민지 지배로부터 해방하고 일본을 중심으로 아시아 민족만으로 번영하자고 하는 '대동아공영권' 건설을 주창했습니다.	(231) 일본은 동남아시아 사람들에게 구미의지배를 탈피하고 일본의 지도 아래 번영하자고 하는 '대동아공영권'을 건설하겠다고 선전하고 약 6개월간 그 대부분을 점령했습니다. 일본군은 심한 명령을 내리고 자원과 식료품을 취했고 주민들을 전쟁에 협력시켰습니다. 이 때문에 주민들의 일본에 대한 기대는 점차 상실되었고 무력에 의한 항일운동도 행하여지게 되었습니다.		●		공영권 실상 관련 서술 도입
③ 帝國 서원	(205) 이들 지역은 유럽 식민지로 되어있었으나 일본은 그들 지역을 '해방'하고 아시아 민족들만으로 번영해가자고 하는 '대동아공영권' 건설을 주창했습니다. 그러나 실제로는 '해방'이 아니라 일본이 정치 실권을 장악해버렸기 때문에 각기에서 일본에 대한 저항운동이 일어났습니다.	(213) 일본은 구미제국의 식민지였던 이들 지역을 구미의 지배로부터 '해방'하고 아시아 민족들만으로 번영해가자고 하는 '대동아공영권' 건설을 주창했습니다. 그러나 일본군은 동남아시아의 국가들과 태평양 섬들에서도 물자와 식량을 강제적으로 취하거나 군의 명령에 따르지 않는 사람들을 엄하게 처벌하거나 했습니다. 또한 일본어교육 등의 정책을 추진했기 때문에 이들 지역에서도 항일운동이 일어났습니다.	○			물자 공출 일본어 주입 서술 도입
④ 敎育 출판	(203) [BOX] 정부는 구미諸國을 물리치고 아시아 번영을 꾀하는 '대동아공영권'을 건설하기 위한 전쟁이라고 주장하고 이 전쟁을 '대동아전쟁'이라고 불렀다. 그러나 실제로는 구미제국 대신에 일본에 의한 엄한 군정이 도입되었다.	(219) [BOX] 정부는 '대동아공영권'을 건설하기 위한 전쟁이라고 주장하고 이 전쟁을 '대동아전쟁'이라고 불렀습니다.			○	공영권 실상 관련 서술 삭제
⑤ 淸水 서원	(188) 태평양전쟁이 시작되자 東條내각은 이 전쟁의 목적을 '대동아공영권' 건설이라고 하고, 아시아 민족들을 구미諸國 식민지지배에서 해방한다고 주창했다.…. 일본의 점령정책은 구미를 대신한 일본의 새로운 식민지 지배에 불과했다.	(238) 일본 정부는 이 전쟁목적을 구미 식미지가 된 아시아 지역들을 해방하고 새로운 질서(대동아공영권)을 만드는 것이라고 설명하고 대동아전쟁이라는 이름을 붙였다.…… 아시아 민족들 사이에서는 일본의 주장에 기대를 품은 사람들도 있었다.			●	공영권 긍정 표현 도입

	(188) [BOX] 점령지역과 대일 저항운동 (188) [사진] '배우자 일본어를' 싱가포르…	(238) [사진] '배우자 일본어를' 싱가포르… (238) [사진] 血債의 탑: 1942년 일본군은 싱가포르를 점령하고…학살했다.			대일 저항 운동 서술 삭제
⑥ 自由社	(206) 일본은 '구미세력을 배제한 아시아인에 의한 대동아공영권 건설'을 전쟁의 표면적 목적으로서 강조하게 되었다. (207) 일본의 남방진출은 '아시아해방'이라는 명목을 내걸면서도 자국을 위한 자원획득을 목적으로 한 것이었지만, 나중에 일본이 패전으로 철수한 후 이들 식민지는 거의 10여 년 사이에 차차 자력으로 독립국이 되었다.	(232) 연합국의 대서양헌장에 대항하여 대동아공동선언을 발하고 '대동아공영권 건설'을 전쟁 목적으로 했다. (233) 일본군이 철수하자 구 종주국은 곧바로 再지배하러 돌아왔다. 그러나 이들 식민지는 거의 10여년 사이에 차차 자력으로 독립국이 되었다.	●		
⑦ 育鵬社	(216) 구미에 의한 식민지 지배로부터 아시아 국가를 해방하고 대동아공영권을 건설하는 일이 전쟁의 표면적인 목표로 보다 명확하게 내걸어지게 되었습니다. (217) [사진] 泰緬철도: 일본군 물자수송을 위하여 타이·버마 사이에 만들어진 철도. 일본군과 동남아시아 각지에서 온 노동자, 영국군 포로를 대량으로 동원하여 건설했지만 많은 희생자가 나왔다.		○		泰緬 철도 언급 도입

_16_
일본 역사교과서 근대사 서술의 변화

앞의 내용과 같이 2011년 3월 검정을 통과한 7개 중학교 역사교과서의 서술 내용 가운데 한일관계 관련 근대사 서술 내용에 국한하고, 14개의 항목에 관한 서술에서 기존사용본과 어떠한 차이를 보이고 있는지 살펴보았다. 분석 대상의 선정이나 변화 양상의 평가에서 필자의 주관이 크게 작용했기 때문에, 본문에서 거론한 14개 항목 이외의 서술 내용이나 각 항목의 서술 변화에 대한 평가 결과에 대해 여러 가지 이론(異論)이 있을 수 있다. 하지만 개론적으로 보자면 분석 결과는 일본사회의 변화와 역사교과서 전반의 변화를 설명하기 위한 하부작업으로서 나름대로 의의를 가지고 있다고 본다. 개별 항목에 대한 분석 결과를 토대로 하여, 일본 역사교과서의 변화 양상을 종합하면 다음의 표 〈출판사별 항목별 변화〉와 같다.

표는 앞에서 언급한 출판사별 각 항목의 서술 내용 변화를 종합한 것이다. 이 표에 근거하여 보면, 대체로 이번 검정합격본 교과서가 근대 한일관계 관련 서술에서 기존사용본의 기조를 유지하는 경우가 많다고 할 수 있다. 그러나 변화의 방향에 주목해서 보면 전체적으로 진보적 변화보다는 보수적 변화가 상대적으로 강하게 나타나고 있다는 것을 알 수 있다. 모든 출판사가 서술 내용의 변화를 시도할 때에는 새로운 서술의 도입과 같은 과감한 변화를 꾀하기보다는 일부 문구와 문맥을 고치는 형태의 점진적 변화를 보이고 있는 점을 감안할 때, 일본 역사교과서 전반에 걸쳐 그 서술 내용이 점진적으로 보수화되어 가고 있다고 분명히 말할 수 있다.

〈출판사별 항목별 변화〉

항목	①도쿄서적			②일본문교			③제국서원			④교육출판			⑤시미즈서원			⑥자유사			⑦육봉사			계		
	진	무	보	진	무	보	진	무	보	진	무	보	진	무	보	진	무	보	진	무	보	진	무	보
1. 정한론		●			●		○				●			●				○			●	1	4	2
2. 강화도조약		●			●		○					○			○			○			○	1	2	4
3. 한반도위협설		●			●			●			●			●		●			●			2	5	0
4. 한반도근대화		●			●				○			○	○					●			○	1	2	4
5. 청일전쟁원인		●			●			●			●			●			●				○	0	6	1
6. 동학농민운동		●			●			●			●		●					●			●	1	4	2
7. 러일전쟁	○				●		○			○			○					●			●	4	1	2
8. 한국강제병합	○			○			○			○				●			●				●	4	2	1
9. 식민지개발론		●				●		●			●		○					●			●	1	3	3
10. 3·1독립운동			○			○	●			●			○				●			●		3	2	2
11. 관동대지진		●			●			●			●		○				●				○	1	5	1
12. 황민화정책	○			○			○					○			○			○		●		3	1	3
13. 전시여성동원		●				○		●			●				○			○		●		0	4	3
14. 대동아공영권		●		●			○					○			●			●	○			3	1	3
계 ●	0	10	0	1	8	1	1	6	0	1	7	0	1	4	1	1	4	5	1	3	5	6	42	12
계 ○	3	-	1	2	-	2	6	-	1	2	-	4	5	-	3	0	-	4	1	-	4	19	-	19

검토 항목을 중심으로 특징적인 변화를 살펴보면, 7개 교과서 가운데 그런대로 가장 진보적인 변화가 나타난 곳은 한국강제병합에 관한 서술 부분이다. 다른 항목에 비해 이 부분을 둘러싸고는 새역모 이외의 교과서에서 약간의 진보적인 변화들이 많이 보이는데 반하여 새역모 교과서 가운데 하나만이 보수적인 변화를 보이고 있기 때문이다. 2010년 한국강제병합 100년에 즈음하여 일본 정부가 총리담화를 통하여 병합의 강제성을 적극 인정하고 있는 점을 비롯하여 일본사회에서 그 강제성에 대해서는 대체로 인정하고 있는 것으로 보인다. 이에 대해서는 한국 정부도 긍정적으로 해석하고 있다. 하지만 한일 양국 정부와 민간 학자들 사이에서는 병합이 합법적인가 불

법적인가를 둘러싸고 여전히 서로 다른 견해가 존재한다.[54]

반면에 7개 교과서 전체에서 가장 보수적인 변화가 나타난 곳은 여성의 전시동원에 관한 서술 부분이다. ② 일본문교와 ⑤ 시미즈서원의 검정합격본이 새역모 교과서와 함께 보수적인 변화를 보이고 있고 나머지 교과서는 기존사용본의 서술 내용을 대체로 유지하고 있기 때문이다. 이미 기존사용본에서 '일본군 위안부'라고 하는 표현이 없어진 것에서 전혀 개선되지 않은 것이다. 나아가 2011년 검정합격본에서는 여성동원에 관한 언급이나 사진이 대거 삭제되었다. 여기에다가 새역모 교과서에서는 여학생들의 배웅을 받으며 출격하는 특공대에 관한 사진을 새로 혹은 추가로 게재함으로써 전쟁에 협력하는 여성상을 강조하는 반면, 강제로 동원되어 피해를 입은 식민지 등의 여성에 관한 역사적 사실을 축소하거나 은폐하고 있다.

마지막으로 출판사를 중심으로 하여 특징적인 변화를 살펴보자. 이번 7개 출판사 교과서 가운데 상대적으로 가장 진보적인 변화를 보이고 있는 것은 ③ 제국서원이다. 근대사 전체 14항목 가운데 7항목 관련 서술에서 진보적인 변화를 보이고 있기 때문이다. 특히 3·1독립운동에 관한 언급에서 다른 출판사의 교과서에 비해 보다 진보적인 서술을 도입한 것으로 나타났다. 제국서원의 교과서 다음으로는, ⑤ 시미즈서원, ② 일본문교 순으로 근대 한일관계에 관하여 진보적인 내용 변화를 보이고 있는 것으로 밝혀졌다. ① 도쿄서적의 교과서가 절대적으로 많이 채택되고 있는 현실을 감안할 때, 이 출판사가 검정합격본에서도 보수적 변화보다는 진보적 변화를 더욱 내보이고 있다는 점에서 아직은 일본의 역사교육계가 건전성을 유지하고 있다고 말할 수 있다.

한편 가장 보수적인 변화를 보이고 있는 교과서는 ⑥ 자유사의 것이다. 이것은 새역모 계열의 현행 교과서가 기본적으로 보수적인 내용을 담고 있는

---

54) 최영호, 『한일관계의 흐름 2010』, pp. 21-25.

가운데, 이 출판사의 검정합격본이 기존사용본보다도 더욱 더 보수적인 내용을 담고 있다는 것을 의미한다. ⑥ 자유사 검정합격본에서는 특히 동학농민운동, 러일전쟁, 식민지개발론, 관동대지진과 같은 부분의 서술에서 커다란 보수적인 변화를 보이고 있다. 그 뒤를 잇는 ⑦ 육붕사 교과서도 보수적 변화를 강하게 보이고 있으나, 돌출적으로 대동아공영권 부분에서 태면(泰緬)철도 건설에 따른 희생자에 관하여 언급하고 있어, ⑥ 자유사보다는 보수성이 덜한 것으로 평가되었다. 새역모 교과서 다음으로 보수적 변화를 보이고 있는 출판사는 ⑤ 시미즈서원과 ④ 교육출판이다.

근대 한일관계에 관한 서술에 한정지어 볼 때, 기존사용본에 비해 2011년 검정합격본이 점진적으로 보수적 변화를 보이고 있다는 것을 알 수 있다. 역사교과서에서 나타난 근대사 서술 내용의 변화는 오늘날 일본사회가 점진적으로 보수화 되어가고 있는 현상을 비추어 주는 하나의 거울이라고 생각한다.

Ⅳ. 2012년판 일본 중학교 역사교과서에 나타난 현대 한일관계

* 4장은 최영호 논문, 「2012년판 일본중학 역사교과서에 나타난 현대 한일관계」, 『일본공간』 제10집(2011년) 내용을 단행본 체제에 맞추어 재구성한 것이다.

_1_
역사교과서와 현대 한일관계

필자는 일본의 역사교과서 가운데 현대사 서술내용이 한일관계에 갖는 의미로서 두 가지를 생각하고 있다. 첫째는 교육적 의미로서 실제로 일본의 청소년(중학교 과정)에게 역사인식 문제, 국제외교 문제 등을 어떻게 교육하고 있는가 하는 것이며, 둘째는 정치적 의미로서 역사학계가 일본사회에서 인식하고 있는 현대 한일관계를 어떻게 교과서에 투영하고 있는가 하는 것이다.

이 가운데 필자는 후자의 정치적 의미가 보다 더 크다고 본다. 그것은 한국과 마찬가지로 일본에서 역사과목 수업에서 교과 진도 면에서 현대사 수업까지 커버하기가 어렵게 되어 있고 역사과목 시험에서도 현대사를 그다지 출제하지 않고 있어 일반 학생들의 관심을 끌기 어렵기 때문이다. 오히려 현대사 관련 교과서 서술내용은 일본사회가 과거사 문제, 국제관계 문제, 국가 내부의 소수자 문제 등에 관하여 어떠한 시선을 가지고 있는지, 즉 일본사회의 역사관을 알 수 있게 하는 거울과 같은 기능을 하고 있다고 보아야 한다.

현대 한일관계에 관하여 일본의 역사교과서가 어떻게 서술하고 있는지에 대해서는 1979년 강덕상(姜德相)의 연구를 필두로 하여[1] 한일 양국의 역사학계에서 수많은 비판적 분석이 이루어져 왔다. 2000년대에 들어 새역모 교과서가 한국사회에 커다란 관심거리가 되면서 한국의 연구자 가운데 일본 역사교과서의 현대사 서술내용을 분석한 연구가 나왔다.

대표적인 연구결과로 신주백과 박찬승의 논문을 꼽을 수 있다. 신주백 연구자는 지난 2005년 당시 8종의 일본 중학교 역사교과서 검정합격본을 분석

---

1) 金達壽・姜在彦・李進熙・姜德相, 『教科書に書かれた朝鮮』, 講談社, 1979, pp. 209-234.

한 연구논문에서, 부상사(扶桑社) 발행 새역
모 교과서의 문제점으로 '반공' 이념으로의
편향성, 특히 북한에 대한 적대적 서술을 가
장 중요한 특징으로 지적한 바 있다. 또한 나
머지 7종의 교과서에서도 일본의 보수 우경
화 현상과 연동되어 북한에 대한 부정적 서
술이 늘어난 반면 '전후처리' 관련 서술은 줄
어들었다고 보았다.[2]

강덕상 등, 1979, 표지

또한 같은 시기 박찬승 연구자는 새역모 교
과서 검정합격본을 분석한 연구논문에서, 과
거 일본의 침략전쟁을 '자존 자위를 위한 전쟁'이라고 정당화 하는 관점에서
도쿄재판에 대한 비판 서술이 강렬하게 나타났으며, 점령당국에 의한 평화 헌
법 '강요'를 비판하고 평화헌법 개정의 필요성을 주장했다고 지적한 바 있다.[3]

아울러 필자는 2007년의 논문을 통해 2개의 일본 중학교 역사교과서를 분
석대상으로 하여 전반적으로 한일관계에 관한 서술이 미흡하고 주변국과
경계인에 대한 언급이 부족하다는 점을 지적했다.[4]

한편 일본인 연구자들의 연구결과 가운데 일본의 역사교과서 내용을 분
석한 것으로 부분적으로 현대 한일관계를 다루고 있는 것은 무수히 많다. 그
중에 미우라 슈몽(三浦朱門)이 편찬한 중학교 역사교과서 분석 자료는 일본
현대사의 쟁점으로, 일본 패전, 시베리아 억류 문제, 평화헌법의 강제성, 도

---

2) 신주백, 「일본 중학교 역사교과서 2005년도 검정본 분석: 일제강점기 및 현대 한일관계를
중심으로」, 『한국근현대사연구』 제33집(2005년 여름호). pp. 224-226.

3) 박찬승, 「일본 중학교 역사교과서 근현대사 (1910년 이후) 서술과 역사관 분석: 후소샤판
교과서의 '전쟁' '식민지' 관련 서술을 중심으로」, 『한국사연구』 제129호(2005년 6월). pp. 300-
305.

4) 최영호, 「한국과 일본의 중고교 역사교과서에 나타난 현대 한일관계 관련 서술」, 『동북아
역사논총』 제17호(2007년 9월). pp. 187-217.

쿄재판의 공정성, 샌프란시스코 강화조약, 자위대, 전후처리 문제, 공산주의 등을 들고, 이러한 쟁점에 대한 균형 잡힌 서술을 강조했다. 비록 일본의 역사교과서의 문제점을 보수주의적 관점에서 파악하고 있기는 하지만, 역사교과서 분석 방법 측면에 있어서 참고할 만한 연구결과라고 생각한다.[5]

그리고 한국에서 출판된 것으로 오구시 준지(大串潤兒)의 연구는 비록 분석대상 교과서가 기존사용본 이전의 교과서이기는 하지만, 패전과 해방, 한국전쟁과 샌프란시스코 강화조약, 한일조약, 전후처리 문제를 주된 쟁점으로 설정하고 일본의 일부 고등학교 역사교과서를 분석하고 있어 현대 한일관계 관련 교과서 분석 방법을 고려하는 데 있어서 참고할 만하다.[6]

2011년 5월의 아시아평화와역사교육연대 주최 심포지엄에서 하종문 연구자는 새역모 계열의 두 교과서와 도쿄서적 교과서를 대상으로 하여, 천황중심사관의 강화, 반미성향의 강화, 제국주의 전쟁의 미화라고 하는 관점에서 새역모 교과서의 현대사 서술내용을 비판했다.[7] 2011년 6월에 열린 동북아역사재단 주최 학술회의에서는 남상구 연구자가 일본 초중고 교과서 전반에 걸친 독도 관련 서술을 추출하여 발표했는데, 그 가운데 부분적으로 2011년 검정통과 역사교과서 현대사 서술내용으로, 교육출판 교과서 251페이지 사진설명 내용, 제국서원 교과서 235페이지 지도 부분, 문교출판 교과서 259페이지 그림 부분을 소개한 바 있다.[8]

필자는 선행연구들을 토대로 하면서도 선행연구와는 달리 가능한 7개 교

---

5) 三浦朱門, 『全「歷史敎科書」を徹底檢証する』, 小學館, 2005.

6) 大串潤兒, 「일본 역사교과서의 현대 일한관계사연구」 한국역사교과서연구회 · 일본역사교육연구회편, 『역사교과서 속의 한국과 일본』, 혜안, 2000.

7) 하종문, 「일본 중학교 역사교과서의 근현대 일본사 기술 분석: 지유샤, 이쿠호샤, 동경서적을 대상으로」, 아시아평화와역사교육연대, 『2011년 일본 중학교 교과서 분석 심포지엄: 역사, 공민을 중심으로』(2011년 5월 20일). pp. 47-55.

8) 남상구, 「일본 교과서 독도 기술 추이와 현황」, 동북아역사재단, 『2011년도 검정통과 일본 중학교 교과서 심층 분석 국제학술회의 자료집』(2011년 6월 9일). pp. 19-48.

과서 전반에 걸친 내용을 면밀하게 살펴보고 전반적인 역사교과서 내용의 변화를 포착하는 데 역점을 두었다. 필자는 교과서 내용 변화를 통해 어느 정도 최근 일본사회의 변화 방향을 포착하고 설명할 수 있다고 생각한다.

이러한 점에서 여전히 채택률이 높은 것은 아니지만 오늘날 새역모 계열의 교과서 채택이 많아지고 있는 것은 일본사회의 보수화 경향을 단적으로 보여주고 있다고 본다. 2011년 8월말까지의 채택 결과를 보면 새역모 계열의 역사교과서 가운데 자유사 출판의 교과서가 0.05%에 그쳐 매우 저조한 채택률을 보인 반면에, 육붕사 출판의 교과서는 3.8%(약 45,000권)로 크게 약진한 것으로 나타났다.[9] 그 2년 전인 2009년에 새역모 교과서 채택률이 0.4%에 지나지 않았던 것이 비하면 2011년에 들어 새역모 교과서가 거의 10배에 가까운 채택률 증가를 보인 것이다.

현대사 서술 내용을 하면서 필자는 한일관계와 관련성이 있다고 판단하여 다음 표와 같이 주안점을 두고 검토했다.

〈분석대상 서술 내용과 주안점〉

항목	분석대상 서술 내용	주안점
1	한반도 해방	군정과 건국
2	패전 직후 일본인의 귀환	전쟁 · 식민지배 인식
3	재일한인의 존재	귀환과 재류
4	6.25 전쟁	경찰예비대 창설과 일본경제 부흥
5	샌프란시스코 강화회의	한국과 중국의 불참
6	한일국교정상화	기본조약과 경제협력
7	전후처리 문제	배상 · 보상과 역사인식
8	한일교류	외교관계와 민간교류
9	북한의 일본인 납치 문제	북일간 수교교섭과 대립

9) 아시아평화와역사교육연대, 「2011년 일본 우익교과서 채택율 4%는 무엇을 의미하나?」 (2011년 9월 16일). http://www.ilovehistory.or.kr/news

한반도 해방

일본 패전에 따른 한반도 해방을 언급하는 부분에서 모든 교과서가 기존 사용본과 별반 차이 없는 서술 내용을 유지하고 있다. 모든 교과서가 일본의 현대사 출발에서 패전과 점령에 지나치게 큰 비중을 두고 있다 보니,[10] 식민지 해방의 과도기적 현상이나 조선총독부의 잔무처리 상황에 대해서는 일체 언급을 하고 있지 않다. 새역모 교과서에는 기존사용본이나 검정합격본에서 모두 한반도 해방에 관한 언급을 아예 하고 있지 않다. 이것은 일본의 역사교과서 전반에 걸쳐 일본 패전의 역사를 제국의 해체 과정이라고 보는 관점이 미약하다는 것으로 해석된다.

교과서 출판사	서술내용의 차이		변화			주요 특징
	기존사용본	검정합격본	진보	무변	보수	
① 東京 서적	(207) 조선은 식민지로부터 해방되었지만 북위 38도선을 경계로 이북을 소련에게, 이남을 미국에게 점령당했고, 1948년에는 이북에 조선민주주의인민공화국(북조선)이, 이남에 대한민국(한국)이 성립했습니다.	(231) 조선은 일본의 패전으로 식민지로부터 해방되었지만 북위 38도선을 경계로 이남을 미국에게, 이북을 소련에게 점령당했습니다. 1948년 이남에 대한민국(한국), 이어서 이북에 조선민주주의인민공화국(북조선)이 성립했습니다.		●		남한 우선 서술로 변경
② 大阪 서적 / 일본 文敎	(182) 한편 조선에서는 일본의 지배로부터의 해방은 곧바로 남북분단으로 이어졌습니다. 북위 38도선으로 구분되어 북부를 소련, 남부를 미국이 군사점령한다고 하는 부자연스러운 형태로 전후가	(253) 일본의 패배에 의해 식민지로부터 해방된 조선에서는 북위 38도선을 경계로 북을 소련에, 남을 미국에 점령당했습니다. 1948년 미국 원조로 남부에 대한민국(한국)이 성립했고 이어서 소련의 지원으로 북부에 조		●		식민지 해방 서술 통합

---

10) 최영호, 「한국과 일본의 중·고교 역사교과서에 나타난 현대 한·일관계 관련 서술」, p. 197.

	시작된 것입니다. 원래 북위 38도선은 현지에서 일본군 항복의 접수와 무장해제를 미·소가 행하기 위하여 일시적으로 설정된 경계에 불과했던 것인데, 이윽고 조선을 남북으로 나누는 라인이 되어버린 것입니다. (187) 일본의 지배에서 해방된 조선에서도 냉전의 영향을 받아서 1948년 미국 지원으로 남부에 대한민국(한국)이 성립했고 이어서 소련의 지원으로 북부에 사회주의국가 조선민주주의인민공화국(북조선)이 만들어졌습니다.	선민주주의인민공화국(북조선)이 만들어졌습니다.				
③ 帝國 서원	(212) 일본의 식민지가 되었던 조선과 대만, 일본군에게 점령당했던 중국과 동남아시아 사람들은 마침내 해방되었습니다. (217) 제2차세계대전 후 조선은 미국과 소련에 의해 남북으로 분단되고 두 개의 국가가 성립되고 있었습니다. 대한민국(한국)과 조선민주주의인민공화국(북조선)입니다.	(219) 일본의 식민지가 되었던 조신과 내반, 일본군에게 섬녕당했던 중국과 동남아시아 사람들은 해방을 기뻐했습니다. (221) [BOX] 식민지의 독립: 일본 패전과 함께 조선과 대만에서도 독립의 목소리가 높아졌습니다. (233) 조선은 일본의 식민지지배로부터 해방되었지만 북위 38도선을 경계로 미국과 소련에 의해 남북으로 분단되었고 1948년에는 남쪽의 대한민국(한국)과 북쪽의 조선민주주의인민공화국(북조선)이 성립되었습니다.		●		위안부 관련 표현 없음
④ 敎育 출판	(207) 8월 15일은 조선을 비롯한 일본 식민지와 점령지 사람들에게 있어서는 민족해방의 날이 되었다. (212) 조선에서는 북위 38도선을 경계로 이남은 미군, 이북은 소련군에게 분단되었고 이남에는 대한민국(한국), 이북에는 조선민주주의인민공화국(북조선)이 만들어져 냉전이 긴장이 높아졌다. (207) [사진] 해방을 기뻐하는 조선 사람들 (191) [사진] 해방을 기뻐하는 조선 독립운동가	(207) 8월 15일은 조선을 비롯한 일본 식민지와 점령지 사람들에게 있어서는 민족해방의 날이 되었습니다. (235) 조선은 일본으로부터의 독립과 동시에 북위 38도선을 경계로 이남은 미군, 이북은 소련군에게 점령당했습니다. 1948년 이남에 대한민국(한국), 이북에 조선민주주의인민공화국(북조선)이 수립되어 아시아에서도 냉전이 긴장이 높아졌습니다. (223) [사진] 해방일의 조선(서울)		●		

⑤ 淸水 서원	(198) 조선은 1945년 8월에 일본의 식민지로부터 해방되었지만 북위 38도선을 경계로 이남은 미군, 이북은 소련군에 점령당했다.	(243) 일본의 패전은.... 조선과 대만, 일본의 점령지 사람들은 일본의 지배로부터 해방으로 받아들였다. (253) 조선은 1945년 8월에 일본의 식민지로부터 해방되었지만 북위 38도선을 경계로 이남은 미군, 이북은 소련군에 점령당했다.	●			
⑥ 自由社	(211) 8월 15일 정오, 라디오 玉音방송에서 국민들은 길었던 전쟁의 종결과 일본의 패전을 알게 되었다. 명치 이후 일본국민이 처음으로 체험하는 패전이었다.	(237) 8월 15일 정오, 라디오 옥음(玉音)방송에서 국민들은 길었던 전쟁의 종결과 일본의 패전을 알게 되었다. 근대일본이 처음으로 체험하는 패전이었다.	●			조선해방 관련 언급 없음
⑦ 育鵬社	(221) 8월 15일 정오, 라디오에서 天皇의 목소리를 녹음한 玉音방송이 전국에 흘렀고, 전쟁 종결이 알려졌습니다. 일본군은 무기를 놓았고 전쟁은 끝났습니다.		●			조선해방 관련 언급 없음

_3_
패전 직후 일본인의 귀환

이 부분에서는 교과서 전반에 걸쳐 매우 진보적인 방향으로의 변화를 감지할 수 있다. 새역모 이외의 교과서 가운데 ② 일본문교 교과서를 제외하고 나머지는 패전 후 일본인의 귀환에 관한 서술을 새로 도입하거나 상세하게 설명하는 진보적인 변화를 보이고 있는 것이다.

반면에 새역모 교과서에서는, ⑥ 자유사 교과서가 기존사용본과 같이 재산 상실과 귀환의 어려움에 초점을 두고 서술함으로써 기존사용본과 같이 일본의 전쟁에 대한 반성이 결여된 서술을 유지하고 있다. 나아가 ⑦ 육붕사는 군인의 무장해제와 민간인의 귀환이 시작되었다고 하는 간결한 언급에 그치고 있어, ⑥ 자유사 기존사용본의 서술보다도 약간 보수적인 방향으로 변화를 보였다고 평가된다.

교과서 출판사	서술내용의 차이		변화			주요 특징
	기존사용본	검정합격본	진보	무변	보수	
① 東京 서적	-	(226) 패전 후 식민지와 점령지에 있던 군인과 민간인이 일본에 돌아왔습니다. 그러나 복원과 귀환이 순조롭게 진행되지 않아 시베리아 억류와 중국잔류 일본인 고아 등의 문제가 발생했습니다.	●			귀환 문제 서술 도입
② 大阪 서적 / 일본 文敎	-	-		●		관련 언급 없음
	(213) 소련 참전 후에 포로가 되어 시베리아에 억류된 사람들 가운데도 많	(220-221) 패전 때 해외에 있던 군인과 민간인을 합하여 약 600만 명의 일본국민이 일본에 귀환하게 되었				

③ 帝國 서원	은 사망자가 나왔습니다. 중국에는 패전 후 만주에 서 육친과 생이별하고 중 국인에게 양육을 받은 수 천 명의 중국잔류 일본인 고아가 있습니다. ……전쟁터에서 돌아온 병사와 만주·조선·대만 등에서 귀환한 사람들 등 도 더해져 1945년 가을에 는 실업자가 1,400만 명일 라고 일컬어졌습니다.	습니다. 그러나 소련이 참전 후 점 령한 지역에 있던 일본 군인과 이민 단 남성 등 약 60만 명은 포로가 되 어 시베리아에 억류되었습니다(시 베리아억류). 심한 추위 가운데 노 동을 강요당해, 많은 희생자가 나왔 습니다. 1947년경부터 억류자의 귀 국이 시작되어 1956년까지 약 47만 명이 귀국했습니다. 중국에는 패전 후 '만주'에서 육친과 생이별하고 중 국인에게 양육을 받은 수천 명의 중 국잔류 일본인고아가 있습니다. 이 들의 육친 찾기는 1981년부터 시작 되었는데 신원이 판명된 사람은 별 로 되지 않습니다. ……전쟁터에서 돌아온 병사와 '만 주'·조선·대만 등에서 귀환한 사 람들 등도 더해져 종전직후에는 연 말 실업자가 600만 명을 넘는 것으 로 예측되었습니다.	●			귀환 문제 서술 구체화
④ 敎育 출판	-	(223) [사진] 일본가족과의 재회를 기뻐하는 잔류고아(1982년) (231) 폐허의 거리에는 실업자와 함께 군대소집이 풀린 병사와 해외에서 귀환 한 사람, 전쟁재난으로 부모를 잃은 고 아가 넘쳤습니다. (231) [사진] 만주에서 귀환해온 어 린이들	○			귀환 문제 부분 언급 일본 사회 문제 로만 파악
⑤ 淸水 서원	-	(248) 해외로부터의 귀환자와 복원병 이 가담하여 실업자도 많이 나왔다. (248) [註] 종전 후 해외에 있던 약 630만 군인과 민간인이 연이어 일 본에 귀환해왔다. 그러나 만주 등에 서 소련군 포로가 된 사람들은 시베 리아에 보내어져 강제노동에 종사 당했고 거기에서 5만 명 이상이 사 망했다. (248) [사진] 사할린으로부터의 복원 선 1946년 12월 (北海道 函館港)	●			귀환 문제 언급 도입
⑥ 自由社	(212) [사진] 중국에서 귀환 해 온 사람들: 장병 이외에 아시아 각 지역에서 살고 있던 일본인들도 귀국했 다. 이러한 사람들은 해외 에서 쌓은 재산을 거의 잃 고 귀환 도중에 죽거나 가 족을 잃은 사람도 많았다.	(244) [사진] 외지에서 귀환해온 사 람들: 장병 이외에 아시아 각 지역 에서 살고 있던 일본인들도 귀국했 다. 이러한 사람들은 해외에서 쌓은 재산을 거의 잃고 귀환 도중에 죽거 나 가족을 잃은 사람도 많았다.		●		
⑦ 育鵬社	(221) 전쟁터에서 군인의 복원과 민간인의 귀환이 시작되었습 니다.				○	귀환자 언급 축소

_4_
재일한인의 존재

이 부분에서는 교과서 전반에 걸쳐 진보와 보수의 서로 다른 변화가 보인다. 재일한인의 본국 귀환과 재류에 관하여 새역모 계열 교과서가 여전히 아무런 언급을 하고 있지 않은 가운데, 새역모 이외의 교과서는 진보와 보수 양쪽의 변화를 보이고 있다. 가장 진보적인 변화로 보이는 것은 ① 도쿄서적이 기존사용본에서 아무런 언급이 없다가 검정합격본에서 귀환과 재류 관련 서술을 새로 도입했다는 점을 들 수 있다. ③ 제국서원 교과서와 ⑤ 시미즈서원 교과서는 검정합격본에서 재일한인의 본국 귀환과 잔류 문제, 그리고 국적박탈 문제에 관하여 새로 언급하는 한편, 기존사용본에 들어있는 오늘날의 사회적 차별 문제는 삭제함으로써 진보와 보수 양쪽의 변화를 가져왔다.

또한 가장 보수적인 변화로서는 ② 일본문교 교과서가 기존사용본에 실린 재일한인 관련 사진과 이들에 대한 사회적 차별 문제를 검정합격본에서 모두 삭제한 점을 지적할 수 있다. 한편 ④ 교육출판 교과서는 기존사용본에 실었던 재일한인 관련 용어를 '재일외국인'이라는 용어로 대체시킴으로써 전달하고자 하는 내용을 희석시켰다. 이것을 필자는 약간 보수적인 변화로 해석했다.

앞서 패전 직후 일본인의 귀환과 관련하여 이번에 3개의 출판사 교과서가 새롭게 관련 서술을 도입한 것에 비하면, 2개의 출판사가 한인의 귀환에 관한 서술을 도입한 것이나, 새역모 계열 교과서가 일본인의 귀환을 언급하면서도 한인의 귀환에 관하여 여전히 침묵하고 있는 것은 재일한인의 문제에 관하여 전반적으로 보수적인 성격을 나타낸 것으로 해석된다.

교과서 출판사	서술내용의 차이		변화			주요 특징
	기존사용본	검정합격본	진보	무변	보수	
① 東京 서적	-	(226) 일본으로부터는 많은 조선인과 중국인이 귀국했습니다. 한편 일본국적을 상실하면서도 귀국지의 혼란 등의 이유로 일본에 머문 조선 사람들도 많이 있었습니다.	●			재일한인 존재에 관한 서술 도입
② 大阪 서적 / 일본 文敎	(200) 재일한국·조선인과 아이누 사람들에 대한 편견과 차별을 없애고 모든 사람들의 인권을 존중하는 사회를 구축하는 일이 한 사람 한 사람의 과제입니다. (203) [그림] 재일한국·조선인이 많이 거주하고 있는 지역(大阪市)	-			●	재일한인 관련 언급 없어짐
③ 帝國 서원	(223) 일본 국내에도 해결해야 할 문제가 많이 있습니다. 부락차별, 아이누 사람들과 재일한국·조선인에 대한 차별, 장애인·노인 등 사회적으로 약한 입장의 사람들에 대한 차별 등은 기본적 인권에 관련되는 중대한 문제입니다.	(235) [BOX] 재일코리안: 일본의 식민지정책 등에 따라 제2차세계대전 종결 때 일본에 있던 조선인은 약 200만 명으로 일컬어지고 있습니다. 태반의 사람들은 종전 후 곧 한반도로 귀국했지만 일과 가족일 등으로 일본에 잔류하는 사람도 60만 정도 있었습니다.	○			재일한인 귀환 잔류 서술 도입 그러나 재일차별 언급 삭제
④ 敎育 출판	(227) 또한 아이누 사람들이나 재일한국·조선인에 대한 차별과 편견도 마찬가지다.	(255) 아이누 사람들이나 재일외국인, 외국인노동자에 대한 차별과 편견을 없애는 것도 마찬가지입니다.			○	재일한인 직접 언급 삭제
⑤ 淸水 서원	(207) 재일외국인 등의 사람들이 풍요롭고 안심하며 살게 하기 위한 구체적인 시책이 요구되고 있다. 특히 재일한국·조선 사람들에 관하여 종래 역사의 바른 인식을 기반으로 하여 차별과 편견을 없애는 일이 필요하다.	(255) [註] 이 조약 발효와 함께 일본에 계속 거주해 오던 조선과 대만 사람들은 일본국적을 상실했다. (273) 일본에 사는 많은 외국인과 그 문화와 권리를 존중하며 양호한 관계를 쌓아가는 일이 요구되고 있다.	○			국적 박탈 문제점 서술 도입 재일한인 직접 언급 삭제
⑥ 自由社	-	-			●	관련 언급 없음
⑦ 育鵬社	-	-			●	관련 언급 없음

5

6.25 전쟁

  6.25 전쟁과 일본의 관계에 대하여, 7개 교과서 전부가 기존사용본과 검정합격본에서 모두 경찰예비대 창설과 일본 경제 부흥과의 관련성을 언급하고 있다. 이 부분에 관한 서술에서는 전반적으로 진보든 보수든 어느 쪽의 변화도 찾아내기 어렵다.

| 교과서 출판사 | 서술내용의 차이 | | 변화 | | | 주요 특징 |
	기존사용본	검정합격본	진보	무변	보수	
① 東京 서적	(208) 1950년 조선전쟁이 시작되자 일본본토와 오키나와의 미군기지가 사용되었고 대량의 군수물자 조달도 일본에서 이루어지게 되었습니다. 그 때문에 일본경제는 호경기를 맞았고(특수경기), 경제부흥이 앞당겨졌습니다. 재일미군이 조선전쟁에 출동하자 GHQ지령으로 경찰예비대가 만들어졌으며 그것이 점차 강화되어 1954년에는 자위대가 되었습니다.	(232) 1950년 조선전쟁이 시작되자 일본본토와 오키나와의 미군기지가 사용되었고 대량의 군수물자가 일본에서 조달되었습니다. 일본경제는 호경기(특수경기)가 되었고 경제부흥이 앞당겨졌습니다. 또한 재일미군이 조선전쟁에 출병하자 GHQ지령으로 경찰예비대가 만들어졌습니다. 그것은 점차 강화되어 1954년에는 자위대가 되었습니다.		●		
② 大阪 서적 / 일본 文敎	(188-189) 조선전쟁이 일어나자 미국은 일본 본토와 오키나와의 미군기지를 사용하고 대량의 물자를 일본에 발주했습니다. 그 때문에 일본경제는 호경기가 되었고 부흥이 앞당겨졌습니다. 또한 미국은 미군이 조선에 출동한 후의 일본 국내 치안을 유지하기 위한다는 이유로 1950년 일본 정부에게 경찰예비대를 만들게 했습니다. 이것이 나중에 강화되어 자위대가 되었습니다.	(254) 조선전쟁이 일어나자 미국은 일본 본토와 오키나와의 미군기지를 사용하고 대량의 물자를 일본에 발주했습니다. 그 때문에 일본경제는 호경기가 되었고 부흥이 앞당겨졌습니다. 또한 미국은 미군이 조선에 출동한 후의 일본 국내 치안을 유지하기 위한다는 이유로 1950년 일본 정부에게 경찰예비대를 만들게 했습니다. 이것이 나중에 강화되어 자위대가 되었습니다.		●		

③ 帝國 서원	(217) 1950년 6월 북조선군이 조선을 통일하려고 북위 38도선을 넘었기 때문에 전쟁이 되었습니다(조선전쟁). 이 전쟁으로 미군이 일본의 기지를 사용하고 일본이 군사물자 등의 생산을 인수하게 되어 특수가 생겼으며 경제부흥이 진척되었습니다. 조선전쟁이 시작되자 곧 총사령부 지시에 의하여 치안유지를 위하여 경찰예비대(나중 자위대)가 만들어졌습니다.	(233) 1950년 6월 북조선군이 조선을 통일하려고 한국을 공격하여 조선전쟁이 시작되었습니다…… 조선전쟁이 시작되자 총사령부는 일본 정부에 지시하여 치안유지를 위해 경찰예비대(나중 자위대)를 만들게 했습니다, 일본은 미군이 전쟁에 필요로 하는 군사물자 등의 생산을 인수하게 되어(조선특수), 경제부흥이 진척되었습니다. 이렇게 하여 일본은 냉전체제에 끼어들어갔습니다.		●		재일한인귀환잔류서술도입 그러나 재일차별언급삭제
④ 教育 출판	(213) 재일미군이 조선전쟁에 출방하자 지령에 의해 경찰예비대가 만들어졌다.	(237) 조선전쟁이 시작되자 미국은 일본본토와 오키나와의 미군기지를 이용하여 출병하고 모포·철선·트럭 등 대량의 군수물자를 일본에 주문했습니다. 이에 따라 일어난 특수(특수수요)경기는 일본의 경제를 활기차게 했고 전후부흥을 앞당기는 역할을 수행했습니다. 또한 개전직후 총사령부의 지령에 따라 일본에 경찰예비대가 신설되었습니다. (239) 일본경제는 조선전쟁의 특수경기를 계기로 활기가 붙었고 정부가 전력·조선·철강 등 경제중심 산업에 자금을 투입하면서 급속하게 기술혁신이 추진되었습니다.		●		경제영향언급강화
⑤ 淸水 서원	(200) 이 조선전쟁 사이에 일본에는 미군의 군수품 생산·수리·수송의 주문이 쇄도하여 일본경제는 호경기(특수경기)가 되어 이를 계기로 경제는 상향되었다.	(254) 이 전쟁 사이에 일본에는 미군의 군수품 생산·수리·수송의 주문이 쇄도하여 일본경제는 호경기(특수경기)가 되어 이를 계기로 경제는 상향되었다.		●		
⑥ 自由社	(217) 일본에 주둔하는 미군이 조선에 출동한 뒤의 치안을 지키기 위하여 일본은 GHQ 지령에 따라 경찰예비대를 설치했다. 또한 일본은 유엔군에게 많은 물자를 공급했으며 그 생산으로 일본경제는 숨을 돌렸다(조선특수).	(249) 일본에 주둔하는 미군이 조선에 출격한 뒤의 치안을 지키기 위하여 일본은 GHQ 지령에 따라 경찰예비대를 설치했다. 또한 일본은 유엔군에게 많은 물자를 공급했으며 그 생산으로 일본경제는 숨을 돌렸다(조선특수).		●		
⑦ 育鵬社	(233) 조선전쟁이 발발하고 주류하고 있던 미군이 한반도에 출동하자 GHQ는 일본 정부에 경찰예비대를 조직하는 지령을 냈습니다. 경찰예비대는 그 후 보안대를 거쳐서 자위대로 발전했습니다. 또한 조선전쟁으로 미군이 우리나라에 대량의 군수품을 주문함에 따라 일본경제는 급속하게 회복하기 시작했습니다(조선특수).			●		

6

샌프란시스코 강화회의

샌프란시스코 강화회의를 한일관계와 연관시킬 경우, 이승만 정부의 의도와는 달리 한국이 배제되었다는 점이 언급되어야 한다. 그러지 않고서는 신생 한국이 독도 영유권 문제나 전후처리 문제에 관하여 국제적인 해결의 기회를 상실하고 단독으로 힘겹게 일본과 교섭해야 했던 사실을 이해하기 어려울 것이다.

① 도쿄서적의 경우 검정합격본에서 강화회의 불참 국가 문제를 도입하기 시작했는데, 이때 중국에 대해서만 언급을 하고 있고 한국의 불참 문제는 언급하지 않고 있다. ③ 제국서원의 교과서가 중국과 한국이 모두 강화회의에 초청받지 못한 문제를 언급하기 시작함으로써 가장 진보적인 변화를 보이고 있다. 그 외의 교과서 가운데 새역모를 제외하고는 기존사용본에서와 같이 중국에 대해서는 불참 문제를 언급하고 있으며, 새역모 교과서는 중국과 한국을 모두 언급하지 않고 있다.

교과서 출판사	서술내용의 차이		변화			주요 특징
	기존사용본	검정합격본	진보	무변	보수	
① 東京 서적	(209) 강화회의는 1951년에 샌프란시스코에서 열렸으며 일본은 미국 등 48개국과 샌프란시스코 평화조약을 체결했습니다. ......강화조약에서는 일본인 거액의 배상금 지출을 견딜 수 없다는 이유로 태반의 국가들이 배상을 요구하지 않았습니다. 또한 일본이 침략한 아시아 국가들과의 사이	(232-233) 1951년 요시다 내각은 미국 등 48개국과 샌프란시스코 평화조약을 체결했습니다. 그러나 동방측 국가들과 일본이 침략한 아시아 국가 대부분과의 사이에서는 강화가 실현되지 않았습니다. ....이 강화회의에 중국은 초청되지 않았고, 인도와 버마는 출석을 거부하였고 소련은 출석은 했지만 조약에 조인하지 않았	○			중국 불참 언급 그러나 한국 불참 언급 없음

	에서도 경제협력을 배상에 대체하는 일이 많이 행하여 졌습니다.	다. 또한 동남아시아에는 일본이 경제상 이유로부터 배상을 경감받은 것에 불만을 가지고, 조인한 조약의 승인을 미룬 국가들과 승인을 하지 않은 국가도 있었습니다.				
② 大阪 서적 / 일본 文敎	(189) 중국은 강화회의에 초대받지 못하고 인도·버마는 미군의 일본주둔을 그만둘 것과 沖繩·小笠原諸島 등을 일본에 반환하는 일이 조약에 없다는 것을 이유로 하여 조약에 반대하고 참가하지 않았습니다. 또한 소련 등은 중국 등을 회의에 참가시킬 것, 일본이 교전국 어디와도 군사동맹을 맺지 않을 것 등을 주장하고 조인을 거절했습니다.	(255) 중국은 강화회의에 초대받지 못하고 인도·버마는 미군의 일본주둔을 그만둘 것과 沖繩·小笠原諸島 등을 일본에 반환하는 일이 조약에 없다는 것을 이유로 하여 조약에 반대하고 참가하지 않았습니다. 또한 소련 등은 중국 등을 회의에 참가시킬 것, 일본이 교전국 어디와도 군사동맹을 맺지 않을 것 등을 주장하고 조인을 거절했습니다.	●			한국 불참 언급 없음
③ 帝國 서원	(217) 1951년 9월 샌프란시스코 강화회의에서 일본은 미국을 중심으로 하는 자본주의 국가들과의 사이에 평화조약을 맺고 독립을 회복했습니다.	(234) 1951년 샌프란시스코 강화회의가 열려 요시다 내각은 미국을 중심으로 하는 48개국 자본주의 국가들과의 사이에 샌프란시스코평화조약을 맺었습니다. 이에 따라 일본은 독립을 회복했습니다. (234) [註] 회의에 초대받은 것은 55개국이었습니다만…… 중국과 조선은 회의에 초대받지 않았습니다. (239) 샌프란시스코 평화조약이 맺어지고도 일본과 대한민국(한국)·중화인민공화국과의 사이에는 국교가 없었습니다.	●			한국 불참 언급 도입
④ 敎育 출판	(214) 그러나 중국은 초대되지 않고 인도·버마는 참가하지 않았으며 소련 등 3개국은 조인을 거부했다. (214) [BOX] 왼쪽은 샌프란시스코에서 열린 강화회의에 참가하지 않은 국가와 반대한 국가의 주장입니다 [한국언급 없음]	(238) 그러나 전쟁의 최대 피해국인 중국은 초대되지 않고 인도·버마는 참가하지 않았으며 소련 등 3개국은 조약초안에 반대하고 조인을 거부했습니다. (238) [BOX] 강화회의에 참가하지 않은 국가와 반대한 국가의 주장 [한국언급 없음]	●			한국 불참 언급 없음
⑤ 淸水 서원	(201) [註] 샌프란시스코 강화회의에서는 소련·폴란드·체코슬로바키아가 조인은 거부했으며, 중화인민공화국은 회의에 초대되지 않았고 인도·미얀마(당시 버마)는 출석하지 않았다.	(255) [註] 샌프란시스코 강화회의에서는 소련·폴란드·체코슬로바키아가 조인은 거부했으며, 중화인민공화국은 회의에 초대되지 않았고 인도·버마(당시)·유고슬라비아(당시)는 출석하지 않았다.	●			한국 불참 언급 없음

⑥ 自由社	(217) 1951년 9월 샌프란시스코에서 강화회의가 열려 일본은 미국을 중심으로 자유주의진영 등 48개국과 샌프란시스코 강화조약을 맺었다.	(217) 1951년 9월 샌프란시스코에서 강화회의가 열려 일본은 미국을 중심으로 자유주의진영 등 48개국과 샌프란시스코 강화조약을 맺었다.	●	불참국 관련 언급 없음
⑦ 育鵬社	(233) 1951년 9월 샌프란시스코에서 강화회의가 열려 우리나라는 자유주의 국가 등 48개국과의 사이에 샌프란시스코 평화조약을 체결하고 이듬해 4월 28일 주권을 회복했습니다.		●	불참국 관련 언급 없음

7

한일 국교정상화

　한일 국교정상화 회담이나 기본조약에 관하여 7개 교과서 모두가 기존사용본과 검정합격본에서 이를 언급하고 있다. ② 일본문교와 ⑤ 시미즈서원의 교과서가 기존사용본과는 달리 식민지지배 반성 문제, 조약에 대한 반대운동, 경제 원조 문제를 언급함으로써 서술 내용에서 진보적인 변화를 보이고 있다. 이를 제외하면 나머지는 기존사용본의 서술을 그대로 유지하고 있는 것으로 생각된다. 한일 국교정상화 문제와 관련하여 ⑥ 자유사 교과서가 북일수교 문제를 전혀 언급하고 있지 않으며, ① 도쿄서적과 ⑦ 육붕사의 교과서는 경제협력(청구권) 문제를 언급하지 않고 있다.

　지엽적인 문제일지 모르겠지만, ② 일본문교 교과서의 검정합격본은 한일교섭 개시시기를 1952년부터로 보았으며 이에 대해서 검정과정에서 아무런 수정 의견도 제시되지 않았다. 이것은 1952년 2월에 시작된 제1차 회담 본회의를 염두에 둔 서술이라고 생각되는데 이미 1951년 10월에 시작된 예비회담에서 향후 회담에서의 교섭 방식이 결정된 바 있다.

교과서 출판사	서술내용의 차이		변화			주요 특징
	기존사용본	검정합격본	진보	무변	보수	
① 東京 서적	(211) 일본은 1965년 한국과 한일기본조약을 맺고 한국 정부를 한반도에 있는 단 하나의 합법적인 정부로 승인했습니다.	(235) 한국과는 1965년에 한일기본조약을 맺고 한국 정부를 한반도의 유일한 정부로 승인했습니다.		●		경제협력 관련 언급 없음

				●		
② 大阪 서적 / 일본 文敎	(193) 미군이 베트남전쟁에 본격적으로 참가한 1965년에는 정부는 한일기본조약을 맺고 대한민국정부가 '조선에 있는 유일하고 합법적인 정부'라고 인정하고 경제협력 등을 약속했습니다. 이렇게 하여 일본·한국·미국의 정부간 관계가 강화되었습니다. (193) [그림] 한일기본조약에 반대하는 한국의 학생: 이 조약 조인에는 한일 양국 내에서도 반대가 많았고 도쿄와 서울에서 대규모 반대운동이 일어났습니다.	(258) 1965년 6월 정부는 대한민국정부와의 사이에 한일기본조약을 맺었습니다. 양국의 관계를 정상화하자고 하는 한일회담이 미국의 알선으로 1952년에 시작되었으며, 일시중단을 포함하면서 7차에 걸쳐 행하여졌고 조약체결까지 13년을 필요로 했습니다. 조약 가운데, 정부는 대한민국정부가 조선에 있는 유일하고 합법적인 정부라고 인정하고 경제협력 등을 약속했지만, 전쟁전 식민지 지배의 반성과 사죄는 언급하지 않았습니다. 이렇게 하여 일본·한국·미국의 정부간 관계가 강화되었습니다.		●		*1952년? (1951.10) *13년? (14년) 식민 지배 사죄 관련 언급 도입 조약 반대 언급 퇴출
③ 帝國 서원	(220) 1965년 베트남전쟁이 격해지자 동아시아 안정을 원하는 미국의 강한 요청으로 일본은 대한민국과 한일기본조약을 맺고 국교를 정상화했습니다, 그러나 조선민주주의인민공화국과는 아직 국교가 없습니다.	(239) 한국과의 교섭은 1960년대부터 있었지만 미국의 강한 요청 아래 1965년 일본은 한국과 한일기본조약을 맺고 국교를 정상화했습니다, 조선민주주의인민공화국과는 아직 국교가 없습니다.		●		경제 협력 관련 언급 없음
④ 敎育 출판	(222) 1965년 일본은 한국과 한일기본조약을 맺고 국내외 반대를 누르고 한국 정부를 조선에 있는 유일한 합법정부로 인정하고 경제협력을 추진했다. 그러나 북조선과의 국교는 아직 열리고 있지 않다.	(222-223) 1965년 일본은 한국과 한일기본조약을 맺고 한국 정부를 한반도에서 유일한 합법정부로 인정하고 경제협력을 추진했다. 그러나 북조선과의 국교는 현재에도 열리지 않은 상태로 되어 있습니다.		●		
⑤ 淸水 서원	(204) [BOX] 1965년 일본은 대한민국을 조선에 있는 유일한 합법정부로서 한일기본조약에 조인하고 국교를 회복했다. 한편 조선민주주의인민공화국과의 사이에는 냉전 가운데 국가로서 관계를 차단되어 있었지만 1991년 양국에 의한 국교정상화 교섭이 시작되었다.	(265) 한국과의 국교정상화 교섭은 식민지지배에 대한 양국의 인식 차이도 있어서 쉽게 나아가지 않았다. 그러나 한국에 일본과의 관계 개선을 꾀하여 경제개발을 추진하고 북조선과 대항하려고 하는 정권이 생기면서 교섭은 진전되었으며, 1965년에 한일기본조약이 조인되었다. 과거 식민지지배를 위한 조약이 무효라고 하는 것이 확인되었다. 또한 이 조약과 함께 일본은 한국에게 경제원조를 행하기로 약속했다. 한편 북조선과 일본과의 관계는 '두 개의 세계' 대립 아래에서 차단된 상태가 되었다.		●		한일 수교 본문에 대폭 증가 언급

		(265) [사진] 한일기본조약 체결 (1965년 6월) (265) [註] 1991년에 양국에 의한 국교정상화 교섭이 시작되었지만 중단되었다.		기본 조약 내용 소개
⑥ 自由社	(221) 1965년에는 일본은 한국과 한일기본조약을 맺고 국교를 정상화했으며 유상 2억달러, 무상 3억달러의 경제협력을 약속했다.	(253) 1965년에는 일본은 한국과 한일기본조약을 맺고 국교를 정상화했으며 유상·무상 5억달러의 협력금을 한국에 지불했다.	●	북일 수교 관련 언급 없음
⑦ 育鵬社	(238) 우리나라는 1965년 한국과 한일기본조약을 맺고 국교를 회복했으며 한국 정부를 한반도에 있는 단 하나의 합법적인 정부로 인정했습니다.		●	경제 협력 관련 언급 없음

8

전후처리 문제

　한일간 전후처리 문제에 관하여 검정합격본 7개 교과서 가운데 ④ 교육출판과 ⑥ 자유사의 교과서가 이 문제에 관한 언급을 하고 있어 주목된다. 특히 ⑥ 자유사 교과서는 기존사용본과는 달리 일본이 지불한 국가배상을 언급하는 가운데 한국에게 제공한 청구권 자금에 관하여 서술하고 있다. 반면에 ① 도쿄서적, ⑤ 시미즈서원, ⑦ 육붕사의 교과서는 기존사용본과 마찬가지로 검정합격본에서 이를 언급하지 않고 있다.

　보수적인 변화로 생각되는 것 가운데, ② 일본문교와 ③ 제국서원의 교과서에서는 기존사용본에서 일본의 금후 과제로서 제기되었던 전후처리 관련 언급이 검정합격본에서 사라졌다는 것을 지적할 수 있다. 이와 함께 ③ 제국서원과 ④ 교육출판의 교과서에서 기존사용본에서 사용한 '강제연행'이라는 용어가 삭제되었다는 점을 들 수 있다. 결과적으로 전후처리 문제와 관련하여 ③ 제국서원의 교과서가 가장 보수적인 변화를 보이고 있는 것으로 해석된다. 7개 교과서 전체에서 전후처리 문제를 소극적으로 다루게 되었다고 하는 보수적 방향의 변화를 읽어낼 수 있다.

교과서 출판사	서술내용의 차이		변화			주요 특징
	기존사용본	검정합격본	진보	무변	보수	
① 東京 서적	-	-		●		전후 처리 문제 언급 없음

② 大阪 서적 / 일본 文敎	(176) 일본 정부는 전쟁 배상 문제가 해결되었다고 하고 있는데, 廣島·長崎에서 피폭된 조선 사람들(생존자 약 2,300명)의 치료와 생활보장 등을 요구하는 소송이 지금도 있습니다. 또한 일본군에 동원된 조선과 대만 사람들에 대한 보상, 강제연행된 조선과 중국 사람의 생사확인과 임금미지급분 청구, 일본군이 아시아에서 발행한 군표의 보상요구 등 소송이 전후 60년 가까이 되어서도 일어나고 있습니다. (200) 전후 약 60년의 지금도 여전히 일본의 전쟁 희생이 된 사람들에 대한 보상이 문제로서 남아 있다는 것을 잊어서는 안됩니다.	-			●	전후 처리 관련 언급 없어짐
③ 帝國 서원	(221) 일본이 전쟁 중 식민지 지배를 행한 국가들과의 관계에 대한 보상·배상에 대하여 정부는 강화조약 등으로 결착되었다고 하며 개인보상 청구를 거절해왔습니다. 그러나 전시중에 강제연행된 조선과 중국 사람들의 모습이 밝혀짐에 따라 그 사람들에 대한 책임 문제가 추궁되고 있습니다. 또한 전쟁에 대한 인식을 둘러싸고도 근린제국으로부터 엄중한 눈이 쏠리게 되었습니다. 근린제국과의 참 우호관계를 쌓기 위해서 이제부터도 우리들은 일본의 입장을 자각하고 어떻게 할 것인지 생각할 필요가 있습니다.	(239) 일본이 태평양전쟁중 식민지 지배를 행한 국가들에 대한 보상·배상에 대하여 정부는 평화조약 등으로 해결이 끝났다고 하며 개인보상 청구를 거절해왔습니다. 그러나 전시하의 조선과 중국 사람들의 모습이 밝혀짐에 따라 그들에 대한 책임 문제가 재판에서 다루어져왔습니다. 또한 전쟁에 대한 인식을 둘러싸고도 근린제국으로부터 엄중한 눈이 쏠리게 되었습니다.			●	강제 연행 용어 삭제 일본의 과제 언급 없어짐
④ 敎育 출판	(221) 태평양전쟁이 끝나고 55년 이상 지난 현재에도 아직 전쟁의 상처는 완전히 아물지 않았다. 아시아 각지의 피해자가 일본에서도 재판을 제기하고 있다… (225) 현재 전쟁피해 보상을 요구하는 아시아 사람들의 목소리는 크게 퍼지고 있다. 거기에는 강제연행·강제노동 피해자 등이 포함되어 있다…	(251) 일본과 동아시아 국가와 지역 사이에는 지난 전쟁과 식민지지배를 둘러싼 보상 문제, 영토 문제, 환경 문제 등 갖가지 과제도 남아있습니다. (251) [註] 일본 정부는 샌프란시스코 평화조약과 각국과의 배상협정에 의해 '국가간 보상 문제는 완전히 해결이 끝났다'고 보고 있습니다. 그러나 전쟁으로 피해를 입은 개인에 대해서는 현재도 아시아국가들로부터 일본의 가해에 대해 보상을 요구하는 움직임이 계속되고 있습니다.			○	강제 연행 용어 삭제

⑤ 清水 서원	-	-	●	전후 처리 문제 언급 없음
⑥ 自由社	-	(250) [도표] 전후보상 금액: 국가배상과 기타 경제기술원조 한국, 무상 1,080억 엔, 유상 720억 엔, 1965년	○	지불한 국가 배상 언급
⑦ 育鵬社	-	-	●	전후 처리 문제 언급 없음

_9_
한일 교류

　한일간 교류에 관하여 7개 검정합격 교과서 가운데 ④ 교육출판을 제외하고는 이와 관련한 서술이 없어졌거나 기존사용본과 같이 침묵을 유지하고 있다. ① 도쿄서적, ② 일본문교, ③ 제국서원의 교과서는 기존사용본에서 관련 서술이 게재되었는데, 2011년 검정합격본에서는 관련 서술이 삭제되어 있다. ④ 교육출판 교과서의 경우는 한편으로 사진을 통해 한일교류에 관한 언급을 하면서도, 다른 한편으로는 BOX 서술을 통해 한국과 영유권 분쟁이 있다고 하는 것을 강조함으로써 보수와 진보 양면의 변화를 보이고 있다. 한일관계 관련한 서술에서 일본교과서 전체적으로 보수적인 변화를 보이고 있는 것으로 판단할 수 있는 대목이다.

교과서 출판사	서술내용의 차이		변화			주요 특징
	기존사용본	검정합격본	진보	무변	보수	
① 東京 서적	(213) 1998년에 한국의 대통령이 일본을 방문하고 그후 우호관계가 강화되고 있습니다.	-			○	한일 교류 관련 언급 없어짐
② 大阪 서적 / 일본 文敎	(177) [그림] 2002년 축구 월드컵 한일공동 개최 결정	-			○	한일 교류 관련 언급 없어짐

③ 帝國 서원	(221) [그림] 일본과 아시아국가 유학생 　　　일본과 아시아국가와의 여행자수 (221) [그림] 한일공동주최 축구 월드컵: 최초의 공동 주최가 되어 일본과 한국의 각지에서 시합이 개최되었습니다.	(239) [그림] 중일우호를 위해 일본에 보내진 팬더(東京都　上野 동물원 1972년)	○		한일 교류 관련 언급 없어짐
④ 敎育 출판	(223) [사진] 해외여행 붐: 1970~80년대에 걸쳐 생활스타일도 크게 바뀌었다. 엔고로 레저와 해외여행이 붐이 되었다. 지금 그 풍성함의 의미가 문제시되고 있다.	(251) [사진] 일본과 한국이 공동으로 개최한 축구 월드컵 대회 개회식, 양국의 서포터 들의교류 (2002년) (251) [BOX] 영토 문제를 둘러싸고~북방영토와 竹島, 尖閣諸島: …竹島(島根縣)와 尖閣諸島(沖繩縣)도 일본고유의 영토입니다. 日本海에 위치하는 竹島에 대해서는 한국과의 사이에 그 영유권을 둘러싸고 주장 차이가 있으며 미해결 문제가 되고 있습니다.	○		한일 교류 언급 도입 또한 영토 문세 언급 도입
⑤ 淸水 서원	-	-		●	관련 언급 없음
⑥ 自由社	-	-		●	관련 언급 없음
⑦ 育鵬社	-	-		●	관련 언급 없음

10

일본인 '납치' 문제

 북한의 일본인 '납치' 문제와 관련하여, 7개 교과서 모두가 2011년 검정합격본 즉 2012년판에서 이 문제를 언급하고 있는 것은 일본사회의 보수화 경향에 따른 것이든지, 아니면 보수화 경향을 주도하는 것이든지, 보수적 변화를 잘 나타내는 현상이라고 할 수 있다. 특히 ② 일본문교, ③ 제국서원, ④ 교육출판의 교과서는 검정합격본에서 처음으로 '납치' 문제를 서술하기 시작했다. 그리고 ① 도쿄서적과 ⑦ 육봉사 교과서는 기존사용본에 비해 그 내용을 확대 서술하고 있다. ⑥ 자유사의 경우에는 기존사용본과 같은 내용을 유지하고 있기는 하지만, 북일간 국교정상화에 관하여 전혀 언급이 없는 가운데 오로지 '납치' 문제만을 언급하고 있어 북한과의 대립적인 자세를 선명히 했다.

교과서 출판사	서술내용의 차이		변화			주요 특징
	기존사용본	검정합격본	진보	무변	보수	
① 東京 서적	(213) 한편 북조선과는 국교가 없는 상태였지만 2002년 총리대신 小泉純一郎이 평양을 방문하여 국교정상화 등의 교섭을 촉진하기로 합의했습니다. 그러나 납치 문제 등도 있어서 그 후 교섭은 난항하고 있습니다.	(240) 다수의 일본인을 불법으로 납치한 것이 밝혀진 북조선과의 관계도 어려운 문제입니다. 납치 문제: 피해자 중 5명이 2002년에, 그 가족이 2004년에 북조선에서 귀국했지만, 여전히 문제는 해결되고 있지않고 국교정상화 움직임도 진전되고 있지 않습니다.			○	납치 문제 언급 확대
② 大阪 서적 / 일본 文教	-	(258) 2002년에는 처음으로 처음 북일정상회담이 행하여져 국교정상화 교섭재개를 포함한 조일평양선언이 발표되었습니다. 이 회담 가운데 북조선측이 일본인의 납치사실을 인정했습니다. 그 후 북일 국교정상화를 향한 교섭은 진전되고 있지 않습니다.			●	납치 문제 언급 도입

출판사					
		(263) [그림] 북조선에서 귀국한 납치피해자(2002년): 소식이 불분명한 납치피해자도 많으며 이 문제는 현재도 미해결 상태 그대로입니다.		●	
③ 帝國서원	-	(244) 이 가운데 북조선에 의한 일본인 납치 문제가 밝혀지는 등 근린제국과의 관계에는 많은 과제도 있지만 그 중요성은 점차 높아지고 있습니다. (244) [사진] 납치피해자 귀국: 북조선에 의해 일본에서 납치된 피해자 가운데 5명이 2002년, 24년만에 귀국했습니다. 그 외의 피해자에 관한 더 많은 정보 공개·귀국이 요구되고 있습니다.		●	납치 문제 언급 도입
④ 敎育출판	-	(251) 또한 2002년 일본의 小泉純一郎 수상이 북조선을 방문하여 조일정상회담을 행하였으며 양국은 국교정상화를 지향하는 조일평양선언에 서명했습니다. 회담에서 북조선측은 일본인 납치 사실을 인정하고 사죄했으며 이윽고 일부 납치피해자의 귀국이 실현되었습니다. 그러나 아직 행방을 모르는 피해자도 많이 있기 때문에 일본 정부는 그 소식과 귀국을 요구하는 교섭을 계속하고 있습니다. (252) [사진] 북조선에서 귀국한 납치피해자(2002년)		●	납치 문제 언급 도입
⑤ 淸水서원	(205) [註] 2002년 9월 일본수상이 訪朝하여 처음으로 조일정상회담이 이루어졌고 정상화 교섭이 재개되었다. 하지만 북조선에 의한 일본인 납치사건의 전면해결 등의 문제가 있어서 국교정상화는 실현되고 있지 않다(2004년 9월 현재).	(265) [註] 2002년 9월 처음으로 일본수상이 訪朝하여 조일정상회담이 이루어졌지만 북조선에 의한 일본인 납치사건이 해결되지 않은 것과 북조선 핵 문제도 있어서 교섭은 진행되고 있지 않다.		●	
⑥ 自由社	(225) [사진] 북조선에 납치되어 귀국한 사람들: 1970년대부터 동해측을 중심으로 일반인이 갑자기 행방불명이 되는 사건이 다발했다. 2002년 9월 평양을 향해 간 일본	(263) [사진] 북조선에 납치되어 귀국한 사람들: 1970년대부터 동해측을 중심으로 일반시민들이 갑자기 행방불명이 되는 사건이 다발했다. 2002년 9월 평양을 향해 간 일본의 小泉 수상에 대해 북조선은 일본인을 납치한 사		●	

	의 小泉 수상에 대해 북조선은 일본인을 납치한 사실을 시인했다. 그 후 납치피해자 일부가 귀국했는데 지금도 납치되었다고 하는 다수 일본인의 소식이 불분명하며 문제는 해결되고 있지 않다.	실을 시인했다. 그 후 납치피해자 일부가 귀국했는데, 그러나 일본 정부는 이정하고 있지 않지만, 지금도 납치되었을 가능성이 있는 다수 일본인이 소식불명하고 문제는 미해결이다.			
⑦ 育鵬社	(244) 북조선 공작원에게 많은 일본인이 납치된 사건, 중국의 군사력 확대에 따른 문제 등의 해결이 촉구되고 있습니다. (244) [사진] 북조선에 납치되어 귀국한 사람들(2002. 10. 15): 2002년 9월 訪朝한 小泉純一郎 수상에 대해 북조선은 일본인을 납치한 사실을 시인했다. 그 후 납치피해자 일부가 귀국했지만 지금도 납치되었다고 하는 다수 일본인의 소식이 불분명하며 문제는 해결되고 있지 않다.			○	납치 문제 본문 언급 확대

일본 역사교과서 현대사 서술의 변화

이상으로 2012년부터 발행되어 사용되고 있는 2011년 검정합격본 7개 역사교과서의 서술 내용을 검토했다. 서술 내용 가운데 한일관계 현대사 내용에 국한하여, 9개 항목에 관한 서술에서 검정합격본이 2011년까지 사용된 기존사용본과 어떠한 차이를 보이고 있는지 살펴보았다.

3장의 근대사 부분과 마찬가지로 분석 대상 사안의 선정이나 변화 양상의 평가에서 필자의 주관이 크게 작용했기 때문에, 본문에서 거론한 9개 항목 이외의 서술 내용이나 각 항목의 서술 변화에 대한 평가 결과에 대해 이론 (異論)이 있을 수 있다. 하지만 대략 오늘날 일본사회의 변화를 읽어내는데 이러한 교과서 내용 변화의 분석 결과가 의미를 가지고 있다고 생각한다. 앞에서 실시한 개별 항목의 분석 결과를 토대로 하여, 일본 역사교과서의 변화 양상을 종합적으로 설명하고자 한다.

다음의 표는 본문에서 다룬 서술 내용 변화를 종합하여 출판사별 항목별 변화로 나타낸 것이다. 이 표에 근거하여 보면, 대체로 2011년 검정합격본 교과서에서 한일관계 관련 현대사 서술에서 기존사용본의 기조를 그대로 유지하는 경우가 많이 발견되고 있다. 그러나 변화의 방향을 주목해서 보면 전체적으로 진보적 변화보다는 보수적 변화가 보다 더 강하게 나타나고 있다는 것을 알 수 있다.

검토 항목을 중심으로 특징적인 변화를 살펴보면, 9개 항목 가운데 가장 진보적인 변화가 나타난 부분은 패전 직후 일본인의 귀환에 관한 곳이다. 1945년 시점에서 일본 전체 인구의 1할에 해당하는 대규모 일본인(군인 · 민간인)이 한꺼번에 일본으로 귀환한 일은 일본과 한국 뿐 아니라 아시아지역의 역사에 있어서도 주목해야 할 사건이다.[11]

〈출판사별 항목별 변화〉

항목 \ 출판사	①도쿄서적			②일본문교			③제국서원			④교육출판			⑤시미즈서원			⑥자유사			⑦육붕사			계		
	진	무	보	진	무	보	진	무	보	진	무	보	진	무	보	진	무	보	진	무	보	진	무	보
1. 한반도 해방		●			●			●			●			●			●			●		0	7	0
2. 일본인 귀환	●				●		●			○			○				●				○	4	2	1
3.재일한국조선인	●					●			○			○	●				●			●		3	2	2
4. 6.25 전쟁	●				●			●			●			●			●			●		1	6	0
5. 샌프란시스코강화	○				●		●				●			●			●			●		2	5	0
6. 한일 국교정상화		●		●				●			●		●				●			●		2	5	0
7. 전후처리 문제		●				●			●			○		●		○				●		1	3	3
8. 한일교류			○			○			○			●		●			●			●		0	3	4
9.북한의일본인납치			○			●			●			●		●			●				○	0	2	5
계 ●	3	3	0	1	4	3	2	3	2	0	4	2	2	6	0	0	8	0	0	7	0	8	35	7
계 ○	1	-	2	0	-	1	1	-	1	1	-	2	1	-	0	1	-	0	0	-	2	5	-	8

이러한 중대한 사건이 종래의 일본 역사교과서에서 소홀히 다루어졌다는 것이 오히려 문제라고 할 수 있다. 검정합격본 가운데 일부 교과서가 여전히 이 문제에 관한 서술을 하지 않거나 축소하고 있기는 하지만, ① 도쿄서적을 포함한 4개 교과서가 이 문제에 관한 서술을 새로 도입하거나 언급을 확대한 것은 과거 일본의 침략전쟁의 대가로 발생한 일반인의 피해를 교훈으로 하는 전쟁반대 교육을 위한 기회가 늘어난 것으로 보이며, 나아가 패전 직후 일본인 뿐 아니라 조선인, 대만인, 류큐인 등의 민간인 이동이 있었던 것을 역사교육에서 널리 다루게 되는 계기가 될 것으로 생각된다.

---

11) 小林英夫など, 『戦後アジアにおける日本人団体: 引揚げから企業進出まで』, ゆまに書房, 2008, p. 11.

반면에 9개 사안 가운데 가장 보수적인 변화가 나타난 곳은 일본인 '납치' 문제에 관한 서술 부분이다. ⑤ 시미즈서원과 ⑥ 자유사의 교과서가 기존사용본의 서술 내용을 유지하고 있으며 나머지 출판사가 모두 관련 서술을 확대하거나 새로 도입했다. 특히 3개 출판사가 검정합격본에서 이 문제를 새로 언급하기 시작했다. '납치'라고 하는 국가범죄를 자행한 북한의 체제에는 분명히 문제가 있고 이는 비판을 받아 마땅하다. 하지만 오늘날 일본의 우파 정치가들이 '납치' 문제를 정치적으로 이용하고 있는 가운데 각종 극우 단체들이 '납치' 문제로 사회 전면에 나서서 편협한 민족주의를 일본사회에 확산시키고 있는 것은 한일관계와 일본사회의 발전을 저해하는 움직임으로 간주된다.

과거 일본국가가 행한 반인권적인 강제동원에 대한 보상이 이루어지지 않은 채 북한의 국가 범죄만을 규탄하는 것이나, "납치 문제 해결 없이 국교 정상화는 없다"는 강경한 자세는, 북한과의 화해는커녕 '납치' 문제에 대한 양국간 외교적 해결의 실마리조차 차단해 버리는 일이다.[12] '납치' 문제에 관한 서술의 전면 확대는 주변국에 대한 적대감을 증폭시키는 기회를 제공하는 것으로써, 역사교과서가 일본사회의 우경화 현상을 대변하고 있는 것은 아닌지 의구심을 갖게 한다.

마지막으로 출판사별로 특징적인 변화를 살펴보자. 2011년 7개 출판사의 검정합격본 가운데 가장 진보적인 변화를 보인 것은 ① 도쿄서적의 것이다. 3개 항목 관련 서술에서 커다란 진보적인 변화를 보였다. 특히 패전 직후 일본인의 귀환 문제, 재일한국·조선인의 존재, 6.25전쟁과 일본과의 관계에 관하여 다른 출판사의 교과서에 비해 보다 진보적인 서술을 도입하거나 추가한 것으로 나타났다. 도쿄서적 교과서의 다음으로는, ③ 제국서원과 ⑤ 시미즈서원 순으로 근현대 한일관계에 관하여 진보적인 내용 변화를 보인 것

---

12) 蓮池透·太田昌国, 『拉致対論』, 太田出版, 2009, pp. 94-95.

으로 밝혀졌다. ① 도쿄서적의 교과서가 교육현장에서 절대적으로 많이 채택되고 있는 현실을 감안할 때, 이 출판사가 비교적 진보적인 성향을 띠고 있는데다가 2011년 검정합격본에서도 보수적 변화보다는 진보적 변화를 더욱 내보이고 있다는 점에서, 여전히 일본의 역사교육계가 비교적 건전성을 유지하고 있는 것이 아닌가 하는 생각을 갖게 한다.

한편 이번에 가장 보수적인 변화를 보인 교과서는 ② 일본문교 출판의 것이다. 이것은 가장 진보적인 교과서라고 평가를 받아오던 오사카서적 기존사용본의 판본을 이어받으면서, 재일한국·조선인의 존재, 전후처리 문제 등에서 기존사용본의 진보적인 서술을 삭감하거나 완화했기 때문이다. 일본문교 교과서 다음으로는 ④교 육출판, ③ 제국서원 순으로 한일관계에 관하여 보수적인 내용 변화를 보이고 있는 것으로 밝혀졌다. 특히 ④ 교육출판의 경우 현대 한일관계사 관련 일부 항목에서 새역모 교과서와 같은 보수적 내용으로 서술을 바꾸고 있음을 알 수 있다. 또한 ③ 제국서원 교과서의 경우에는 사안별로 진보와 보수의 변화를 모두 보이고 있는 것이 괄목할 만하다.

현대사 서술과 관련하여 새역모 교과서 두 개를 굳이 비교하자면 ⑦ 육붕사가 ⑥ 자유사에 비해 더욱 보수적인 변화를 보인 것으로 평가된다. 그것은 패전 직후 일본인의 귀환 문제에 관한 서술을 축소한 것이나, 일본인 '납치' 문제에 관한 서술을 본문으로 확대한 것을 통해 입증할 수 있다.

V. 해방직후 재일동포에 관한 최근 연구

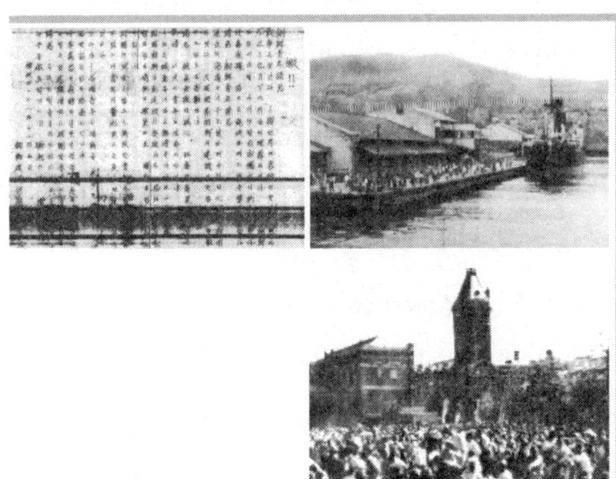

* 5장은 최영호 논문, 「한인 귀환자의 눈에 비친 해방직후 부산의 이미지」, 『한일민족 문제연구』 제20호(2011년)과 「한반도 신탁통치 문제의 로컬리티: 해방직후 재일 조선인 사회를 중심으로」, 『한국민족운동사연구』 제70호(2012년)의 내용을 단행본 체제에 맞추어 재구성한 것이다.

_1_
해방직후 재일동포가 대거 상륙한 부산항

5장에서는 해방직후 부산에 귀환하여 상륙한 재일한인들이 당시 부산항을 어떻게 보았는지, 그리고 귀환하지 않은 재일동포들이 한반도 신탁통치 반대 움직임에 어떻게 대응했는지, 가능한 일차적인 자료를 활용하여 설명하고자 한다.

해방직후의 부산과 한인 귀환자 동향을 관련시켜 조사한 최초의 선행 연구는 1955년에 모리타 요시오(森田芳夫)가 일본법무성에 제출한 보고서다.[1] 이 자료 출간 이후 일본에서 한반도로 귀환하기까지의 점령 정책과 관련한 한인 귀환자 상황에 관한 연구가 무수하게 쏟아져 나왔다. 하지만 종래의 연구가 주로 대상으로 삼은 지역은 귀환 직전의 일본이며 한반도에 상륙한 직후의 상황에 대해서는 연구가 이루어지지 않았다. 그것은 무엇보다도 부족한 자료에 기인하는 것인데, 특히 한인 귀환자 가운데는 영주 귀국이든 일시 귀국이든 그다지 상세한 기록을 남기고 있지 않기 때문이다.

다만 한국의 일제강점하강제동원피해진상규명위원회가 출판한 자료집에서 해방에 따른 부산항 상륙 직후의 느낌에 관한 간단한 회상을 많이 찾아볼 수 있다. 자료집에 나타난 것은 일부 자료에 지나지 않으며 관련 위원회에 접수된 국외 강제동원 피해자의 비공개 자료를 뒤져보면 훨씬 더 많은 회고 기록이 나올 것으로 생각된다.

위원회 자료집을 살펴보면 대부분 부산 혹은 부산항을 귀향하기 위해 스쳐 지나가는 지역으로 간략하게 묘사하고 있다. 그럼에도 불구하고 이 가운

---

1) 森田芳夫,『在日朝鮮人処遇の推移と現状』(法務研究報告書43集3号), 法務研修所, 1955.

데 간단하게나마 분명히 부산의 이미지를 남기고 있는 구술로서는 부산항
에서 귀환자들을 환영하는 모습이나 주먹밥과 옷을 나눠주고 열차 승선을
안내하는 모습이 보이며,[2] 그 밖에 부산 부둣가의 찰떡과 같은 풍성한 먹거
리[3]와 부산의 산비탈 많은 풍경[4]도 나타나고 있다.

한반도 귀환자의 부산에 관한 이미지가 이처럼 전반적으로 분명하지 않은
것은 이들 대부분이 귀환 당시 부산에 관한 기록을 남기고 있지 않고 오랜 세
월이 지난 후 퇴색해진 기억력과 느낌에 의존하여 회고하고 있기 때문이다.
이러한 한계는 여타 자서전이나 회고록에서도 공통적으로 나타나고 있다.[5]

이러한 열악한 자료 여건 가운데 필자는 정충해의 기록[6]과 장정수의 기록[7]
을 가시고 이들이 해방직후 당시에 부산을 어떻게 보았는지 보고자 했다. 이
들은 해방직후 부산항 상륙 상황을 일기에 가까운 형태로 기록해놓고 있어
해방 직후 부산의 분위기와 이미지를 그런대로 잘 전달하고 있기 때문이다.

---

2) 일제강점하강제동원피해진상규명위원회 조사1과(편),『똑딱선 타고 오다가 바다 귀신
될 뻔 했네』, 일제강점하강제동원피해진상규명위원회, 2006, p. 210(이천구); 일제강점하
강제동원피해진상규명위원회 조사1과(편),『가긴 어딜 가? 헌병이 총 들고 지키는데』, 일제
강점하강제동원피해진상규명위원회, 2006, p. 263(김봉래); 일제강점하강제동원피해진상
규명위원회 조사1과(편),『수족만 멀쩡하면 막 가는 거야』, 일제강점하강제동원피해진상규
명위원회, 2007, p. 180(박동화); 일제강점하강제동원피해진상규명위원회 조사1과(편),『수
족만 멀쩡하면 막 가는 거야』, p. 206(성봉제); 일제강점하강제동원피해진상규명위원회 조
사2과(편),『조선이라는 우리나라가 있었구나』, 일제강점하강제동원피해진상규명위원회,
2008, p. 91(박노영); 일제강점하강제동원피해진상규명위원회 조사2과(편),『조선이라는
우리나라가 있었구나』, p. 107(이장민); 일제강점하강제동원피해진상규명위원회 조사3과
(편),『아홉머리 넘어 북해도로』, 일제강점하강제동원피해진상규명위원회, 2009, p. 263(김
태순); 일제강점하강제동원피해진상규명위원회 조사3과(편),『아홉머리 넘어 북해도로』, p.
318(이창하).

3)『수족만 멀쩡하면 막 가는 거야』, p. 75(박기양).

4)『수족만 멀쩡하면 막 가는 거야』, p. 161(권오열).

5) 예를 들어 김정렴은 자신의 부산 귀환을 다음과 같이 회고했으나, 강렬한 해방감에 비하여
부산의 이미지는 거의 나타내지 않았다. "해방된 조국의 부둣가에 서서 나는 눈시울이 뜨겁고
목이 메고 가슴이 뭉클해지는 기쁨과 감격에 젖어 있었다. 부산 부두의 노점에서 국밥을 한
그릇 사먹고 구제회의 도움으로 타기 어려운 기차를 타고 서울로 올라왔다." 김정렴,『한국경
제정책30년사』, 중앙일보사, 1995, p. 26.

6) 鄭忠海, 井下春子訳,『朝鮮人徴用工の手記』, 河合出版, 1990.

7) 張錠寿,『在日六〇年・自立と抵抗: 在日朝鮮人運動史への証言』, 社会評論社, 1989.

여기에 흥미롭게도 두 사람이 전혀 다른 입장에서 심경을 나타내고 있어 좋은 비교거리를 제공하고 있다.

해방직후 부산항은 재일한인을 중심으로 귀환해 들어오는 사람들의 움직임과 한반도 거주 일본인들을 중심으로 일본으로 나가는 사람들의 움직임으로 분주했다.[8] 이와 함께 이들을 수송하는 선박, 이들의 귀환 통제와 원호를 담당하는 사람들, 이들을 마중하거나 배웅하기 위해 나온 사람들, 이들과 거래하기 위해 몰려든 장사꾼과 노무자들로 항구는 항상 북적거렸다. 수많은 재일한인들은 일본 근해에 있던 소형 선박을 이용하여 한반도로 귀환을 서두르게 되었으며 이런 현상은 1945년 8월부터 12월까지 계속되었다.[9]

해방직후 부산항의 귀환자

일본의 항구와 귀환 선박을 중심으로 한인 귀환자들의 모습을 담은 사진이 대거 발굴되고 공개되고 있는데 반하여 귀환자들로 붐비는 부산항 외부의 분위기를 전하는 사진은 좀처럼 발견하기가 어렵다. 이런 가운데 현 시점에서는 다음에 제시하는 부산상공회의소 자료의 사진이 그런대로 이러한

---

8) 부산박물관, 『부산의 역사와 문화』, 세한종합인쇄사, 2002, p. 175.

9) 深川宗俊, 『鎭魂の海峽: 消えた被爆朝鮮人徵用工246名』, 現代史出版会, 1974. pp. 57-58; pp. 161-162.

분위기를 가장 잘 전달하고 있다.[10]

　부산항은 지리적으로 일본열도와 근접해 있고 역사적으로 연락선 항구였던 까닭에 해방직후에도 재일한인의 대부분이 부산항을 통해 한반도에 상륙했다. 부산 경남지구에 진주한 40사단이 보고한 바에 의하면 1945년 9월 25일경에 이미 부산지역에서 만 명이 넘는 한인 귀환자들이 미군에 의해 보호를 받고 있었고, 9월 28일부터 10월 4일까지 한 주간 사이에 37,738명이 부산항으로 들어온 것으로 되어 있다. 40사단의 통계에는 10월 26일부터 11월 1일까지 한 주간에 56,000명에 달하는 가장 많은 귀환자들이 부산항에 입항했고 9월 28일부터 11월 15일까지 300,000명에 달하는 귀환자들이 부산항을 통과한 것으로 나타나 있다.[11]

---

10) 성해기(편),『부산의 상공업 백년』, 부산상공회의소, 1989, pp. 78-79.

11) 40th Infantry Division, History of Evacuation and Repatriation Through the Port of Pusan, Korea 28 Sept. 45 - 15 Nov. 45. 경남대극동 문제연구소,『지방미군정자료집 I』, 경인문화사, 1993, pp. 40-41.

_2_
부산항의 귀환자 수송 원호 실태

　귀환자들은 부산항에서 대체로 다음과 같은 입국 절차를 밟았다. 일본에서 들어오는 선박은 대체로 제1부두에 정박했으며 여기에서 상륙한 귀환자들은 우선 소독 절차를 밟았다. 그리고 부두에 마련된 환전소에서 일본은행권 화폐를 조선은행권 화폐로 환전할 수 있었다.[12] 귀환자들이 휴대할 수 있는 금액은 1000엔(円)까지였으며 이 금액의 한도에서만 조선은행권으로 바꿀 수가 있었다. 부두 안의 환전소가 오전 9시부터 오후 5시까지 운영되고 있었기 때문에 오후 5시 이후에 상륙한 경우에는 즉시 환전 서비스를 받을 수 없었으며 다음 날까지 기다려야 했다. 일본은행권 화폐를 들고 나가는 행위라든지 암거래 환전 행위는 불법행위로서 금지되었지만 실제로 단속을 피해 불법행위가 널리 이루어졌다.[13] 공식 환전소에서는 일본은행권 화폐와 조선은행권 화폐가 1:1로 환전되었으나 암거래에서는 조선은행권이 훨씬 비싸게 거래되었다.[14]

　귀환자들의 연고지가 대부분 다른 지방이었기 때문에 부산항에서 직접 귀향하든지, 혹은 철도로 서울까지 일단 수송되었다가 각 지방에 흩어지든지 하여 연고지를 찾아갔다. 기본적으로 귀환자에 대한 열차 승차권이 무료

---

12) 40사단의 자료에 의하면, 10월 21일부터 11월 15일까지 제1부두에 설치된 환전소에서 총 39,313,000円을 조선은행권으로 환전했다고 한다. 경남대극동 문제연구소, 『지방미군정자료집 I 』, p. 46.

13) Gane, William J., *Repatriation: from 25 September 1945 to 31 December 1945*. Seoul: Foreign Affairs Section, Headquarters United States Army Military Government In Korea, 1947, pp. 69-70.

14) 張錠寿, 『在日六〇年』p. 145.

로 배부되었으며 다른 지방으로 이동하는 것을 지원하기 위하여 수송 차량
이 배치되기도 했다. 군정당국은 1945년 12월이 되어서야 뒤늦게 수송계획
을 수립하기 위해 귀환자들의 귀향지를 파악했는데, 이때 다음 표와 같은 귀
향지 조사결과가 나왔다.[15]

〈부산항 귀환자의 귀향지(1945년 12월)〉

귀향지		귀향자 수 (명)	비율 (%)
지구	주요 도시		
중부	서울	6,930	6.9
	천안	5,857	5.8
남동부	안동	9,477	9.4
	대구, 경주, 포항	30,815	30.7
	삼랑진, 마산, 부산	22,425	22.4
남서부	대전	7,508	7.5
	광주	8,010	8.0
	순천	8,882	8.8
	군산	561	0.5
합계		100,465	100.0

　한편 한반도에 거주하던 일본인도 패전 직후 대거 부산항을 통해 귀환해
갔다. 전쟁 말기 미군의 공습에 의해 한반도와 일본을 잇는 정기항로가 모두
차단되어 있었으나, 패전과 함께 일찍이 8월 17일 조선총독부 부산지방교통
국은 귀환선박 조달을 위한 긴급회의를 열어 부관연락선을 관할하고 있는
히로시마(広島) 철도국에 귀환선박의 배치를 요청했다. 이 때 화물선에 의
한 긴급수송 방침이 결정되어 8월 18일부터 24일까지 한반도에 정박해 있던
화물선 27척이 귀환자들을 싣고 하카타(博多)항을 향해 부산항을 출항한 것

---

15) 군정청 외사과의 윌리엄슨(Williamson, H. L.) 중위는 1945년 12월 한 달에 걸쳐 부산항으
로 들어온 귀환자들을 수송하기 위하여 열차 이외에 333대의 차량을 지원했다고 했다. Gane.
Repatriation. p. 75.

으로 알려지고 있다.[16] 패전과 함께 부산 주변 지역에 거주하던 일본인들이 개별적으로 선박을 빌려 현해탄을 건너간 것을 필두로 하여 귀환선이 정비되면서 대규모 집단 귀환이 이루어졌다. 남한에 거주하고 있던 일본인들 중 대부분은 1946년 2월 시점에 일본으로의 귀환을 마치게 된다.

모리타는 해운총국의 통계 자료를 이용하여 1945년 8월 15일부터 11월 11일까지 귀환한 일본인의 항구 이용 상황을 밝힌 바 있다.[17] 여기서 일본인 귀환자 총수 268,895명 가운데 266,976명(99.3%)이 부산항을 이용하여 하카타, 센자키(仙崎), 마이즈루(舞鶴) 등으로 귀환한 것을 보면, 같은 귀환 선박이 재일한인들을 태우고 부산항에 입항한 점을 감안할 때, 해방직후 귀환자들로 인한 부산항의 혼잡 상황은 충분히 이해할 수 있을 것이다.

또한 남한 군정청 난민과의 통계에 의하면, 1945년 10월 18일부터 12월 31일까지 일본에서 귀환한 한인 총수 804,495명 가운데 458,065명(56.9%)이 부산항으로, 45,277명(5.6%)이 군산항, 목포항, 인천항 등으로 정식 입국 절차를 밟아 입항했고, 나머지는 정식 입국 절차를 밟지 않고 개별적으로 각 항구에 들어온 것으로 파악되었다. 이 통계는 해방직후 한인 귀환자가 부산항을 대거 이용했다고 하는 점과 함께 통제되지 않는 개별적인 입국이 많았다고 하는 점을 보여주고 있다.[18]

아울러 한반도와 일본 사이에서 수많은 선박이 이용되는 가운데 개별적인 입국에는 일반적으로 소형 선박이 사용되었으며 정식 절차에 의한 귀환 선박으로서는 대형 선박이 투입되었다. 부산항과 일본의 항구를 잇는 항로에 투입된 것으로 가운데 2천 명 이상을 운반할 수 있는 비교적 큰 선박으로 고안마루(興安丸), 도쿠쥬마루(德壽丸), 운젠마루(雲仙丸), 하쿠류마루(白

---

16) 森田芳夫, 『朝鮮終戰の記錄: 米ソ兩軍の進駐と日本人の引揚』, 巖南堂書店, 1964, pp. 122-123.

17) 森田芳夫, 『朝鮮終戰の記錄』, p. 367.

18) Gane, *Repatriation*, pp. 91-92.

해방직후 부산항 부두

龍丸), 쵸하쿠마루(長白丸) 등이 있었다.

군정청 난민과 과장 윌리엄 게인(William J. Gane) 중위는 1945년 9월 27일부터 1946년 1월 15일까지 부산항과 일본을 왕래한 귀환 선박 상황을 정리했다. 그는 이 기간 동안 고안마루 등 확인된 귀환선 19척이 273차례 왕복 운행했으며, 미확인 선박 114척이 203차례 왕복 운행했다고 밝혔다.[19] 이때 도쿠쥬마루가 총 40회 항해로 가장 많이 운항했으며, 그 다음으로 고안마루가 총 32회를 운항한 것으로 되어있다. 승선인원 규모면에서 가장 큰 선박은 6,500명을 수용할 수 있는 고안마루였으며, 한반도와 일본 열도 사이를 총 32차례 왕복한 것으로 되어 있다.

---

19) Gane, *Repatriation*. p. 49; 森田芳夫, 『朝鮮終戰の記錄: 米ソ兩軍の進駐と日本人の引揚』, 367쪽.

3

징용노무자 정충해가 본 부산항

정충해는 징용 명령을 받고 1944년 12월 서울에서 히로시마(廣島)의 군수 공장으로 징용되어 10개월 정도 일한 후에, 이듬해 9월 8일 100명 정도가 단체를 이루어 히로시마로부터 목조 화물선을 타고 갖은 고생을 겪으면서 현해탄을 건넜으며 출발 후 닷새 만에 부산항에 도착했다. 길지 않은 징용 기간이었지만, 공장이나 거주지를 세 차례나 옮겼고 원폭 피해도 경험했다.[20]

귀환하는 과정에서는 안내자의 실수로 선박이 방향을 잘못 택하기도 했고 폭풍우를 만나 대마도에 일단 상륙하고 나서야 부산항에 들어오게 되었다. 그가 부산에 입항한 9월 13일은 서울에 진주해 있던 미군으로부터 선발부대 약 300명이 부산에 배정을 받은 날이다. 이들은 그 다음날 서울을 출발하여 부산에 진주했다.[21] 결국 9월 13일의 시점에는 부산에는 점령군이 와 있지 않았다.

정충해는 여러 징용노동자와 같이 일본 정부나 점령당국에 의해서 귀환 수송의 체계가 정비되기 이전에 암선으로 귀환을 서둘렀다. 그 때문에 그는 해상에서 고생을 피할 수 없게 되었고, 간신히 상륙한 부산항에서도 별로 환영을 받을 수 없었다. 그는 일기에 9월 13일 부산항 입항 때의 모습을 대체로 다음과 같이 기록했다.[22]

---

20) 해방 당시 히로시마에 대체로 8만 명의 한인이 거주하고 있었고, 피폭자 5만 명 가운데 사망자 3만, 한반도 귀환자 1만 5천 명 되는 것으로 알려지고 있다. 허광무, 「한국인 원폭피해자에 대한 제연구와 문제점」, 『한일민족 문제연구』 6호(2004. 6), p. 98.

21) 鮮交会, 『朝鮮交通回顧録: 終戦記録編』, 三元社. 1976, p. 254.

22) 鄭忠海, 『朝鮮人徴用工の手記』, pp. 205-208.

오후 2시 지나 배는 겨우 우리의 고국 부산항에 입항했다. 크고 작은 배가 가득 정박하고 있었다. 부두의 한쪽 구석에 우리의 작은 배도 정박했다. 선장은 용돈으로 100엔을 주었다. 정말로 고마운 선장이었다. 동행한 김씨와 나는 부두 위의 길로 나왔다. 별천지에라도 온 것 같았고 눈앞이 꿈만 같았다. 큰 길에 나와 스스로의 모습을 보니 거지와 같았다. 생선 창고 안에서 하루 온종일을 갇혀있었으니 두 사람의 모습은 비참했다. 두 사람은 서로를 바라보고 쓴웃음을 지었다. 그러나 부끄럽지도 슬프지도 않았고 단지 즐겁고 기뻤다.

우리는 먼저 배를 채우려고 식당을 찾아보니 큰 길 양측에 음식물을 풍부하게 갖추고 장사를 하고 있는 상인이 나란히 앉아 있었다. 이전에 본 음식물과 꼭 같았다. 불과 10개월 전에 먹고 있던 것이 아닌가. 흰 쌀밥에 김치, 깍두기, 푸른 채소의 무침 요리, 그리고 물고기의 조림 등, 보는 것만으로도 군침이 나오는 맛있을 것 같은 음식들이었다. 밥 한 그릇에 5엔씩 건네주고 밥을 전부 먹어치우고 나니 다시 살아나는 것 같았다. 우리가 먹고 있는 상태를 살펴보고 있던 밥집 아주머니가 "당신들은 어선에서 내려온 것 같은데 이번 태풍을 잘 피해 왔군요"라고 말했다. 이 아주머니의 이야기도 무리가 아니다. 몸에서 생선 냄새가 진동하여 코를 찌르는 것 같았다.

우리는 짐을 찾아내지도 못하고 빨리 상경하려고 부산역으로 향했다. 도중에 제 1부두의 앞을 지나면서 보니 해외로부터 돌아오는 귀환 동포들을 환영하려고 대성황을 이루고 있었다. 스피커나 메가폰으로 귀환하는 사람들의 가슴을 울리도록 연락선에서 내려오는 사람들의 손을 하나하나 잡아주면서 "수고하셨습니다. 고생하셨습니다"라고 위로의 인사를 했다. 그야말로 친척을 대하듯이 귀환 동포들을 맞아들이고 있는 것이었다.

거지와 같은 모습으로 이 광경을 바라보고 있자니 우리는 가슴이 아프고 분해서 참을 수 없는 심경이었다. 그 환영을 받고 있는 사람들은 커다란 연락선으로 그것도 무임으로 안전하고 호화롭게 돌아온 것은 아닌가. 거지의 모습으로 불쌍하게 돌아온 우리에게 관심을 가져주는 사람은 단 한 명도 없었다. 그러나 이건 누구의 탓도 아니고 원망할 수도 없다. 우리가 스스로 부른 자업자득이다. 좀 더 기다리고 있었더라면 그들과 같이 편하게 돌아올 수 있었을 텐데, 무엇 때문에 서둘러 이런 모습으로 돌아왔는지. 불운한 몸이라고 한탄만 나왔다. 하지만 모두가 어떻든 무사히 돌아왔다고 하는 실감이 솟아났다.

이러한 정충해의 회상에서는 해방 직후 부산항의 이미지로서 다음과 같은 것이 떠오르게 된다. 첫째, 천신만고 끝에 살아남은 사람들에 의한 기쁨의 장소였다고 하는 이미지다. 부산항에는 일찍이 전쟁과 민족 차별 그리고 빈곤과 위험 상태로부터 살아남은 귀환자로 넘쳐나 있었다. 부산에 상륙하는 것은 이제 평온한 고국에 도착했다고 하는 것을 상징하기도 했다. 정충해는 귀환 과정에서 생명을 잃을 것 같은 위험한 체험을 함으로써 부산항에 도착하여 이제 살아남았다는 기쁨과 함께 작은 배의 선장에 대한 감사의 마음을 갖게 되었다.

둘째, 먹을거리를 비롯한 물건이 풍부한 장소였다고 하는 이미지다. 1944년에는 전년에 이어 한반도 전역에 걸쳐서 전대미문의 큰 가뭄이 있었다. 여기에다가 일본으로 식량 공출이 있기도 하여 해방 당시 한반도의 식량 사정은 몹시 심각했다.[23] 특히 만주로부터 식량의 수송이 원만하지 않았기 때문에 농촌이나 도시에서 모두 식량 사정은 어려움을 더했다. 1945년 가을이 되어 대풍작을 이루었기 때문에 전반적으로 한반도 식량 사정이 호전되어 갔지만, 정충해가 부산에 상륙한 시점에는 여전히 어려운 상황이었다. 그럼에도 불구하고 그는 항구 부근의 식당에서 흰 쌀밥을 전부 먹어치우고 나서 다시 살아난 것 같은 기쁨을 맛보았다고 했다. 그에게 부산이 물건이 풍성한 장소로 인식된 것은 현실은 어떠하든 간에 그가 징용노동자로서 생활을 보낸 일본에서의 가난한 경험과 귀환 과정에서 체험한 궁핍에 따라서였다.

셋째, 사회적 부조리가 많은 장소였다고 하는 이미지다. 이것은 희비가 엇갈리는 기분이 되어 질시의 눈에 비친 이미지라고 할 수 있다. 귀환 동포들에 대한 한반도 대중의 관심은 대형 선박에서 내려오는 귀환자 집단에게만 기울어 있었고, 정충해와 같이 개별적으로 귀환한 사람에 대해서는 아무리 천신만고의 항해 경험을 했다고 해도 아무도 연민의 정을 나눠주지 않았다.

---

23) 森田芳夫 · 長田かな子, 『朝鮮終戰の記錄: 資料編第二卷』, 巖南堂書店, 1970, p. 174.

정충해의 성격이기 때문이기도 하겠지만, 한편으로 선망과 질시의 눈으로 다른 귀환자나 부산의 사람들을 보면서, 또 한편으로는 자신의 초라한 모습의 책임을 자기 자신에게 돌림으로써, 사회적 부조리에 맞서거나 비판 의식을 강하게 품는 것이 아니라, 오히려 부조리로부터 눈을 돌리거나 피하려고 했다.

부산항에서 벗어난 정충해는 서울로 이동하기 위해 부산역으로 향했다. 거기서 귀환자로 인정을 받아 열차에 무임승차를 할 수 있었다. 또 열차 안에서는 주위의 친절한 사람들로부터 음식을 나누어 받기도 했다. 이에 대해 한편으로 따뜻한 감사의 기분을 느끼면서도 그는 마치 거지와 같은 자신의 행세에 대한 부끄러움도 숨길 수 없었다. 부산항에 상륙하여 부산역에서 열차에 오르기까지의 과정을 통하여 본 부산은 그에게 있어서 비록 금의(錦衣)의 귀환은 아니지만, 환희(歡喜)의 귀향임을 확인하게 하는 공간이었다고 말할 수 있다.

_4_
재일한인단체 임원 장정수가 본 부산항

장정수는 정충해와는 달리 일본에서 오랫동안 생활하는 가운데 자연스럽게 일본어를 구사할 수 있었지만 한국어 회화는 능숙하지 않았다. 그는 1926년에 17살 나이로 일본에 건너가 학업과 취업 생활을 했으며 노동운동에도 가담한 일이 있다. 또한 전쟁 말기에 직장에서 보호를 받아 운 좋게 징용령 적용을 피할 수 있었다. 일본 패전 후 그는 과거 노동운동의 경력을 살려 오사카의 재일한인 단체 결성에 깊이 관여했고, 1945년 10월 15일과 16일에 도쿄에서 열린 조련(재일본조선인연맹) 결성대회에 참석할 수 있었다. 이윽고 조련 중앙 상임위원회에서 본국 특파원 10명 가운데 한 사람으로 선임되어 11월 7일 센자키(仙崎)에서 대형 여객선 고안마루(興安丸)를 타고 일시 귀국하게 되었다.[24]

여객선은 11월 8일 오전 6시에 센자키를 떠나 당일 오후에 부산항에 도착했다. 11월 초순에는 여전히 부산항이 한인과 일본인 귀환자들로 붐볐지만, 미군정에 의한 귀환 수송 체계에 의해 질서를 회복하고 있었다. 다만 군정당국의 귀환 수송 대책은 일본인의 귀환을 중심으로 하여 이루어졌다. 11월 3일 부산항에 하루 15,000명 가량의 일본인 귀환자가 승선을 대기하는 일이 발생하자, 군정당국은 연락선을 이틀에 한 차례씩 왕복운행하게 하였으며 그 외의 선박은 사흘에 한 차례씩 운행하게 하여 귀환자들의 대기 시간을 최소화했다. 또한 군정당국은 일본인의 자생단체인 세화회(世話會)에게 귀환

---

24) 조련 본국 특파원의 한반도 일정과 정치적 활동에 대해서는, 최영호 외, 『부관연락선과 부산』, 논형, 2007, pp. 144-150에 상세하다.

업무를 맡겨 비교적 자율적으로 귀환 질서를 유지하도록 했다.[25]

한편 장정수를 비롯한 특파원들은 점령당국의 특별 허가를 받아 한반도로 여행을 할 수 있었으며, 여행 중 철도 열차와 선박에 무임승차를 할 수 있었을 뿐 아니라 귀환자들을 위한 여객선에서는 초호화 일등 선실에 자리를 배정받았다. 징용노동자나 일반 귀환자들과는 달리 귀빈 대우를 받으며 부산에 입항한 것이다. 그의 회고록에는 11월 8일 입항 때의 부산 모습이 대체로 다음과 같이 기록되어 있다.[26]

부산에 도착하자 악대들이 소리 내어 연주하고 있었다. 선실을 나오자 우리 일행을 찾아내고 건국청년동맹의 청년들이 큰 북을 가지고 배에 올라왔다. 어디서 들었는지 모르겠지만 "일본에서 온 대표단이군요"라고 말을 걸어왔기 때문에 그들과 조금 이야기를 나누었다. 그런데 이야기를 들어보니 전혀 이야기가 되지 않았다. 그들은 우리에게 기독교 선전을 하고 있었다.

우리보다 우선적으로 일본으로부터 귀환한 동포들에게 도움을 주어야 하는데, 그런 일은 신경 쓰지 않았다. 게다가 우리도 한반도 정세에 대해 아무것도 모르기 때문에 함부로 말할 수 없었다. 이래서는 안 되겠다 싶어 모두 아무 말도 하지 않고 여관에 들어가려고 했다. 이때 부산항의 혼란 상황을 보고 "이겨도 져도 질서가 없고 모두 너무 기쁨에 취해있는 것이 아닌가"하고 생각했다. 여기에다가 먼지투성이 노천바닥에 음식을 늘어놓고 팔고 있었다. 이래서는 안 된다고 생각했다. 이것이 나의 첫 인상이었다.

우리는 곧바로 여관에 들어가 회의를 열고, "모두 제멋대로 말하지 말 것", "더욱 정세를 주시해 볼 것", "이대로는 안 되기 때문에 누군가 현지 안내인을 써야겠다"라는 등 논의를 하고 있는 중에, 당시 『인민해방보』를 발행하고 있던 윤봉구가 여관에 찾아왔다. 우선 서로 인사를 나누고 나서, 우리가 조련의 강령·규약·명부 등을 정리한 『보고서』를 내밀자, 그는 강령 중에서 '일본국민과 호양

---

25) 鮮交会, 『朝鮮交通回顧録』, pp. 259-260.
26) 張錠寿, 『在日六十年·自立と抵抗』, pp. 143-146.

우의를 기한다'라고 하는 구절은 문제라고 지적했다. 이것을 가지고는 한반도를 걸어 다닐 수 없다. 지금 상태로 이것을 가지고 있으면 뭇매를 맞는다. 완전한 친일파로 몰리기 때문에 안 된다는 것이다. 그렇지만 이 강령은 일본에 있는 200만의 한인들의 결의로 결정한 것인 만큼 어떻게 할 수 없다. 그래서 특파원만으로 회의를 열고 그 항목만을 삭제하기로 했다.

그리고 일본은행권을 조선은행권 화폐로 바꾸러 나갔다. 인민해방보 회사 사람의 중개로 일본으로 귀환할 일본인이 가지고 있는 화폐와 교환하는 교섭을 했지만 일본 돈의 가치가 낮아서 교환 비율이 형편없었다. 10대 4의 비율이다. 100엔을 내면 40원 밖에 주지 않는다. 귀환해 갈 때 돈을 가지고 갈 수 없기 때문에 한반도에서 일본 돈이 필요 없었던 것이다. 그래서 부산에서는 우선 당장 필요한 만큼만 교환하고 나머지는 서울에 도착해서 바꾸었다.

부산에는 해방직후 경상남도 지사가 된 문시환[27]이라고 하는 지인이 있었다. 야마카와(山川) 철공소에서 함께 일하고 있었을 때 알고 지내던 사람이다. 조선공산당 ML파의 잔당으로 만주의 안동에서 잡혀 보석된 후 일본에 들어가 보호 관찰 가운데 경찰이 맡긴 공장에 있을 때, 내가 들어가게 된 것이다. 몇 년인가 함께 일했지만 운동에는 일체 관여하지 않았고 오히려 우리 행동을 억제할 정도였다. 문시환은 영어를 할 수 있었기 때문에 미군에 협력하여 도지사가 된 것은 아닐까 생각했다. 그러니까 이제는 만날 필요가 없게 되었다.

이러한 장정수의 회상에서는 해방직후의 부산의 이미지로서 다음과 같은 것을 읽어낼 수 있다. 첫째는, 혼란스럽고 불결한 곳이라는 이미지다. 고안마루 선박의 선실에서 나올 때부터 그는 시끄러운 동포 청년의 뜻 모를 이야기에 부딪치게 되었다. 그는 그 청년들에 대해 기독교를 전도하는 자들로 인식했다고 하는데 그 실체는 불분명하다. 귀국자 원호를 위한 단체에는 기독

---

27) 문시환(1897-1973)은 일본 正則영어학교와 모스크바 공산대학을 졸업했다. 1923년 의열단에서 군자금 모집요원으로 활동했다는 혐의로 체포되어 2년간 투옥 당했다. 해방직후 동래군수를 역임했으며 1948년 제헌의회 의원과 경남도지사(1948-1949)를 역임했다. http://ko.wikipedia.org.

교 계통의 사람들이 많았지만,[28] 연락선 안에까지 들어갈 수 있는 사람들이었다는 점에서 항구의 당국으로부터 허가를 얻어 공식적으로 활동하고 있던 사람들이었다고 생각된다.

또한 커뮤니케이션에서 서로 충돌이 일어난 것은 장정수의 한국어 능력에 기인하는 점이 컸다고 생각할 수 있다. 그는 12월 10일 서울의 집회에서 인사말을 할 때 한국어를 오랫동안 사용하지 않았기 때문에 제대로 말하지 못했고, 무심코 일본어가 튀어나와 도중에 인사를 끝맺었다고 회고하고 있다.[29] 또한 확실히 부산의 항구나 마을에는 혼잡하고 불결한 곳이 많았겠지만 오랫동안 일본에서 생활해온 사람의 눈으로 볼 때 부산은 현지 주민이 보는 것보다 훨씬 더 시끄럽고 더럽게 보였을 것이다.

둘째는, 자신을 위태롭게 할 수도 있는 위험한 곳이라는 이미지다. 총독정치가 끝나고 경찰이나 군대의 통제력이 약해짐에 따라 확실히 한반도 전역에서 치안 상황이 나빠졌다. 특히 귀환하지 않은 일본인이나 식민지 시대의 '친일파'들이 느끼는 이러한 험악한 분위기는 부산에도 만연했다. 전쟁 종결 직후 8월 하순에 마이즈루항(舞鶴港)에서 발생한 '우키시마호 폭침 사건'에 관한 유언비어와 강제 연행되어 일본에서 일하고 돌아온 조선인의 귀국 후 불만 폭로는 한반도에서 반일 분위기를 한층 더 고조시켰다.[30] 한국어도 능숙하게 이야기하지 못하고 '일본인과의 호양 우의'를 거리낌 없이 내걸고 있던 조직의 임원으로서 그는 이러한 반일 분위기를 민감하지 느끼지 않을 수 없었을 것이다.

셋째는, 가깝게 느끼기 어려운 서먹서먹한 곳이었다는 이미지다. 더 이상 중개자를 통하지 않고서는 부산의 사람들과 직접 거래하기가 곤란했고, 어

---

28) 최영호,『재일한국인과 조국광복: 해방직후의 본국귀환과 민족단체활동』, 글모인, 1995, p. 105.

29) 張錠壽,『在日六十年・自立と抵抗』, p. 151.

30) 森田芳夫,『朝鮮終戰の記錄』, pp. 309-312.

렵사리 가지고 온 일본 화폐도 그 가치가 떨어져 버렸다. 또한 과거에 있어 같은 직장에서 일하던 아는 사람이 이제는 높은 지위에서 활약하고 있는 현실을 그다지 순수하게 받아들이기 어려웠을 것이다. 본래 현지 주민과 같이 출신은 한반도였지만 장기간 일본생활에 친숙해져 온 재일한인은 스스로를 한반도에서의 '외간 사람'으로 자각하게 되었을 것이다.

_5_
해방직후 우파적 재일동포 청년단체

해방직후 재일한인 사회에서 일찍부터 가장 큰 규모로 활동한 조련 단체가 한반도 정세에 어떠한 대응 움직임을 보였는지에 대해서는, 1980년대부터 박경식(朴慶植)의 관련 자료집[31]이 나와 있는데다가 2009년에 오규상(吳圭祥)이 내부 자료를 활용하여 조련의 단체 활동을 면밀하게 정리한 연구서를 통해 잘 알 수 있다.[32] 따라서 필자는 조련의 내부 움직임에 대해서는 가능한 간략하게 언급하고 신탁통치 반대 운동과 관련한 우파적 성향의 단체 활동을 자료를 통해 추적하는 데 집중하고자 한다.

재일한인 사회에서 한반도 신탁통치 문제를 둘러싸고 가장 강렬한 움직임을 보인 것은 건청(조선건국촉진청년동맹)과 건동(신조선건설동맹)을 중심으로 하는 우파적 성향의 단체였다. 이 단체들은 해방직후에는 조련에 비해 상대적으로 작은 규모로 결성되었으나 시간이 지날수록 조직원이 증가되어 갔으며 활동도 활발해져 갔다. 결과적으로 이러한 움직임이 민단(재일본조선거류민단)의 결성으로 이어졌다.[33] 기존의 자료집 발간이나 연구 논저가 조련에 치중해 있는 것에 반하여 건청이나 건동과 같은 우파적 단체 활동을 집중적으로 분석한 연구서는 아직 없다.

재일한인 사회에서 신탁통치 파동이 일어나게 되는 배경에는 우파 청년

---

31) 朴慶植, 『朝鮮問題資料叢書第9巻』, アジア問題研究所, 1983; 朴慶植, 『朝鮮問題資料叢書補巻: 解放後の在日朝鮮人運動3』, アジア問題研究所, 1984; 朴慶植, 『在日朝鮮人関係資料集成第1巻』, 不二出版, 2000; 朴慶植, 『在日朝鮮人関係資料集成第2巻』, 不二出版, 2000.

32) 吳圭祥, 『ドキュメント在日本朝鮮人連盟1945-1949』, 岩波書店, 2009, 第1章.

33) 朴慶植, 『解放後在日朝鮮人運動史』, 三一書房, 1989, pp. 70-83.

단체가 결성되어 조련과 조직적 알력 관계를 갖고 있었다고 하는 움직임이 있었다. 청년단체가 선두에 나서서 반탁 운동을 주도하면서 재일한인 사회의 좌우 대립을 심화시켜 나갔기 때문이다. 1945년 10월 조련이 처음으로 전체대회를 열고 공산주의와 사회주의적 성향을 지닌 인사들을 중심으로 조직을 정비해 가는 상황에서, 별도의 움직임으로서 민족주의를 표방하는 청년단체가 조직을 형성해갔다. 전국적인 청년 조직은 조련 준비위원회 업무를 돕고 있던 20대 청년 서종실(徐鍾實)과 허운용(許雲龍)이 도쿄 주변에서 청년 동지들을 모으면서 시작되었다.

청년단체 발안자 가운데 한 사람인 허운용은 1991년 필자와의 대담에서 청년단체 결성의 계기를 설명해주었다. 그는 조련 준비위원회 사무소[34]에서 가까운 곳에 살고 있는 이원유(李元裕) 집에서 자주 청년들이 모임을 가졌는데 1945년 10월 하순에 서종실, 허운용, 이원유, 전상호(全相浩), 김성환(金聖煥) 등이 이 집에서 청년단체 조직을 의논했다고 했다. 10월 16일과 17일에 조련 전체대회에서 '친일파' 축출 사태가 발생한 이후 조련에 대항하는 우파적 성향의 청년단체 조직 움직임이 가시화된 것으로 보인다. 이제까지

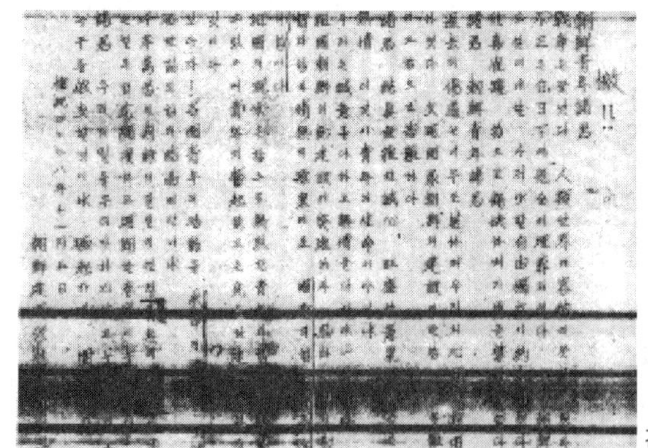

건청 격문, 조선청년제군

<hr>

34) 1945년 9월 25일에 발행된 조련준비위원회의 기관지 『會報』(창간호)에 의하면 사무소 주소가 淀橋區 角筈 2-94番地의 조선장학회 건물로 되어 있다. 오늘날의 신주쿠(新宿)에 해당하며 요요기(代々木)와는 그리 멀지 않은 위치에 있다.

필자가 추적한 바에 따르면 건청이라고 하는 단체명이 처음으로 사용된 것으로 보이는 자료는 11월 5일자로 배포된「조선청년제군!」이란 제목의 격문이다.

건청 조직을 주도한 청년들은 조련의「규약」을 본떠서 32개조에 달하는「규약」을 마련하고 결성대회를 준비했다. 이들은 11월 16일 도쿄 다무라쵸(田村町)에 위치한 비행회관(飛行会館)에서「애국투사 출옥환영 연설회」를 겸하여 청년단체 결성대회를 열었다. 이 연설회는 10월 10일 후추(府中)형무소에서 출옥한 이강훈(李康勳)과 10월 27일 아키타(秋田)형무소에서 출옥한 박열(朴烈)을 환영하기 위해 기획된 것이었다. 조련이 각 지방 대표에 의한 임원 선출 절차를 취했던 것에 반하여, 건청은 이러한 절차를 밟지 않고 대중 집회에서 청년 단체의 결성만을 선언하고 그 이튿날 소수의 준비 세력이 따로 모여 임원진을 급조했다. 한 달 이상 지난 12월 26일이 되어서야 뒤늦게 건청이 발간한 기관지『청년』창간호에는 이 연설회 풍경이 생생하게 기록되어 있다.[35]

이 대회는 사회를 담당한 서종실의 개회사, 순국선열에 대한 묵념, 전상호에 의한 조직경과보고, 홍현기(洪賢基)의 재정보고, 이해룡(李海龍)의 행동방침 설명, 내빈 가운데 필리핀 대표(Ben Jarvien)·일본 대표(和久幸男) 등의 축사,[36] 재일조선인 단체 대표 격려사 등의 순으로 진행되었다.[37] 이어 이강훈이 등단하여 12년간에 걸친 옥중체험담을 술회했다. 그리고 22년간의 투옥 끝에 석방된 박열은 이 대회에 직접 참가하지 못하고 대신 축하 서한을

---

35) 이 대회에 참관했던 박경식은 우리말을 제대로 알아듣지 못하는 가운데 청년들의 민족주의 열기를 느꼈다고 하는 회고를 남겼다. 이 대회를 계기로 그는 건청 훈련소에 들어가 민족교육을 받게 되었다. 朴慶植,『在日朝鮮人·强制連行·民族問題: 古稀を記念して』, 三一書房, 1992, p. 610.

36) 신문 기자 Ben Jarvien과 和久幸男의 축사 내용은『靑年』(창간호, 1945년 12월 26일), pp. 8-12에 게재되어 있다.

37)『靑年』(창간호), pp. 14-15.

보냈다. 이해룡이 박열의 서한을 대독하면서 장내는 열광 분위기에 휩싸였다. 박열은 서한을 통해 자유민주국가 대조선(大朝鮮)의 건설이 과업이라는 점을 역설하고, 청년단체와 함께 앞으로 문제를 해결해가겠다는 것과 여생을 조국과 민족을 위해 바치겠다는 것 등을 약속하고, 자신을 언제든지 사용하고 불러주기를 바란다고 했다. 아울러 그는 서신 말미에 '제군의 하복(下僕) 박열'이라고 표기했다.[38] 이와 같이 건청은 결성대회를 통해 이강훈과 박열의 후광을 업고 재일한인 사회에 화려하게 등장한 것이다.

건청 결성대회 때의 임원진에 대해서는 여러 사람들의 견해가 서로 달리 나타나고 있다. 그것은 건청이 명확한 기록을 남기지 않고 있는데다가 늘어나는 회원에 따라 졸속적으로 임원진을 증가 또는 변화시켜 갔기 때문이다. 필자가 입수한 결성대회 준비 자료에 따르면 「부서 책임자 씨명」이라고 하는 자료에 서무부 강순필(康順弼), 외사부 서종실, 재정부 홍현기, 조사부 전상호, 선전부 허운용, 문화부 이해룡, 체육부 최맹호(崔猛虎)가 기재되어 있다. 이것이 건청의 최초 임원진일 가능성이 높다. 결성대회 이튿날 건청 조직원들이 모여 초대 위원장으로 결성대회 개최 과정에서 재정적인 지원에 나섰던 홍현기를 추대했다. 그 후 회원 규모가 급격하게 늘어나고 조직 활동이 많아지면서 홍현기 체제가 정비되어 갔다.[39] 결성대회 다음날에는 임원진 구성 뿐 아니라 「강령」, 「운동방침」, 「청년건설대 요강」, 「맥아더사령부에 제출하는 결의문」 등을 마련하기도 했다.

결성 직후부터 건청은 본부 사무실을 물색하는 과정에서 이미 조련이 노리고 있던 조선총독부 도쿄출장소 건물의 사용을 시도하면서 조련과 알력

---

38) 『靑年』(창간호), pp. 7-8. 박열이 보낸 주소는 秋田縣 大館町 玉林寺後 61番地로 되어 있다. 그는 한 달간 秋田에 있다가 11월 26일에 도쿄로 거처를 옮겼다.

39) 많은 책에 나오는 다음 임원진은 어느 정도 조직이 정비된 시점의 임원진이라고 생각된다. 위원장 洪賢基, 부위원장 徐鍾實 · 許雲龍, 선전부장 金容太, 서무부장 康順弼, 외사부장 李元裕, 조사부장 金陸男, 정보부장 金萬洙, 문화부장 李海龍, 건설부장 金琮斗, 체육부장 蔡洙仁, 훈련부장 崔猛虎.

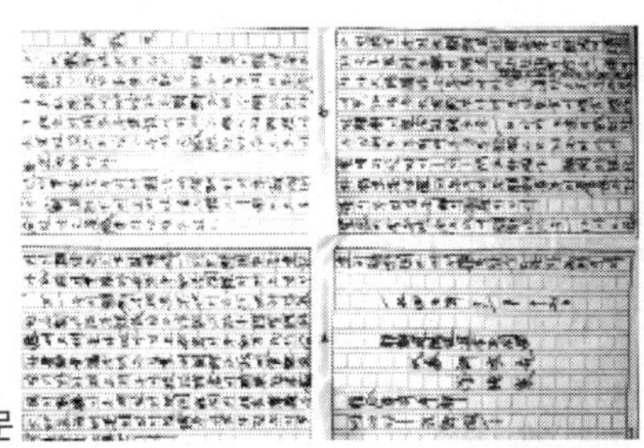

맥아더사령부에 제출하는 결의문

을 보이기 시작했다. 11월 하순에는 건청이 임시로 사용하고 있던 옛 일본 헌병대 도쿄분소 건물에 조련의 청년단원들이 난입하면서 물리적 충돌이 발생했다.[40] 건청은 지방조직의 확장과 함께 월간잡지 『청년』을 1945년 12월 26일자로 창간했고, 주간신문인 『조선신문』 제1호를 1946년 1월 10일자로 발행했다. 또한 박열을 학장으로 하는 「건국대학강좌」를 개설하고, 박열 이외에 이강훈·후세 다쓰지(布施辰治)·구로다 히사오(黑田壽男)·가타야마 데쓰(片山哲)·가와카미 간이치(川上貫一)·이시카와 산시로(石川三四郎) 등 당대 유명한 정치사상가들을 초청하여 강연회를 열기도 했으며, 매일 오전에는 한국어 강좌를 개설하여 운영하기도 했다. 그리고 일본방송협회(NHK)의 요청으로 건청 사무실에 방송실을 두고 매주 월요일 밤 8시부터 1시간 동안 한국의 역사·고사(故事)·민속 등에 관한 방송을 내보내기도 했다.[41]

한편 건청은 결성 후 점령당국과 교섭하여 옛 일본군 건물을 임시로 사용하여 본부 사무실을 꾸려나갔고 단체 활동을 위한 특별배급 지원을 받기도 했다. 결성대회 직후 홍현기는 간다(神田)에 있는 자신의 사무실을 건청 본부 사무실로 사용했으나 회원 수가 급격히 증가함에 따라, 점령당국에 요청

---

40) 11월 24일 건청에서 허운용 등 3명이 田村町에 있는 총독부 도쿄사무실 건물을 방문하여 사무실 제공을 요구했다. 坪井豊吉, 『在日同胞の動き』, 自由生活社, 1975, p. 261.

41) 洪萬基, 「解放後の混乱期を戦った建青創設回想録(15)」, 『韓国新聞』(1975.3.29).

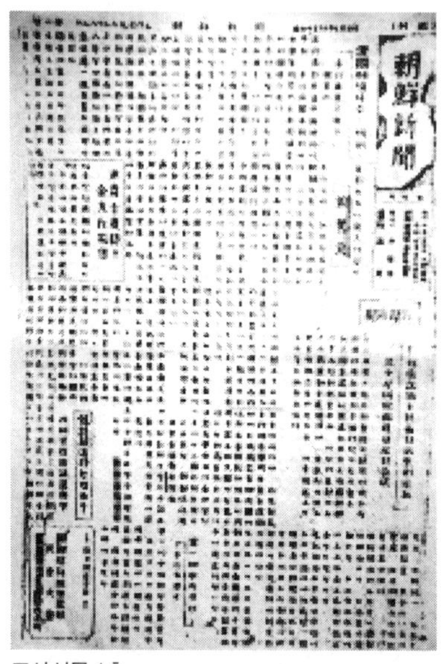

조선신문 1호

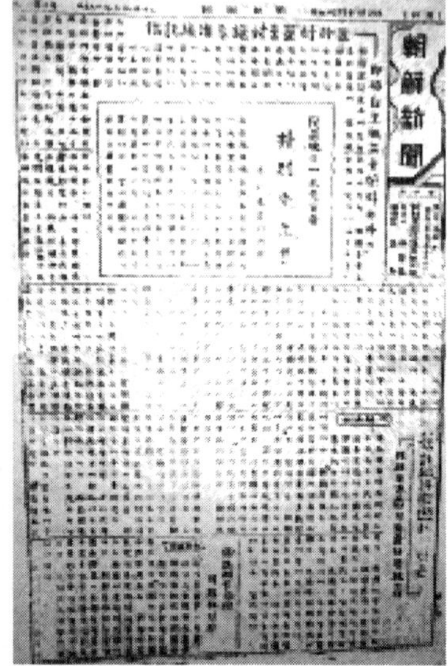

조선신문 2호

하여 잠시 옛 일본헌병대 도쿄 분소 건물을 빌어 사무실로 사용했고 1945년 12월초에는 옛 해외동포훈련소 건물로 옮겨 중앙본부 사무실과 조직원 숙사로 사용하기도 했다. 그 후 옛 육군대학 건물과 옛 육군경리학교 건물로 전전하기도 했다. 건청은 옛 해외동포훈련소 건물을 중앙훈련소로 사용했다. 이와 같이 1946년 10월에 민단이 결성될 때까지 약 1년 남짓한 기간에 본부 건물을 무려 4차례나 이전한 것은 건청이 열악한 재정으로 운영되었다는 것을 잘 말해주고 있다.

그런데 건청은 한편으로 조국의 해방에 따라 재일한인 사회에 갑자기 분출하기 시작한 민족주의적 성향을 대변하는 단체가 되었지만, 다른 한편으로는 조국으로의 귀환이 활발하게 이루어지고 있는 당시 상황에 비추어 볼 때 결과적으로 귀환하지 않고 일본에 거주하는 사람들에게 일본사회의 현실과는 동떨어진 이념을 내세우는 단체가 되어갔다. 건청이 내세우는 민족주의 이념은 재일한인 사회에 뿌리를 내린 사람들에게 있어서는 일상생활과 괴리된 것이었다. 체육부장 최맹호의 경우는 1947년 교토(京都)의 공수도 선수권에서 우승하면서 오야마 마스타쓰(大山倍達)라는 이름으로 일본 사회에 널리 알려졌고 1964년에는 일본으로 귀화했다.[42]

실제로 건청 결성 당시의 임원 가운데 생전에 한반도로 귀환한 사람은 전상호 단 한 사람이 확인될 뿐이다. 다만 천안에 있는 「망향의 동산」의 홈페이지에서 안장자 검색를 해보니, 2012년 2월 말 현재 건청의 초기 임원을 역임한 사람 가운데 홍현기 · 이해룡 · 김용태(金容太) · 박근세(朴根世) · 채수인(蔡洙仁) 등의 유골이 이곳에 안치된 것으로 확인된다.[43]

42) 일본 위키피디아, 「大山倍達」, http://ja.wikipedia.org (2011년 12월 31일 검색)
43) 한국국립망향의동산 홈페이지, nmhc.mohw.go.kr.

_6_
신탁통치 문제에 대한 재일한인 사회의 초기반응

1945년 12월 말 모스크바 3국 외상 회의 결과에 따라 연합국 11개국에 의한 「극동위원회」(FEC) 설치 문제와 함께 한반도 신탁통치 문제가 일본에 보도되었다. 이에 따라 건청을 중심으로 하여 신탁통치 반대운동이 대대적으로 전개되기 시작했으며 이를 계기로 재일한인 사회에서 조련과 건청을 양축으로 하는 조직적 이념대립이 치열해졌다. 결과적으로 신탁통치 문제를 둘러싸고 재일한인 사회에서 건청과 같은 우파적 성향을 갖는 단체가 융성하게 되었으며, 조련이 공식적으로 모스크바 회의의 결정사항을 찬성했다고 하는 것이 알려지면서 많은 동포들이 조련 조직을 탈퇴하여 우파 단체로 옮기기 시작했다.[44]

더글라스 맥아더(Duglas MacArthur) 점령군 사령관은 모스크바 회의 결과 가운데 일본점령정책과 관련된 「극동위원회」와 「대일이사회」의 설립 문제에 가장 큰 관심을 보였다. 그는 언론에 대해서 "새로운 일본 관리방식이 결정된 이상 그 운용에 노력하겠다"라고 하며 원칙론적인 입장을 보였지만, 미국정부에 대해 점령지휘체계의 통일성을 주장함으로써 모스크바 회의 결정에 이의를 제기했다.[45] 애초 맥아더는 한반도 신탁통치 문제에 관한 결정에 대해서는 아무런 언급을 하지 않고 있다가 2월 14일이 되어서 그는 "많은 한인들이 신탁통치를 반대하고 있다"는 이유를 들어 미소에 의한 한반도 분

---

44) 鄭哲, 『民團』, 洋々社, 1967, 29쪽.
45) 西鋭夫, 『マッカーサーの犯罪: 秘録日本占領(上)』, 日本工業新聞社, 1983, 30쪽.

단을 비판하는 견해를 내보였다.[46] 모스크바 회의 결정에 대한 이러한 맥아더의 소극적이고 비협조적인 태도가 재일한인 사회에서 신탁통치를 반대하는 진영에게 보다 유리한 운동 조건으로 작용한 것이 분명하다.

재일한인 사회에서 신탁통치 문제가 어떻게 전개되기 시작했는지 자료를 통해 확인해보자. 1945년 12월 말에 보도된 모스크바 회의 결정은 재일한인 사회에도 중대한 관심사로 떠올랐다. 건청의 조직원은 말할 것도 없이 조선공산당의 방침이 결정되기 전에는 조련 조직원들도 한반도 신탁통치 결정에 대해 불만을 가지고 있었다. 조선공산당의 모스크바 회의 찬성방침이 조련에 전달된 것은 1월 4일이라고 생각된다. 조련 오사카본부의 임원 부윤신(夫允信)이 송싱철(朱性徹)·상분석(姜文錫) 등과 함께 1월 3일 반탁을 주장하는 성명서를 등사판으로 작성했다가 이튿날 도쿄에서 박은철(朴恩哲) 등의 공산당원을 만나 설득을 당하면서 이를 신문에 싣지 않게 된 것이 확인되기 때문이다.[47] 반면에 조련 야마구치현(山口県) 본부의 경우에는 중앙 조직으로부터 아무런 연락을 받지 않은 상태에서 1월 3일 시모노세키(下関)에서 열린 「서일본 조선인민대회」에 조직의 이름을 걸고 참가하여 반탁을 결의한 것으로 밝혀졌다.[48]

이와 함께 반탁을 주장하는 남한의 격문(삐라)들이 일본에 유입되어 『시국특보』와 같은 제목으로 다시 가공되어 재일한인 사회에 확산된 것을 확인할 수 있다. 예를 들어 12월 31일에 남한에서 '우국지사연맹' 명의로 작성되어 배포되기 시작한 격문 「조선신탁통치 이면공작 진상폭로!!」는 일본에

---

46) 『讀賣報知』(1946.1.16).

47) 吳圭祥, p. 23.

48) 下關市 東大坪 광장에서 열린 대회에는 조련 山口県 본부, 조선재외동포구제회 下関지부, 조선인민해방청년동맹, 서일본조선청년동맹 등이 참가했다. 이 대회에서는 다음과 같은 세 가지 사항이 결의되었다. ① 서일본 재류 조선인 30만 명 대표 대회의 총의로써 신탁통치안을 절대 반대하고 재고를 요구한다. ② 앞의 요구를 관철하지 못하는 경우에도 즉시 자유정부를 수립하고 무저항 불복종 운동을 추진한다. ③ 미소회담 종료 후 회답을 요구한다. 『靑年』 2호 (1946.1.25), p. 6.

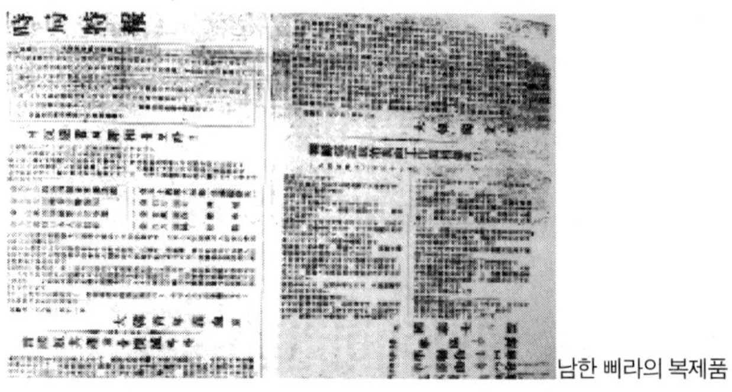

남한 삐라의 복제품

서 다시 등사판으로 제작되어 배포되었다. 1월 초에 재일한인 사회에 배포되었을 것으로 보이는 이 문서는 조선공산당 재건파 (박헌영 계열) 최용달을 주동자로 지목하고 그가 9명의 수행원을 인솔하고 모스크바를 방문하여 한반도 신탁통치를 요구했다는 유언비어를 실었다. 이와 함께 하지 중장이 이끄는 남한 미군정 당국에게 격려와 감사를 표해야 하며 미국과 조선을 이간시키려고 하는 '적색 모략'에 빠지지 말라고 하는 내용을 담았다. 재일한인 사회에 배포된 격문은 남한의 것과 내용상 일치하면서도 일부 어려운 한자 표기를 한글로 고치는 등 비교적 조잡하게 구성되어 있다.[49] 또한 서울에서 처음 만들어진 원본과는 달리 '우국지사연맹'에다가 건준협력부, 건준연합위원회, 건준부산위원회, 독립촉성경남협의회, 반탁경남협의회, 반탁부산시위원회 등의 조직명이 함께 기재된 것으로 보아, 이 격문이 부산을 거쳐 일본에 유입되었을 것으로 추측된다.

남한의 반탁 주장 격문이 재일조선인 사회에 약간 변용되어 산포된 사례는 또 하나의 격문 「이 반역자의 죄상을 보라!」에서도 확인된다.[50] 이것은 남

---

49) 憂國志士聯盟 등, 「朝鮮信託統治裏面工作眞相暴露!! 1945年12月31日!!」(발행일 불명). 이 자료의 내용은 뒤늦게 건청의 기관지 『조선신문』 제3호(1946.2.10)의 2면에 그대로 게재되었다.

50) 大韓靑年義血黨, 「이 反逆者의 罪相을 보라!」(1946.1.11일). 이 자료의 내용은 『조선신문』 (1946.2.10)의 1면에 게재되었다.

한에서 1월 12일 대한청년의혈당 명의로 작성되어 배포된 것인데, 어찌된
이유에서인지 일본에서는 1월 11일에 작성된 것으로 발표되었다. 그 내용은
여운형·박헌영 일파가 '반역집단' 「인민공화국」을 만들었고, 그들의 운동
자금이 관동군·총독부·조선헌병대·일본인세화회·친일파로부터 나왔
으며, 이들이 소련에 요구함으로써 신탁통치가 모스크바 회의에서 결정된
것이라는 등의 선동적인 반공 주장 일색이었다.

7

재일한인 청년단체의 반탁운동

결성된 지 얼마 되지 않는 건청은 일찍부터 신탁통치안에 대한 반대운동을 전개하면서 이를 조직 활성화의 기폭제로 활용했다. 박열을 지도자로 영입하고 1월 1일 중앙본부 강당에서 개최한 신년축하회에서부터 조직을 들어 반탁운동을 추진하기로 결정한 것이 건청 내부자료를 통해 확인된다. 날짜는 명시하지 않았으나 '단기4279년(1946년) 1월'로 발송 시기를 기재하고, 위원장 명의로 각 지부장에게 발송한 「근하신년」이라고 하는 한글 등사판 문서가 그것이다. 이 자료에 따르면 "설날 본부 축하회에 있어서 우리는 신탁통치안을 절대로 반대하고 완전한 자주독립까지 전심전력 힘쓰고 싸우기를 맹서했다"고 되어 있다.[51]

『조선신문』 창간호에는 독립기(태극기)가 게양된 가운데 열린 신년축하회에서 식순에 따라 애국가 제창, 고국요배(故國遙拜), 순국의사에 대한 묵도, 박열의 축사, 위원장 등의 인사말, 일반 내빈의 축사, 박열 주창에 의한 '독립만세' 삼창, 위원장 주창에 의한 '청동(靑同)만세' 삼창 등이 이어진 것으로 되어 있다.[52] 또한 『조선신문』 창간호에는 신년축하회 직후에 작성된 것으로 보이는 「맹서문」이 실려 있는데 그 내용은 다음과 같다.

---

51) 朝鮮建國促進靑年同盟本部委員長, 「근하신년」(1946.1). 이 문서에는 건청이 서울의 김구를 비롯한 각 정당에 의한 반탁운동 소식을 접하고 일본에서도 반탁운동을 전개하기로 결의했다고 되어 있다. 이것은 도쿄의 반탁운동이 서울의 운동에 의해 촉발되었음을 보여주는 것이다.

52) 『조선신문』(1946.1.10). 靑同은 건청의 또 다른 호칭이다.

우리의 유일 독특한 목적은 조선의 완전한 자주독립이다. 이것을 障害하는 것은
북위 38도를 경계로 한 미소의 남북분할 군정이며 現今 연합국에서 운운하는 국
제신탁통치이다. 분할 군정은 민족분열을 초래하는 원인이 되며 신탁통치는 완
전한 자주독립의 절대의 적이다. 是故로 우리 조선건국촉진청년동맹은 절대로
이것을 반대하며 그 목적을 달성키 위하야 맹원이 완전히 일심동체가 되여 백절
불굴의 용기로서 전심 全靈 힘쓰고 싸우기를 맹서하노라.

「근하신년」이라는 문서는 1월 21일로 예정된 「신탁통치반대 민중대회」에
참가를 촉구하는 안내문이기도 하다. 이 문서에는 "연합국에 의한 신탁통치
운운은 실로 기괴한 일이며 조선인의 반대는 자연적인 민족감정의 발로"라
고 전제하고, 예정된 민중대회의 목적은 반탁 의사를 전 세계에 알리고 세계
관계 각국의 반성을 촉구하며 여론을 유도하기 위한 것이라고 했다. 또한 민
중대회 내용으로는 건청 내외 인사들의 연설을 듣고 결의문을 채택하여 시
위행진 등의 방법으로 점령당국과 관계 각국에 전달하겠다고 했다.[53]

  1월 21일 예정대로 도쿄 간다(神田)의 교리쓰(共立)강당에서 건청이 주
최하는 민중대회가 열렸다. 건청 기관지『청년』제2호 (조선신탁통치반대
특집호) 속에 실린 이부윤(李富潤)의 참관기는 이 대회에 관하여 가장 상세
하게 전달하고 있다. 서종실 부위원장의 사회로 진행된 대회는 감사의 묵
도, 애국가 제창, 홍현기 위원장, 박열, 이해룡 문화부장 · 김용태 선전부장
의 연설, 박근세 선전차장의 결의문 낭독, 조선독립만세 삼창으로 이어졌
다. 대회가 끝난 후 곧 이어 간다와 긴자(銀座)를 거쳐 맥아더사령부 본부
건물에까지 시위행진이 전개되었다. 박열과 홍현기 등이 택시를 타고 대열
을 선도하는 가운데 재일한인 대중들은 태극기를 흔들면서 애국가를 부르
고 조선독립만세를 외쳤다. 맥아더사령부에서 박열과 건청 위원장은 점령

---

53) 朝鮮建國促進靑年同盟本部委員長, 위의 자료 (1946.1).

군에게 결의문을 전달했다. 이어 시위대는 건청 본부 사무실이 있는 육군대학 건물까지 이동했으며 박열의 선창으로 '조선독립만세'를 세 번 외치고 해산했다.[54]

민중대회 회장에는 B4 크기 용지 3장의 「결의문」이 등사판으로 인쇄되어 참가자들에게 배포되었다.[55] 이 가운데 신탁통치 문제에 관한 부분을 철자의 오류를 시정하지 않고 원문 그대로 소개한다.

只今에 있어서 朝鮮에 信託統治을 施行하겠다는 것은 너무나 民族的 感情을 蔑視하는 것이며 戰時 戰前을 통하야 聯合國 巨頭들의 會談한 結果 發表된 諸宣言 憲章 等及 責任있는 地位에 있는 者들로 發表된 主權의 回復, 民族自治의 原則, 朝鮮의 自由且獨立에 未久實現 등에 明白히 背馳되는 事實이다. 特히 聯合國 機構 憲章의 理念에 너무나 逆行하야 世界의 平和와 安寧을 유지할랴는 世界共同의 努力과 目的을 蹂躪하는 것이다. 우리는 聯合國의 良心的 反省과 約束의 履行을 平和와 安寧을 愛望하는 世界사람과 같치 굿게 요망한다…… 現在 關係 聯合國에서 取하고 있는 政策, 特히 美蘇 兩國의 分割統治及 信託統治를 實施하겠다함은 도로혀 朝鮮사람의 意氣를 磨殺시키고, 大同團結의 步調를 明確히 어그트리고 있어며 完全한 自主獨立의 實現을 判然히 妨害하고 있다. 다음 戰爭을 豫想하야 朝鮮에 그 戰略地域을 獲得하기에 서로 角逐하고 朝鮮의 領土의 資源을 朝鮮사람의 意志와 經營에 맡기지 않음은 다음 戰爭을 招來하는 原因이 되겠다. 우리는 民族의 自存과 世界의 平和와 安寧을 爲하야 卽時 軍政의 撤廢를 요구한다. 朝鮮에 信託統治를 實施함을 絶對反對한다. 朝鮮사람의 意志로 되고 딴 무엇에도 拘束함이 없는 政府樹立까지 全心全力 싸우겠노라.[56]

반탁운동은 민족주의 청년단체의 조직이 확대되는 계기가 되었을 뿐 아

---

54) 李富潤, 「朝鮮信託統治反對民衆大會」, 『靑年』2 (1946.1.25), 16~19쪽.

55) 건청은 이 결의문을 몇 개의 단어만을 수정하여 동일한 내용으로 『靑年』 제2호의 표지 뒤에 2면에 걸쳐 게재했다.

56) 朝鮮建國促進靑年同盟朝鮮信託統治反對民衆大會, 「決議文」(1946.1.21).

니라 조련에 대항하여 재일한인 사회에 우파 인사들이 집결하는 중요한 계기가 되었다. 애초에 비공개적으로 회합을 해 오던 소위 '민족진영'이 반탁운동 과정에서 하나의 세력으로 형성되어 갔는데, 여기에는 박열을 중심으로 하는 무정부주의자, 이강훈을 중심으로 하는 중립적 민족주의자, 그리고 조련에서 추출당한 반공주의자들이 가담했다. 박열과 이강훈을 상징적인 지도자로 내세우면서, 건청이라고 하는 조직을 바탕으로 일제시기의 협화회(協和會) 조직 경험자들이 기획하고 주도하여 우파 세력을 규합해 간것이다. 이들은 건청 본부건물 안에 따로 사무실을 두고 새로운 단체로 건동의 결성을 준비했다. 마침 1945년 12월부터 두 달 남짓 남한에 다녀온 이강훈과 원심창이 김구와 이승만 세력을 중심으로 하는 서울의 반탁 움직임을 전하면서 재일한인 사회에서 우파 단체 결성의 움직임은 한층 더 고무되었다.[57]

이어 2월 8일 도쿄 나카노(中野) 공회당에서 건동 결성대회가 열렸고, 박열을 위원장으로 하고 이강훈과 원심창을 부위원장으로 하는 임원진이 구성되었다. 결성대회에서 건동이 내건 7가지「행동강령」은 다음과 같다. ① 우리는 진정한 민주주의적 건국 의식을 함양한다. ② 우리는 세계의 대세에 호응하며 사해동포, 세계협동을 규약한다. ③ 우리는 민족의 자주성을 무시하는 신탁통치에 반대한다. ④ 우리는 근로 대중의 진정한 동지가 된다. ⑤ 우리는 재일동포의 현실적 여러 문제를 민첩하게 해결한다. ⑥ 우리는 성실한 각 분야의 운동을 지원한다. ⑦ 우리는 조국건설의 대강(大綱)과 그 구체안을 하루라도 빨리 완성한다.[58] 전반적으로 포괄적이고 추상적인 내용의 행동강령이지만, 이 가운데 세 번째 신탁통치에 반대하는 내용만은 이 단체

---

57) 이강훈은 건청이 주관하는 '건국대학강좌'에서 고국의 정치적 움직임에 관한 강연을 실시했다. 이강훈,「故國消息 多難한 政界」,『靑年』 2호, pp. 5-6.

58) 坪井豊吉, 앞의 책, 1975, 246~247쪽.

의 정치적 성격을 분명히 나타내는 것이었다.

건동의 조직원들은 건청과 함께 부단하게 격한 논조로 반탁을 주장하는 정보를 재일한인 사회에 발신했다. 다음 절에서 보는 바와 같이 조련이 2월 하순에 들어 임시전체대회를 열어 정치적 방향을 결정해 가는 과정에서 신탁통치 문제를 둘러싸고 조련과의 대립을 심화해 갔다. 그 뿐 아니라 점령당국의 검열을 거치지 않고 뒤늦게 1946년 7월이 되어서 발행한 기관지『신조선』창간호와 제2호, 그리고 검열은 거쳤으나 발행되지 않은 제3호를 통해서도 계속하여 반탁을 주장해갔다. 특히 제3호 발간에 앞서 검열을 받는 과정에서 이강훈과 김정주(金正柱) 등이 수필 원고를 통해 한반도 신탁통치안을 '연합국에 의한 식민지 재분할의 의도'라고 격렬하게 비판한 까닭에 검열당국에 의해 송두리째 삭제명령을 받았다.[59]

---

59) 小林知子, 「GHQによる在日朝鮮人刊行雑誌の檢閲」, 『在日朝鮮人史研究』 22号, 1992, p. 87.

8

조련의 모스크바 회의 결정 수용

신탁통치 문제를 둘러싸고 한반도 특히 서울에서 모스크바 회의 직후인 1월 초부터 좌우 단체의 물리적 충돌이 일어난 것에 비하면 재일한인 사회에서는 2월 27일의 조련 임시전체대회 이후에 가서야 물리적 충돌이 발생했다. 그것은 조련이 내부적인 공론화 과정을 거친 후에 뒤늦게 공식적으로 「인민공화국」을 지지하고 나섰기 때문이다. 재일한인 사회에서는 「인민공화국」에 대한 지지가 신탁통치 찬성과 동일시되어 좌우대립을 심화시키는 결정적인 소재가 되었다.

1월 중순 시점에는 이미 남한에서 반탁운동이 격렬해지는 가운데 미군정으로부터 인정받지 못하는 「인민공화국」이 지하단체화 되어 가고 있었고, 더욱이 이 단체는 소련에 의해서도 무시되어 가고 있었다. 한편 38도선 이북에서는 서울의 움직임과는 별도로 김일성을 중심으로 하는 공산주의 세력이 결집하는 움직임과 민족주의 세력이 배제되는 움직임이 활발히 일어나고 있었다. 이러한 상황에서 일본에서 조련이 조직을 들어 「인민공화국」 지지를 결정할 수 있었던 것은 김천해(金天海)를 비롯한 일본공산당 당원의 영향력 때문으로 보인다.[60]

1945년 10월 제1차 전체대회 이후 조련 중앙위원회가 마련한 「규약」의 제

---

[60] 일찍이 12월 27일 東京 日比谷공원에서 열린 대중집회에서 조련의 일부 구성원들이 조련의 이름으로 조선 「인민공화국」 지지를 표명한 일이 있으며, 12월 29일에도 조련 大阪本部 주관 인민대회에서, 그리고 이듬해 1월 5일 김천해가 이끄는 조선민중신문사 주관으로 열린 열성자 대회 등에서 공산당원들을 중심으로 「인민공화국」 지지를 결의한 일이 있다. 金斗鎔, 「日本における朝鮮人問題」, 『前衛』1-1, 1946, pp. 15-16; 『朝鮮民衆新聞』(1946.1.15).

7조에 따르면, 조련의 정기대회는 매년 한 차례씩 10월에 열기로 되어 있었고, 예외적으로 필요할 경우에 중앙위원회가 결정하여 임시대회를 소집할 수 있게 했다. 그리고 정기대회와 임시대회는 개최일 3주전까지 중앙위원회가 의안을 결정하여 소집하게 되어 있었다. 이에 따라 이듬해 1월 31일에 열린 제4회 중앙위원회는「인민공화국」지지 방향을 확정하기 위하여 2월 하순에 임시전체대회를 소집하기로 결정했다. 조련의「인민공화국」에 대한 지지 결정과정은 제8회 중앙위원회(1946년 10월 19일)에 제출된『총무부경과보고』속의 회의록에 비교적 상세하게 기록되어 있다.

조련 중앙위원회는 모스크바 회의 결정에 찬성하는 이유로 다음 두 가지를 제시했다. 첫째는, "본국에서 4대 정당이 공동커뮤니케를 발표하여 이 결정안을 지지한다는 것을 성명했다는 소식"을 알게 되었기 때문이라고 했다. 4대 정당의 커뮤니케는 서울에서 1월 6일 인민당·공산당·국민당·한민당이 간담회를 거쳐, 모스크바 회의 결정에 대해서 한국의 자주독립을 보장하고 민주주의적 발전을 원조한다고 하는 정신과 의도를 지지할 것, 각종 암살과 테러행위를 즉시 중지하고 모든 테러단체는 자발적으로 해산할 것, 신탁통치 문제는 가까운 장래에 수립될 임시정부에 의해 자주독립의 정신에 입각하여 해결할 것 등을 발표한 것을 말한다.[61]

그러나 이것은 4개 정당간의 비공식적 회합에 의한 것으로 인민당과 공산당만이 이를 크게 부각시켰고, 국민당 대표 안재홍은「신탁통치반대국민총동원위원회」부위원장으로서 인민당과 공산당에 대해 '신(新) 사대주의자', '국제추종자'라고 비난하면서 반탁론을 제기함으로써 합의 사항이 아님을 분명히 했다. 또한 한민당도 1월 8일 "커뮤니케는 사실이 아니며 한민당의 반탁 태도에는 변함이 없다"고 하는 성명을 냈다. 이에 대해 인민당과 공산당측에서는 국민당과 한민당이 커뮤니케를 파기했다고 비난하고 나왔다.

---

61)『중앙신문 호외』(1946.1.8).

그리고 둘째는, "신탁통치안 내용을 규명하고 그것이 조선독립을 원조하고 촉진한다는 것을 인식하게" 되었기 때문이라고 했다. 구체적으로 모스크바 회의 결정안 제1조에는 "조선을 독립국가로 재건설하기 위하여"라고 되어 있고, 제2조에는 "조선의 국가독립을 원조하기 위하여"라고 뚜렷하게 규정되어 있다는 것이다. 따라서 여기서 결정 사항은 조선의 독립을 부정하는 것이 아니라 오히려 카이로·포츠담 선언에서 막연하게 추상적으로 약속한 조선독립을 재인식한 것이며 나아가서 독립국가 건설의 구체적인 방법까지 명시한 것이라고 했다.

구체적인 방법으로는 일본제국 잔재로 민주주의 조건이 갖추어지지 않은 상내에서 민수적 원칙 위에 국가가 발전할 수 있도록 하는 조건을 만들고자 했다는 것이다. 그것은 일본지배의 오랜 해독을 일소할 목적으로 해방된 인민에 의하여 임시적인 민주주의 정부를 세우기로 한 것으로, 국제 파쇼와 군국주의를 일소하겠다는 연합국의 신성한 목적을 수행하려는 것이었다고 높이 평가했다. 그러나 이와 같은 조련의 견해는 지나치게 연합국의 의도를 긍정적으로 평가한 것이었다. 무엇보다도 모스크바 회의 결정안 4개조 가운데 국내외 조선인 대중이 가장 민감하게 받아들이고 있던 제3조의 '5년 기한의 4개국 신탁통치 협약' 문제에 대해서 이들은 의도적으로 언급과 평가를 회피했다.

아무튼 1월 16일에 열린 조련 상임위원회는 모스크바 회의 결정안에 대한 지지를 결정했고, 이것을 1월 31일에 열린 제4회 중앙위원회가 승인했다. 이 중앙위원회에서는 파견단 단장으로 서울을 다녀온 윤근 위원장이 귀국 보고를 했다. 그는 한반도 사정을 감안할 때 조련이 나아갈 길은 이미 확정되어 있다고 하고, 「인민공화국」에 대한 소극적 '지지'보다는 적극적인 '사수'를 주장했다. 그리고 인민의 지지를 받지 못하는 우익 각파들이 갖가지 저열한 수단으로 인민위원회와 대중을 격리시키려고 책동하고 있지만 조선의 인민 대중은 민족의 해방과 조국의 발전을 도모하는 길이「인민공화국」
밖에 없다고 보고 이를 사수하고 있다고 하며 본국 정세를 설명했다. 이어
제4회 중앙위원회는「조선인민공화국 절대 지지에 대하여 재류 백만동포에
격함」이라는 제목의 성명서를 발표하고「인민공화국」사수를 만장일치로
결의했다고 대외적으로 천명했다.[62]

62) 朴慶植,『朝鮮問題資料叢書第9卷』, pp. 90-91.

재일한인 사회의 좌우 대립

조련 중앙본부가 모스크바 회의 결정 수용과 「인민공화국」 지지 방침을 분명히 하자, 건청은 조직을 들어 조련을 비판하고 나섰다. 날짜는 불분명하지만 2월 중에 건청 선전부가 배포한 자료 「조선동포에 고함」에는 '신탁통치를 원하는 음모'를 매국적 행위라고 규정하는 한편, 실제로 존재하지 않는 「인민공회국」을 선진하며 신탁동치를 지지하는 자는 '민족반역자'라고 비난했다.[63] 또한 건청 자료 가운데 2월 14일의 중앙위원회 직후에 나온 것으로 보이는 등사판 인쇄물 「동포여!!」라고 하는 격문에 따르면, "우리의 목적은 단 하나이다. 조국의 완전한 자주독립 이것이다. 우리의 모든 운동은 여기에 귀일한다. 청년의 피땀을 쏟을 곳이 여기가 아니냐! 우리는 싸우자! 돌진하자!!"라고 하는 격렬한 문구로 시작하고 있다. 그리고 2월 14일 중앙위원회에서 「성명서」를 채택했다고 하며 그 내용을 소개하고 있다.[64] 중앙위원회에 배포된 것으로 보이는 「성명서」 자료 가운데 조련을 비난하는 후반부 내용만을 부분적으로 인용하면 다음과 같다.

> 우리들은 본국 내 及 일본 국내에 있어서 자기들의 세력을 번식시키고 야심으로 만족시키랴고 대동단결을 어그트리여 祖國의 독립을 害防하는 자의 陋劣한 태도를 절대적으로 排斥하며 투쟁할 것을 선언하노라. 특히 일본에 있어서 조선인 연맹이 赤色化 하여 인민공화국만을 지지한다고 하는 것은 조련 본래의 목적을

---

63) 朝鮮建國促進靑年同盟宣傳部, 「朝鮮同胞에 告함」(1946.2).

64) 朝鮮建國促進靑年同盟 명의의 자료 「同胞여!!」에는 발행 일자가 적혀 있지 않다. 아마 중앙위원회 직후에 발행 배포되었을 것으로 추측된다.

상실하고 동포를 기만하는 것임으로 재일동포와 함께 굳게 항의하며 그 반성을
促하노라. 우리는 재일동포의 폭력 及 불합법적 행위의 방지에 노력하는 동시,
완전한 외국인의 대우를 일본 朝野에 요구하여 동포의 되도록의 자유와 생활안
정을 획득하기 위하야 노력하겠노라. 우리는 숯 조선동포의 의지에 의하야 조국
건설에 결사적 활동을 전개할 굳은 결심을 有하노라. 檀紀4279년 2월 14일 조선
건국촉진청년동맹[65]

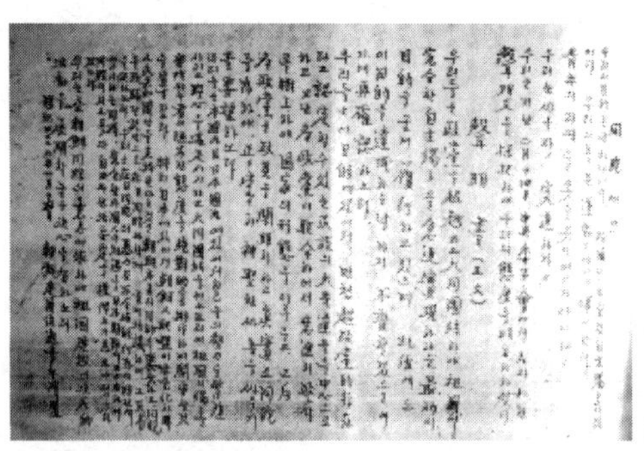

전청의 성명서

2월 27일부터 이틀간에 걸쳐 도쿄의 나가타(永田) 국민학교 강당에서 조
련의 임시(제2차) 전체대회가 개최되었다. 전국에서 총 487명의 대의원이
참석한 가운데 성대하게 열렸다. 이 대회는 시기적으로 재일한인 사회에서
본국 귀환의 움직임이 소강상태에 들어가고 거류생활에서 현실 문제의 해
결이 요구되는 시기였다. 때마침 2월 24일부터 3일간에 걸쳐 일본공산당의
제5차 전당대회가 성황리에 개최되고 있었던 시기이기도 하여 일본인 뿐 아
니라 재일한인들에게 있어서도 사회개혁에 대한 열망이 고조되는 때였다.
이에 따라 조련의 임시전체대회에는 동포들의 생활대책을 위한 의제를 포
함하여 총 18항목에 걸친 다양한 의제가 안건으로 상정되었다.

하지만 전체대회 의제 가운데 재일한인 대중에게 가장 큰 관심거리가 된

---

65) 조선건국촉진청년동맹, 「성명서」(1946.2.14).

것은 조련의 「인민공화국」 지지 문제, 즉 신탁통치 문제와 관련된 것이었다. 전체대회에서 이 문제가 어떻게 다루어졌는지에 대하여 조련의 회의록이 일부 전해지고 있다. 임시전체대회가 끝난 후 8개월이 지난 시점에 제3차 전체대회가 열렸는데, 제3차 전체대회 직후인 10월 29일에 열린 제8회 중앙위원회에서 배포된 『총무부경과보고』 가운데 실린 것이다. 아직 발견되고 있지는 않지만 조련은 2월 임시전체대회에서도 회의록을 작성한 것으로 보인다. 이 회의록을 기초로 하여 『총무부경과보고』가 작성된 것으로 기록되어 있기 때문이다.[66] 아무튼 조련 총무부는 임시전체대회 이후 8개월이 지난 시점에서 건청과 건동 등 '반동단체'의 폭력성을 강조하기 위한 목적으로 임시전체대회 회의록 가운데 일부분을 발췌 편집하여 중앙위원회에 보고했다. 따라서 『총무부경과보고』에서 신탁통치 관련 논의 과정을 찾아보기는 어렵고 폭력사태로 이어지는 부분만을 엿볼 수 있다. 조련의 움직임을 규명하기 위해서는 앞으로 임시전체대회 회의록이 반드시 발굴되어야 한다.

『총무부경과보고』 자료를 통해 임시전체대회의 움직임을 설명하자. 이 대회에 참석한 대의원 가운데는 신탁통치 지지 방안에 불만을 품은 사람들이 있었다. 특히 반탁을 주장하며 대회에서 논란을 불러일으킨 것으로 지목된 인물은 도쿄 제4구 대의원으로 참가한 정철(鄭哲)과 아키타현(秋田縣) 본부 위원장으로 사회자 가운데 한 명으로 선출된 김재화(金載華) 두 사람이다. 회의록에 의하면 정철이 첫날 회의에서 "조련은 발족당시에 사회단체로 나왔는데 왜 정치적 색채를 띠게 됐는가"라고 이의를 제기하면서 논란이 시작되었다고 한다. 그는 이튿날에도 "조련을 반대하는 사람은 반역자인가", "단상에 공산당 스파이가 있다" 등의 문제를 제기하면서 대회장 분위기를 경색시킨 것으로 나타나 있다. 한편 김재화도 "소수 의견을 가진 자는 다

---

66) 朴慶植, 『朝鮮問題資料叢書第9卷』, p. 103.

수 의견에 절대 복종해야 하는가" 하며 이의를 제기했고 발언권을 얻기 위해 사회자를 그만두겠다고 주장했으나 이는 받아들여지지 않았다. 때마침 대회장에서 정찬진(丁贊鎭)과 이문열(李文烈) 등의 권총 소지가 조련 자치대원들에게 발각되면서 물의를 빚었고 여기에 정철이 권총을 발사한 것을 계기로 폭력사태로까지 비화되었다. 결국 미군 헌병의 긴급 출동에 의해 폭력사태는 일단락되었다.[67]

그 후 조련 임시전체대회에서는 「선언」, 「강령」, 「규약」에 대한 수정안이 토의되었으며, 이어 대회를 혼란스럽게 한 김재화 등에 대한 제명처분이 결정되었다. 이어 귀국동포의 원호대책 등을 토의한 후, 「민주주의민족전선」 가입, 조련 서울위원회 조직 승인, '친일반민족 반역자' 조사, 민족교육과 청년교육 강화, 「인민공화국」 지지, 조직내부 통제강화, 재일동포 생활권 확보와 민생안정 등을 결의했다. 이때 일본공산당 당원으로 조련의 향방에 결정적인 영향을 끼친 김천해와 김두용이 고문으로 추대되었고, 지방위원 10명으로 전형위원을 구성하는 임원 구성의 재편이 이루어졌다.[68]

그런데 전체대회 2일째 대회장에는 건청이 인쇄하여 배포한 격문들이 나돌았다. 그 가운데 건청은 「조선을 소련의 한 연방으로」라고 하는 등사판 인쇄의 격문에서, 1월 15일 오전의 샌프란시스코 방송을 인용하는 형태로, 지난 1월 8일 조선공산당 책임비서 박헌영이 외국기자단과 대담하면서 "5년 후 조선은 소련의 한 연방으로 참가하기를 희망한다고 언명했다"고 비판했다. 이와 함께 남한의 각 정당들이 박헌영을 비판했던 것을 아울러 전하면서, "이와 같은 매국행위자들이 신탁통치를 지지하고 있는 것"이라고 했다. 이 격문의 실상은 1월 5일 내외 기자들과 회견하는 자리에서 박헌영이 뉴욕타임즈 특파원의 영어 질문에 대해 자신의 사회주의적 사상을 밝힌 것을, 1

---

67) 朴慶植, 『朝鮮問題資料叢書第9卷』, pp. 105-106.
68) 『民衆新聞』(1946.3.25).

월 15일 샌프란시스코 방송국이 근거도 없이 '소련의 연방' 희망 발언으로 방송한 것이다. 남한에서 그 후 조선공산당에 대한 폭력사태가 증폭되는 데 빌미를 제공한 이 방송 보도는 재일한인 사회에서도 조련을 비방하는 구실로 사용되었다.

조련 전체대회가 마친 후 조련이 각 언론사에 대해 건동이 폭력사태를 주동했다고 하는 보도 자료를 내놓자, 건동 선전부에서도 「성명서」를 발표하고 역으로 조련을 비난하고 나섰다. 건동은 「성명서」에서 다음과 같은 내용의 주장을 펼쳤다. 첫째는 조련이 건동과 건청을 '파시스트' 단체라고 매도하고 있으나 실은 조련이야말로 폭력적 독재를 유일의 수단으로 하는 '적색 파시스트' 단체라는 것이나. 둘째는 전체대회에서 정철이 권총을 발사한 것은 어디까지나 정당방위였으며 그 원인을 제공한 것은 조련 자치대원에 의한 폭력행위였다는 것이다.[69]

서울에서 해방 후 최초의 3 · 1독립운동 기념일을 맞이하여 좌파와 우파 단체가 각각 남산공원과 서울운동장에서 따로 기념식을 개최했다. 이와 비슷하게 도쿄에서도 조련은 히비야공원 대광장에서 '3 · 1혁명기념인민대회'를 열었고, 건청과 건동은 공동으로 히비야공회당 건물에서 '3 · 1독립운동 기념집회'를 열었다. 나아가 건청은 3월 10일의 전국대회 이후 조련에게 공공연한 투쟁을 전개하면서 재일한인 사회의 좌우대립은 조직간 폭력사태로 발전해갔다.

건청 관계자가 전국대회 때 배포했을 것으로 보이는 「매국노 공산당 박멸하라」라는 제목의 격문[70]은 조련에 대한 공공연한 투쟁을 알리는 자료로 보인다. 남한에서 대한독립단 명의로 1월 12일에 작성되고 배포된 격문이 일본에 유입되어 2월 10일자 『조선신문』 제3호에 게재되었다가, 3월 10일 건

---

69) 新朝鮮建設同盟宣傳部, 「聲明書」(1946.3.4).

70) 大韓國獨立黨, 「賣國奴 共産黨 撲滅하라」(1946.3.10).

청 전국대회에 맞추어 격문으로 재가공된 것이다. 이 자료에서 우파 세력은 모스크바 회의 결과가 조선공산당의 신탁 요구에 따른 것이다, 공산당 세력이 일본인의 재산을 받고 일본인의 비호를 받았다, 공산당이 비밀리에 조직한 「인민공화국」이 민심을 이분화 했다, 공산당이 노동자와 농민을 현혹하여 생산 활동을 중단시키고 사회를 혼란에 빠뜨렸다라는 등의 선동적인 주장을 펼치는 한편, '매국적(賣國賊)을 박멸하자'라고 하면서 반공투쟁을 선언했다.

일찍이 3월 11일 도쿄에서 열린 건청의 지부 결성식에서 조련 청년대원들과 충돌한 것을 비롯하여, 재일한인 사회 여러 곳에서 건청 조직원과 조련 청년대원 사이의 폭력 사태가 빈번하게 발생했다. 일본 공안당국의 조사에 의하면 1946년 한 해에만 재일동포 단체 사이의 폭력 사건이 108건에 달한 것으로 알려지고 있다.[71]

---

71) 坪井豊吉, pp. 234-237.

VI. 오늘날 재일한인의 삶과 현실

_1_
동일본 대지진과 재일한인

2011년 3월 11일에 발생한 대지진과 쓰나미로 1만 8천 명 넘게 사망자가 나왔고 40만 호에 달하는 가구가 부서지거나 소실되었다. 일본 정부는 재난 발생 2주일 만에 대지진으로 인한 경제적 손실로서는 세계에서 가장 큰 사건이었고 그 손실액이 16조 엔에서 25조 엔에 달하는 것으로 집계했다. 대지진 이후에 연일 불길한 소식이 전해지는 후쿠시마 원자력발전소 사고는 사회적인 불안을 더욱 가중시켰다. 그럼에도 불구하고 일본사회는 전반적으로 질서정연하고 차분하게 피해 복구에 임했다. 일본의 고통 속에서 재일한인 사회도 함께 어려움을 겪었으며 이에 따라 동포 피해자들에 대한 민족단체의 구호 움직임도 활발하게 전개되었다.

민단 중앙본부는 대지진 발생 직후 대책본부를 설치하고 피해상황 파악과 지원활동에 들어갔다. 민단신문은 성금과 자원봉사자를 모집하고 나섰고 사진 특집 보도를 통하여 민단의 지원활동 상황을 널리 알렸다. 당시 정

지원금을 전달하는 민단단장

진(鄭進) 민단 단장은 3월 23일과 24일 양일에 걸쳐서 피해가 심한 지역을 직접 방문하여 해당 지방 조직원들에게 지원금을 전달했다. 또한 피해 지역 민단의 임원들은 동포들의 가정을 직접 개별 방문하여 안부를 확인하고 구호품을 전달했다.

이외에도 따뜻한 음식을 피난민들에게 제공하는 사례도 있었다. 민단의 기관지 민단신문이 전한 바에 따르면 미야기현(宮城縣) 민단 부인회 회원들이 센다이 총영사관에 피신한 한인 유학생 등에게 식사를 제공했고, 아키타현(秋田縣)과 이와테현(岩手縣)의 민단 임원과 부인회 회원들이 이와테현의 한 피난소에 나와서 밥을 지어 일본인과 동포 피해자들에게 나누어 주었다고 했디. 3월 27일 하루에만 육개장 스프 100인분, 돼지고기 스프 400인분, 김밥 300개, 김치 50kg 정도를 식사로 제공했다고 한다.[1]

북한계 총련 조직에서도 재난극복을 지원하기 위해 조직적인 활동을 전개했다. 2011년 3월 25일 허종만(許宗萬) 총련 책임부의장은 일본적십자사 본사를 방문하여 북한정부로부터의 위문금 10만 달러를 전달했다. 이때 북한은 김정일 국방위원장 명의로 일본적십자사에는 10만 달러, 재일동포에게 50만 달러의 위문금을 전달한 것으로 알려지고 있다. 이와 함께 총련 중앙본부는 대지진 발생 직후 '긴급대책위원회'를 설치하고 지원 활동에 들어

미야기현 총련의 식사제공

---

1) 民團新聞, 2011.3.28.

갔다. 미야기현에 있는 조선학교 東北朝鮮初中級학교 등 피해 지역단체에 조직원을 보내어 식품, 쌀, 음료수, 약품 등을 전달했다.

또한 피해 지역의 총련 조직을 최대한 이용하여 현지 동포 가정의 피해 상황을 확인하고 위문했으며 피난생활을 하고 있는 일본인과 재일동포에게 급식을 제공했다. 총련의 기관지 조선신보가 전한 바에 따르면 미야기현 총련 본부가 각 지역 동포들이 보낸 구호물자로 밥을 지어 피해지역 일본인 주민에게 제공했다고 한다. 3월 20일만 해도 총련 청년단원 20여 명 등이 자원하여 돼지고기 된장국과 주먹밥, 김치, 우유 등을 약 400명에게 나누어 주었다고 한다.[2]

---

2) 朝鮮新報, 2011.3.21.

_2_
민주당 대표 선거에서 재일한인 배제

2011년 총리와 외상이 재일한인에게 정치헌금을 받았다는 이유로 야당 자민당과 보수적인 단체로부터 추궁을 당하는 일을 당하자 일본 민주당은 당대표 선거에서도 재일외국인 당원의 투표를 아예 인정하지 않겠다는 방침을 굳혔다. 그 해 12월 2일에 열린 당 규약 검토위원회가 종래에 인정해오던 외국인 당원이나 외국인 지지자에 의한 투표를 인정하지 않기로 결정한 것이다. 이러한 방침은 노다 요시히코 대표의 제1기 임기가 만료되는 2012년 9월에 실시된 당대표 선출부터 적용되었다. 재일한인을 포함하여 일본에 뿌리를 내리고 살고 있는 정주외국인들에 대해 일본 의회가 지방참정권을 부여하고 있지 않은 가운데, 이러한 민주당의 방침 변경은 정주외국인이 정당의 당원으로서 정치적 의사를 표현할 수 있는 공식적인 기회를 박탈한 것이다.

그때까지 일본의 정당 가운데 민주당은, 공명당, 사민당과 함께 18세 이상의 정주외국인에게도 당원이 될 수 있는 자격을 부여해왔다. 반면에 자민당과 공산당의 경우에는 당 규약에 18세 이상의 일본국민에게만 당원 자격을 한정하고 있어 외국인의 정당 참여를 원천적으로 배제하고 있다. 민주당에 국한하여 대표 선출에 관한 당 규칙을 보면, 임기 도중에 대표를 교체하는 경우에는 신속한 결정을 위하여 소속 국회의원 투표만으로 선출한다. 하지만 임기 만료에 따라 차기 대표를 선출해야 하는 경우에는 국회의원 뿐 만 아니라, 당의 공천을 받은 의원 후보자, 소속 지자체 의원, 그리고 일반 당원과 지지자도 투표에 참여할 수 있게 하고 있다.

현직 국회의원 1명당 2점, 공천 받은 의원 후보자 1명당 1점을 부여하며, 지자

2012년 9월 민주당 대표 후보의 공개토론회

체 의원 전체에게는 총 100점을 부여하고 득표수에 따라 점수를 배분한다. 또한 당원과 지지자의 경우는 중의원 선거구 총 300개에 1점씩 부여하며 각 선거구에서 가장 많은 특표자에게 점수가 부가되도록 하고 있다. 이러한 방식으로 점수를 모두 합하여 그 과반수를 획득한 후보가 대표로 선출되며 만약 과반수를 획득한 후보가 없을 경우에는 1위와 2위 후보자에 의한 결선 투표를 통해 대표를 결정한다. 결선 투표에서는 현직 국회의원과 공천을 받은 자만이 유권자가 된다. 이렇게 보면 대표 선출에 있어서 사실상 당원과 지지자의 영향력이 극히 미미한 것임을 알 수 있다. 이런 가운데 외국인 당원과 지지자가 투표를 한다고 해도 이들이 대표 선출에 끼칠 수 있는 영향력은 거의 없다고 말할 수 있다.

그럼에도 불구하고 이렇듯 민주당이 대표 선거에서 정주외국인을 배제시킨 것은 외국인 지방참정권에 대한 비판론자들이 제기하고 있는 바와 같이 여당 대표가 총리가 되는 상황에서 민주당대표 선출 과정에 외국인이 참여하는 행위가 곧 국가정책에 대한 외국인의 관여가 될 수 있다고 하는 견해를 수용한 결과다. 또한 자민당을 중심으로 하는 보수 성향의 정치가들이 민주당의 외국인 당원에 의한 정치헌금을 문제 삼아 지속적으로 여당을 곤혹스럽게 하고 있는 가운데 당 차원에서 앞으로 외국인 정치헌금 수수의 기회를 줄여가겠다는 의지를 표명한 것이기도 하다.

오늘날 일본 사회의 보수화 경향에 따라 일본의 지방에서도 주민투표에서 정주외국인의 참여를 배제하려는 움직임이 나타나고 있다. 이미 가와사키시(川崎市) 등 16곳의 지자체가 조례를 통해 정주외국인의 참여를 규정하고 있고 그 외의 수많은 지자체가 지역 현안을 둘러싸고 외국인 주민의 투표 참여를 허용해오고 있는 가운데, 2011년 하반기에 들어 미에현 마쓰사카시(三重県松阪市)에서 조례 제정을 둘러싸고 불온한 움직임이 나타났다. 야마나카 미쓰시게(山中光茂) 시장이 외국인에게도 주민투표권을 부여하는 것을 골자로 하는 지방활성화를 위한 기본조례안을 제시한 데 대해, 10월 초부터 2개월 간 주민의 의견을 공모한 결과 160명이나 되는 주민들이 가부 의견을 제시했고, 이 가운데 대부분이 외국인 참여 허용 방침에 반대하는 목소리를 낸 것이다. 이러한 움직임은 '일본회의지방의원연맹' 등의 단체가 외국인에 대한 주민투표권 부여가 실질적인 참정권 부여이며 위헌의 소지가 있다고 주장하는 움직임과 무관하지 않다.

결국 주민들의 반대 의견에 봉착하자 야마나카 시장은 내부적으로 재검토하겠다고 하며 12월 중에 지방의회에 조례안을 제출하기로 한 일정을 연기하기에 이르렀다. 야마나카는 2009년 1월에 치러진 시장 선거에서 당시 33세의 나이로 일본 최연소 시장에 당선된 인물이다. 그는 비교적 우파적 성향을 띠고 있는 정치가이며 외국인 지방참정권 부여 문제에 대해서는 반대 의사를 분명히 하고 있다. 그러면서도 지방 특유의 문제에 대해서는 지역 주민들이 정치가 이상으로 잘 파악하고 있다는 점을 들어 아무리 외국 국적자라고 해도 이들이 주민인 이상 지자체 활성화 정책에 적극 관여시켜야 한다는 의견을 굽히지 않고 있다. 현재 총 17만 정도의 인구를 가진 마쓰사카시에는 외국국적자로서 브라질과 필리핀 국적자를 중심으로 3,700명 가량이 거주하고 있다.

일본의 정주외국인 가운데는 우리가 역사적 존재로 간주하고 있는 재일한인 특별영주권자들도 포함되어 있다. 이들은 일제시기 일본에 거주했던 자와 그 후손들에게 안정적인 거주 조건을 제공한다는 취지 아래 한국과 일본이 협정을 맺어 특별영주권을 부여한 자들이다. 일반영주권자들과는 달리 역사적으로 일본사회에 뿌리를 내리고 살아 온 사람들이다. 18세 이상 성인으로서는 오늘날 2~3세가 주류를 이루고 있으며 뉴카머 재일한인들과 달리 대체로 한반도로의 귀환은 생각하기 어렵고 한반도 국가 국민으로서 정체성도 지극히 희박하다. 엄연한 일본 사회의 정착 주민인 이들에게까지 일본의 정치권이 지역 문제 참여의 기회를 허용하지 않는 것은 아무리 보아도 이해하기 곤란하다. 이들에게 일본 국적으로의 귀화나 자녀들의 일본 국적 선택을 유도하고 있는 행위로밖에는 보이지 않는다.

이와 함께 재일한인 특별영주권자들의 목소리를 대변해온 민단은 외국인 지방참정권에 대한 일본사회와 정치권의 위협과 반대에 직면하여 조직적 정체성 위기를 맞고 있다. 1995년 2월에 일본 최고재판소가 정주외국인의 지방선거 투표권 부여 문제가 헌법상 금지된 것이 아니라는 판결을 내리자, 그 후 민단은 조직을 들어 지방참정권 획득을 위한 합법적인 운동을 전개해 왔다. 그러나 근래 들어 일본의 보수 우익 세력이 갖은 언설과 행동으로 위협하고 있는 가운데 이 문제에 대해 비교적 전향적인 태도를 보여 왔던 민주당도 집권 이후 무기력함을 보인 것이다.

때마침 한국이 2012년 4월 총선거 때부터 재외국민에게 전면적으로 투표권을 행사할 수 있게 하자, 민단 조직에서는 종래 일본의 지방참정권 획득 움직임이 쇠퇴하는 한편 한국의 재외국민 선거에 적극 참여하자는 움직임이 상대적으로 강렬해지고 있다. 이렇듯 특별영주권자 단체에서 일반영주권자 단체로 이행하고 있는 듯한 조직의 정체성 변화는 민단의 홈페이지를 통해서도 쉽게 느낄 수 있다.[3]

---

3) www.mindan.org

_3_
지방자치체 주민투표

선거권을 중심으로 하는 외국인 지방참정권 법안이 중앙에서 표류하고 있는 가운데 일본의 지방자치단체가 조례 제정을 통하여 정주외국인에게 주민투표권을 부여하는 경우가 있다. 비록 단체장과 지방의회 의원 선출을 위한 투표권은 아니라고 하더라도 해당 지방의 주요 정책에 관하여 의견을 제시함으로써 부분적으로 지방참정권을 부여하고 있는 것이다. 2012년 12월 말 현재까지 정주외국인에게 주민투표권을 행사할 수 있도록 조례를 제정한 지자체는 다음 표와 같이 40개 단체로 파악되고 있다.

〈외국인의 주민투표권을 인정하는 일본 지자체〉

都道府県	市町村	조례제정일
北海道	増毛町	2002년 9월 11일
	遠軽町	2007년 4월 1일
	稚内市	2008년 4월 1일
	北広島市	2009년 6월 1일
岩手県	宮古市	2008년 7월 1일
	滝沢村	2010년 10월 1일
群馬県	高崎市	2011년 2월 18일
東京都	杉並区	2003년 4월 1일
	三鷹市	2006년 4월 1일
	小金井市	2009년 9월 1일
埼玉県	富士見市	2002년 12월 20일
	美里町	2003년 4월 1일
	鳩山町	2004년 12월 7일
	和光市	2004년 1월 1일

千葉県	我孫子市	2004년 4월 1일
神奈川県	逗子市	2006년 4월 1일
	大和市	2008년 10월 1일
	川崎市	2009년 9월 1일
新潟県	上越市	2003년 4월 1일
石川県	宝達志水町	2007년 4월 1일
福井県	越前市	2005년 10월 1일
静岡県	静岡市	2005년 4월 1일
愛知県	高浜市	2002년 9월 1일
	一色町	2007년 7월 1일
	安城市	2010년 4월 1일
長野県	小諸市	2010년 3월 19일
滋賀県	近江八幡市	2008년 3월 30일
大阪府	岸和田市	2005년 8월 1일
	大東市	2008년 4월 1일
	豊中市	2009년 3월 26일
奈良県	生駒市	2010년 11월 1일
	大和郡山市	2011년 3월 14일
三重県	名張市	2006년 1월 1일
兵庫県	篠山市	2006년 10월 1일
鳥取県	境港市	2007년 7월 1일
	北栄町	2008년 10월 1일
広島県	広島市	2003년 9월 1일
	大竹市	2004년 4월 1일
山口県	山陽小野田市	2006년 7월 1일
福岡県	宗像市	2006년 1월 1일

*출처 http://ja.wikipedia.org/wiki/日本における外国人参政権.

정주외국인에 대한 주민투표의 역사는 사가현 마이하라쵸(滋賀県米原町)
에서부터 시작되었다. 이 지자체가 2002년 3월 31일 주변 지자체와의 합병
문제를 둘러싸고 주민투표를 실시하면서 일본에서 최초로 정주외국인에게

투표권을 인정한 것이다.[4] 주민투표 당시 이 지자체의 인구는 약 12,700명이었고 그 중에 영주외국인은 30명 정도였으며 그 대부분이 재일한인이었다. 당시의 단체장 무라니시 도시오(村西俊雄)가 적극 주도하여 성립된 주민투표 조례는 총 16조로 되어 있었고 투표 자격자로 공직선거법에 규정된 유권자에다가 20세 이상으로 3개월 이상 지자체 안에 거주하는 영주외국인도 포함시켰다. 물론 투표자격자 명부에 등록을 신청한 사람에 한하여 투표권이 부여되었다.[5] 그 해 1월 18일에 조례가 제정된 직후 조직적인 협박 전화 등에 못 이겨 투표를 포기한 외국인도 있지만 결국 정주외국인 가운데 절반 정도가 주민투표에 참여한 것으로 알려지고 있다.[6]

마이하라쵸 이외에도 아카타현 이와키마치(秋田県岩城町)가 2002년 9월에, 그리고 사이타마현 이와키시(埼玉県岩城市)가 2003년 1월에, 각각 지자체 합병과 관련한 주민투표에 정주외국인을 참여시켰다.[7] 아이러니하게도 이처럼 2002년과 2003년에 지자체 합병 과정에서 정주외국인을 참여시킨 지자체는 모두 합병이 결정되어 그 후 해당 지자체가 소멸되었다. 어차피 소멸될 지자체에서 마지막 청산 작업에 정부외국인 주민들을 참여시킨 꼴이 된 것이다. 또한 그때에는 아직 정주외국인의 주민투표 참여 문제에 대한 사회적 저항이 미약한 시기였고 해당 지자체에서 합병 문제가 그다지 쟁점화되지 않았기 때문에 정주외국인에 대한 주민투표권 부여가 가능했다고 말할 수 있다.

앞의 표가 보여주는 것처럼 민주당 정권이 들어서기까지 일본의 지자체 가운데 소신을 가지고 조례 제정을 통해 정주외국인과의 「공생」을 추구하

---

4) 주민투표 결과 찬성 다수로 합병이 결정되었다. 그 결과 2005년 2월 주변의 山東町, 伊吹町와 합병되어 米原市가 되었고 이에 따라 종래의 米原町는 소멸되었다.

5) http://tamutamu2011.kuronowish.com/maibara.htm

6) http://www.gcnet.at/residence/jumin-tohyoken.htm

7) http://www.gcnet.at/residence/jumin-tohyoken.htm

는 단체가 속출했고 오늘날까지 주민투표권을 부여하고는 있지만, 현존하는 지자체 가운데 실질적으로 주민투표를 실시하고 여기에 정주외국인을 참여시킨 사례는 나오지 않고 있다. 특히 2009년 민주당 정권이 들어서고 나서 일본사회 전반에 걸쳐 지방참정권 부여 법안에 반대하는 움직임이 왕성해지는 가운데 조례를 통한 주민투표권 부여에도 반대하는 움직임이 강해졌다. 홋카이도 왓카나이시(北海道稚內市)와 히로시마시(廣島市)와 같은 지자체는 한편으로 정주외국인의 주민투표권을 인정하면서도 다른 한편으로는 지방참정권 부여에 반대하는 의견서를 제출하기로 가결함으로써 이율배반적인 움직임을 보이기도 했다.

여기에 우회적으로 정주외국인을 주민투표에 참여시키는 것과 비슷한 정치적 효과를 거두고자 하는 지자체의 움직임도 있었다. 예를 들어 1996년 12월에 시작된 가와사키시(川崎市)의 「외국인시민대표자회의」나 2003년 4월에 시작된 오사카부 도요나카시(豊中市)의 「외국인시민회의설치준비회의」와 같이 정주외국인이 참가하는 자문기구를 두고 이를 운영하는 사례가 있다.[8] 이외에 심의회나 자문기관 등의 공모위원 제도, 시민회의 제도를 운용하면서 국적 조항을 두지 않기 때문에 정주외국인에게 실질적으로 개방되어 있는 지자체가 있다.[9] 하지만 이렇듯 사회적 현실과 인권적 당위성의 타협점에서 마련되는 정주외국인 참여 방식은 이것이 공식적인 정책결정기구와 별도로 운영되거나 정주외국인의 참여가 공식화 되지 않은 경우에는 그때그때의 사회적 분위기에 따라 언제든지 실질적인 지자체 경영에서 정주외국인의 배제가 이루어질 수 있다는 한계를 안고 있다.

---

8) 澤敬子, 「中小自治体における外国人諮問制度の課題: 大阪府豊中市の事例から」, 『現代社会研究』7卷, 2004. 11, pp. 213-214.

9) 大杉覚, 『住民と自治体: 自治体経営への住民参加』(分野別自治制度及びその運用に関する説明資料No.1), 自治体国際化協会(CLAIR), pp. 14-16.

_4_
재외국민 투표와 재일한인

2012년 4월 대한민국 국회의원 선거에서 처음으로 재외국민 투표가 해외 부재자 투표와 함께 적용되었고 같은 해 12월 대통령 선거에서도 적용되어 세간의 관심을 끌었다. 한국 중앙선거관리위원회는 실제적인 투표에 앞서 사전 연습을 목적으로 하고 재외한인 사회에 본국 국정선거에 관한 관심을 고양시키고사 하여 지난 2010년 11월에 모의투표를 실시했다.[10] 재외투표는 재외국민에게 국민으로서 최소한의 권리를 행사하게 하여 이들을 국민으로 포섭하는 정치적 행위다. 이에 따라 대한민국 국정 선거가 한반도를 넘어 재외한인 거주지로 확대되면서 세계적 규모로 실시되기에 이르렀다.

오늘날 전 세계적으로 국민국가가 보편화되고 있는 상황에서 선거권은 각자 개인이 속한 국가의 정치가를 선출하는 역할을 수행하고 있다. 따라서 선거권을 허용하고 보장하는 주체는 각각의 국민국가가 되고 있다. 하지만 교과서와 같은 설명에 불과할지 모르겠으나 개인에게 있어서는 자신이 어느 국가의 정치가를 선임할 수 있다고 하는 권리 의식을 가짐으로써 국가에 대한 주인 의식을 갖고 나아가 국가를 통하여 자신의 개인적 존엄을 확인하게 된다. 시대에 따라 보통선거가 보편화됨에 따라 선거권도 이제는 보편의 권리가 되어가고 있는 것이다.

흔히 역사적인 존재로 일컬어지는 재일한인 특별영주권자들은 일본으

---

10) 2010년 모의투표에는 총 10,991명이 선거인 명부에 등록했고 그 가운데 4,203명이 투표에 참여한 것으로 밝혀졌다. 윤종빈, 「재외국민선거 모의투표를 통해 본 제도개선방안」, 『대한민국국회자료』, 2011년 여름, pp. 58-60.

로 귀화하지 않는 이상 자신이 태어나고 계속 거주해온 일본사회로부터 선거권을 인정받지 못하고 있다. 이들이 한국 정부로부터 재외국민으로서의 선거권을 인정받아 이를 처음으로 행사할 수 있게 된 것은 2012년의 일이다. 대한민국 재외공관과 함께 민단은 조직을 들어 재일한인 사회에 대한민국 재외국민 선거에 관한 정보를 확산해오고 있다. 한국에서는 김웅기 연구자가 독자적으로 재일한인 사회와 재외국민 선거와의 상호관계에 관한 모니터링을 해오는 가운데 적극적으로 재외국민 참정권 관련 정보를 발신했다.[11]

2009년 2월에 한국 국회는 2012년 국회의원 선거부터 재외국민에게 투표권을 전면적으로 허용하는 것을 골자로 하는 공직선거법, 국민투표법, 주민투표법 개정안을 통과시켰다. 과거 이건우(李健雨) 등을 비롯한 재일한인의 부단한 청원 운동에 영향을 받아, 1997년 한국의 헌법재판소가 재외국민에게 투표권을 행사할 수 없게 한 것에 대해 위헌 판결을 내렸고, 이를 받아들여 뒤늦게 한국 국회가 재외국민에게 투표권을 부여하는 입법 조치를 하게 된 것이다. 이로써 영주권자를 포함하여 대한민국 국적을 가진 19세 이상의 재외국민 전원에게 대통령 선거와 국회의원 비례대표 선거 투표권이 부여되었다. 국내에 주민등록이 있는 해외 일시체류자는 지역구 국회의원 선거에도 부재자 투표 형식으로 참여할 수 있게 되었다.

재외국민은 재외공관을 직접 방문하여 중앙선관위에 선거인 등록을 신청해야 한다. 선거인 등록 기간은 투표일 150일 전부터 60일 전까지이며, 중앙선관위는 선거일 49일 전부터 40일 전까지 10일간 재외선거인 등록 신청에 따라 재외선거인 명부를 작성하고 30일 전까지 명부를 확정한다. 이어 투표

---

11) 김웅기, 「韓國 國政參政權과 在日韓國人 母國修學生의 政治參與意識」, 『한일민족 문제연구』, 제21호, 2011, pp. 111-144. 그는 인터넷을 통해 한국어와 일본어로 한국의 선거 동향을 한국과 재일한인 사회에 발신하고 있다. http://zainichisenkyo.tistory.com.

용지는 선관위가 직접 선거인에게 개별 우송한다. 선거일 14일 전부터 9일 전까지 6일간 재외투표소를 운영하며 재외국민은 투표용지와 신분증명서 등을 제출하고 본인 확인을 거쳐 투표에 참여하게 된다.[12] 중앙선관위는 이와 함께 2012년 4월의 재외투표부터 투표용지를 재외투표소 책임위원이 재외투표소에서도 프린터와 같은 기계장치를 이용하여 작성·교부하도록 조치하고 있다.[13]

한편 일본의 경우는 한국보다 12년 앞서서 재외국민 투표를 실시하기 시작했다. 1998년에 선거법을 개정하여 2000년 이후부터 20세 이상의 재외 일본국민 가운데 재외선거인명부 등록자에게 투표권을 행사할 수 있게 한 것이다. 2005년까지 일본 정부는 재외국민의 투표권을 중의원과 참의원의 비례대표 선거에만 국한하여 부여했는데, 일본의 사법부가 선거구(지역구) 선거에서의 투표권 배제는 '위헌'이라고 판결하자, 선거구 선거에서도 투표권을 행사할 수 있게 했다.[14] 실제로 2007년 7월에 실시된 참의원 통상선거와 중의원 보궐선거에서 처음으로 재외국민의 선거구 투표가 이루어졌다.

일본의 경우는 재외공관을 통한 방문 투표와 함께 한국과는 달리 우편투표도 인정하고 있다. 우편투표를 희망하는 선거권자가 본적지 선관위에 재외선거인증 원본을 우송하고 우편투표를 청구할 수 있게 했다. 이때 투표용지는 원칙적으로 중의원·참의원의 임기 만료 예정일로부터 60일전부터 본적지 선관위가 선거인에게 우송하며 중의원 해산으로 인한 총선거의 경우에는 해산 당일부터 우송을 개시한다. 선거 공고일부터 선거 당일

---

12) 중앙선거관리위원회. http://www.nec.go.kr/정보광장/선거마당/재외선거제도.

13) 중앙선거관리위원회, 「제19대 국회의원 재외선거 투표용지 작성·교부방법 안내」(2011년 10월 6일); 중앙선거관리위원회, 「제18대 대통령 재외선거 투표용지 작성·교부방법 안내」(2012년 7월 19일).

14) 判例検索システム. http://www.courts.go.jp/search/最高裁判例/事件番号:平成13(行ツ)82, 事件名:在外日本人選挙権剝奪違法確認等請求事件, 裁判年月日:2005年9月14日.

일본시간 20시 마감 시각까지 본적지 선관위에 도착된 것을 유효표로 인정한다.[15]

일본에 비해 그간 한국이 재외국민 선거권 부여에 소극적이었던 것은 무엇보다 투표 행정의 원활한 지원이 어려웠기 때문이며, 또한 세계적으로 많은 재외국민을 가지고 있는 상황에서 재외국민 투표가 국내 정치에 끼치는 영향이 클 것으로 보았기 때문이기도 하다. 한국의 외교통상부는 2011년 7월에 발간한 「재외동포현황」에서 아래 표와 같이 전체 재외국민 수가 2,796,024명이라고 했다. 또한 중앙선관위는 이 가운데 80%를 19세 이상의 유권자가 될 것으로 보고 예상 선거인수를 2,236,819명으로 추정했다.[16] 재일한인에 한정하여 보면 재외국민 수가 총 578,135명이며 이 가운데 영주권자가 80.0%를 차지하고 있어 예상 선거인 수와 거의 비슷한 수치를 나타냈다.

〈재외국민수(외교통상부, 2011년 7월 통계)〉

| | 계(E=C+D) | 영주권자(D) | 체류자 | | | 예상선거인수 |
			소계(C=A+B)	일반체류자(A)	유학생(B)	(E × 80%)
전체	2,796,024	1,148,891	1,641,133	1,317,554	329,579	2,236,819
일본	578,135	461,627	116,508	96,146	20,362	462,508

한편 일본 법무성 통계에 의하면 다음 표와 같이 2011년 재일한인의 외국인 등록자가 총 545,401명으로 나타났다.[17] 전후에 들어 가장 많은 재일한인 수를 기록한 것이 1992년 말이었으며 그때는 693,050명이었다. 그 후로 재일한인 수는 매년 줄어들고 있고 반대로 재일중국인이 계속 늘고 있는 현상

---

15) 外務省. http://www.mofa.go.jp/渡航関連情報/在外選挙.

16) 중앙선거관리위원회. http://www.nec.go.kr/정보광장/선거마당/재외선거자료/재외국민현황.

17) 法務省. http://www.moj.go.jp/白書統計/統計/法務省の統計/統計表一覧/登録外国人統計統計表/年報/2011年/国籍(出身地)別在留資格(在留目的)別外国人登録者.

과는 대조를 이루고 있다. 이와 같이 재일한인 숫자가 계속 감소하고 있는 것은 무엇보다도 해마다 특별영주권자 수가 줄어들고 있기 때문에 생기는 현상이다.

〈일본의 자격별 외국인등록자수(法務省, 2011년 12월 통계)〉

	총수	교수	예술	종교	보도	투자 경영	법률 회계	의료	연구	교육	기술	인문·지식 국제업무
전체	2,078,508	7,859	461	4,106	227	11,778	169	322	2,103	10,106	42,634	67,854
한국·조선	545,401	956	45	977	51	2,872	6	22	232	97	5,828	9,166

	기업내 전근	흥행	기능	기능 실습	문화 활동	단기 체재	영주자	일본인 배우자	영주자 배우자	특별 영주자	미취 득자	기타
전체	14,636	6,265	31,751	141,994	2,209	23,978	598,440	181,617	21,647	389,085	3,506	3,675
한국·조선	1,873	313	1,421	22	295	2,307	60,262	18,780	2,523	385,232	417	495

재일한인 영주권자 가운데는 일반영주권자가 매년 3천 명 내외로 증가하고 있으나, 특별영주권자는 매년 1만 명 이상 감소하고 있다. 역사적 존재로서 특별영주권자가 감소하는 것은 일본 사회 전반에 걸친 출생률 감소와 같은 자연 감소 요인과 전혀 무관하지는 않다. 그러나 무엇보다도 1985년부터 일본의 국적법이 종래의 부계혈통주의에서 부모양계주의로 개정되면서 일본 국적 취득이 용이해진 까닭에 자연스럽게 재일한인 어린이가 대폭 감소하고 있기 때문이다.

1985년 한 해에 재일한인 젊은이들 사이에 결혼한 부부가 2,404쌍에 불과했던 것에 비해, 배우자로서 일본 국적자를 선택하는 사람이 6,147명 (남 2,525명, 여 3,622명)이었던 것으로 나타났다. 오늘날에 이르기까지 해마다 재일한인끼리 결혼하는 수는 감소하고 있는 반면에 일본 국적자와 결혼하는 동포 젊은이들이 많아지고 있다. 이와 함께 일본에 귀화함으로써 대한민국 국적이나 조선적에서 이탈하는 사람이 많은 것도 특별영주권자 감소의 중요한 요인이 되고 있다. 1952년 한 해에 재일한인 232명이 일본 국적을 취득한 것을 시작으로 점차 대체로 귀화하는 사람의 수가 늘어났으며 1995년부터는 그 수가 1만 명을 넘기 시작했다.

_5_
2012년 한국 국회의원 선거의 재외국민 투표

2012년 한국의 국회의원 선거 일정에 따라 재일한인 가운데 선거인 등록을 마친 선거인은 총 18,575명으로 애초 중앙선관위가 추정한 예상선거인(유권자) 수 462,509명의 4.0%에 불과하여 낮은 등록률을 나타냈다. 이것은 세계 전체 한인의 등록 상황(예상선거인 2,233,695명, 선거인수 123,418명, 등록률 5.5%)에 비해서 낮은 편이며 재중한인(예상선거인 295,220명, 선거인수 23,915명, 등록률 8.1%)과 비교하면 그 절반 정도에 불과한 비율이다. 재외국민 절대 수에서 재일한인의 수가 재중한인에 비해 많으면서도 선거인으로 등록한 숫자는 오히려 더 낮게 나온 것이다.

다만 관점을 달리하여 보면 2012년 국회의원 선거에서 반드시 재일한인의 관심도가 낮았다고 단정하기 어려운 점도 있다. 미국의 한인 등록 상황(예상선거인 866,170명, 선거인수 23,027명, 등록률 2.7%)에 비하면 오히려 재일한인의 경우가 상대적으로 높은 등록률을 보였기 때문이다. 사실 재외국민에게 있어서 한국 국내의 정당이나 정치가에 관한 정보가 불확실한 가운데 교통의 불편함을 무릅쓰고 재외공관을 찾아가 선거인 등록을 한다고 하는 것이 쉽지 않은 일이었다. 이러한 상황에서 영주권자가 많은 재일한인 사회에서 4.0%의 선거인 등록률을 기록한 것은 오히려 높은 관심도를 나타낸 것으로 해석할 수도 있다.

2012년 3월 28일(수)부터 4월 2일(월)까지 6일간 재외투표가 실시되었다. 재외투표는 한국에 주민등록 혹은 거소신고가 되어 있는 유권자를 대상으로 하는 「국외부재자투표」와 재외선거인등록을 마친 유권자를 대상으로 하는 「재외선거인투표」로 이루어진다. 「국외부재자투표」의 경우에는 지역구 국회의원과 비례대표 국회의원을 뽑는 투표인데 반하여, 「재외선거인투표」 는 유권자가 국내 주민이 아니라는 이유로 비례대표 국회의원만을 뽑게 되어 있다. 우리가 역사적 존재로서 중시하는 재일한인 특별영주권자의 경우는 대부분 「재외선거인투표」를 실시했다. 일본의 재외공관 10개소에서 투표가 이루어졌는데 4월 3일 12시(국내시각)까지 중앙선관위가 집계한 투표 결과는 다음 표와 같다.[18]

〈재외공관별 국회의원 재외투표 결과〉

공관명	선거인수	투표자수							투표율
		누계	1일차	2일차	3일차	4일차	5일차	6일차	
세계전체	123,418	56,456	7,160	6,674	8,320	11,267	11,976	11,059	45.7
일본전체	18,575	9,793	1,435	1,259	1,250	1,619	2,505	1,725	52.7
東京	5,758	3.086	371	322	354	539	919	581	53.6
神戸	1,449	633	85	115	73	91	179	90	43.7
名古屋	2.012	1,167	166	144	200	198	282	177	58.0
新潟	354	167	52	18	16	36	24	21	47.2
札幌	319	198	35	29	33	11	40	50	62.1
仙台	644	346	91	38	43	47	63	64	53.7
大阪	3,945	2,407	378	371	304	414	543	397	61.0
横浜	1,747	672	104	77	79	95	196	121	38.5
福岡	1,319	696	70	88	93	112	191	142	52.8
広島	1,081	421	83	57	55	76	68	82	39.0

　　투표율에 주목하여 보면 재일한인의 투표에 대한 관심도가 다른 국가에 비해 상대적으로 높게 나타났다는 점이 오히려 분명해진다. 일본 전체의 투표율은 52.6%로, 세계 전체의 45.7%나 미국 44.8%, 중국 32.9%와 비교하여

---

18) 중앙선거관리위원회. http://www.nec.go.kr/정보광장/선거마당/재외선거자료/재외선거정보/[제19대국선] 재외투표마감(최종마감 2012.4·3).

볼 때 상대적으로 높은 결과로 나타났기 때문이다. 이것은 일본의 투표소가 다른 국가에 비해 상대적으로 교통이 편리한 위치에 있었기 때문이겠지만 반드시 그것 때문이라고만 보기는 어렵고 무언가 재일한인의 경우 투표에 대한 관심도가 높았기 때문이라는 점을 부정하기 어려울 것 같다. 마찬가지로 단일 지역의 투표자 수에 있어서 세계 전체 가운데 도쿄 대사관 투표소에서 투표한 사람(3,086명)이 가장 많은 인원으로 기록된 점에 대해서도 위와 같은 평가가 가능할 것으로 본다.

일본의 재외 외교공관별로 투표 결과를 살펴보면 도쿄, 오사카, 나고야 순으로 많은 투표가 나온 것을 알 수 있다. 비영주권자를 포함하여 재일한인이 많이 거주하는 대도시의 순서대로 투표자 수가 나온 것이다. 이에 비하여 니가타 총영사관의 경우에는 6일간에 걸쳐 총 167명 만이 투표에 참가하여 하루 평균 30명 안팎의 적은 투표로 한산한 투표장을 연출했다. 비교적 비영주권자가 많은 도쿄(53.6%)에 비해 영주권자가 많은 오사카에서 높은 또한 투표율(61.0%)이 기록된 것도 특별영주권자의 투표에 대한 관심도를 읽어 내는 데 괄목할 만한 통계라고 할 수 있다.

투표일별로 보면 5일차(4월 1일)에 가장 많은 투표자가 나왔다. 투표자 수가 적은 니가타, 삿포로, 센다이, 히로시마 등 소도시를 제외하고는 나머지 대도시 지역에서 일요일에 가장 높은 투표 참여가 이루어진 것으로 나타난 것이다. 일본의 경우 평일에는 일상 업무에 종사하고 일요일에 투표를 하는 것이 일상화 되어 있는 것과 맞물려 재일한인 투표에 있어서도 일요일에 가장 많은 투표가 이루어진 것으로 볼 수 있다.

국회의원 선거의 재외투표 결과를 보면, 비례대표 투표는 새누리당, 지역구 투표는 민주당이 더 많은 표를 얻은 것으로 나타났다. 비례대표 투표만 할 수 있는 영주권자들을 중심으로 하는 「재외선거인투표」에서는 보수적 성향의 정당이 보다 많은 지지를 획득한 반면, 유학생 등 단기체류자들에 의한 「국외부재자투표」에서는 진보적 성향의 정당이 보다 많은 지지를 획득한 것으로 나타난 것이다.[19] 이러한 투표 성향에서 보면 특별영주권을 가진 재일한인의 투표는 보수적 성향의 정당에 보다 유리한 결과를 가져오는 것으로 파악할 수 있다.

이번 국회의원 선거의 재외투표 결과를 둘러싸고 재외투표를 위한 예산으로 213억 원이 책정되었는데 123,418명 등록에 56,456명밖에 투표하지 않아서 결과적으로 예산을 낭비한 것이 아닌가 하는 비판이 제기되었다.[20] 물론 재외한인 커뮤니티를 활용한 예산 절감의 노력과 함께 재외투표율 제고를 위한 편의성 확보나 홍보 확대 등이 필요한 것은 두말할 필요가 없다. 그러나 재외한인 사회에 대한 재외투표의 영향력을 도외시한 채, 재외투표를 정치과정 행위로서만 이해하고 피상적으로 드러난 투표율만을 가지고 예산 낭비 운운하는 논의는 제고되어야 마땅하다.

국회의원 선거 재외투표에서 나타난 문제점에 대해서는 규슈대학 법학연구원의 기무라 다카시(木村貴) 연구자가 잘 정리했다. 그는 투표 절차상 문제점으로 방문에 의한 재외선거인등록의 불편함, 투표용지 교부시의 지문 인식, 실질적인 선거운동 기간이 5일밖에 되지 않은 점을 지적하고 있다. 그리고 그는 불공정 선거의 문제점으로 다양한 형태로 이뤄지는 특정 후보에 대한 사전 홍보 움직임을 지적하고 있고, 민단 구성원 일부가 제기하고 있는 바와 같이 총련 단체의 선거 개입 가능성 문제도 거론했다.[21]

---

19) 『연합뉴스』, 2012.6.27.

20) 『연합뉴스』, 2012.4 · 3.

21) 木村貴, 「国境を越えた韓国『民主化』:『自由』と『参加』を求めて」(草稿).

_6_
2012년 대통령 선거의 재외국민 투표

2012년 한국의 대통령 선거는 국내외 동포사회에 큰 관심을 불러 일으켰다. 다음 표는 중앙선거관리위원회 집계 통계를 바탕으로 하여 대한민국 대통령 선거 일정에 따른 일본의 재외선거인과 국외부재자 신청 접수 상황을 나타낸 것이다. 세계 전체, 미국, 중국과 비교하여 재일한인 사회를 파악할 수 있도록 작성했다.

〈대통령 선거 재외선거인 등 신청 결과〉

2012. 10. 22. 재외선거상황실

국가별	공관별	재외선거권자 추정 수	신청 및 신고자 수		
			계	재외선거인	국외부재자
세계	163개 공관	2,233,695	220,042	43,248	176,794
미국	12개 공관	866,170	51,454	12,491	38,963
중국	10개 공관	295,220	35,630	269	35,361
일본	10개 공관	462,509	37,126	20,140	16,986
	東京	134,035	13,519	5,281	8,238
	神戸	49,800	2,604	2,022	582
	名古屋	44,615	3,720	2,517	1,203
	新潟	8,351	714	440	274
	札幌	4,287	596	275	321
	仙台	9,260	1,244	650	594
	大阪	140,662	7,796	5,002	2,794
	横浜	32,508	2,730	1,492	1,238
	福岡	21,598	2,293	1,075	1,218
	広島	17,393	1,910	1,386	524

대통령선거에서 재일한인 가운데 선거인 등록을 마친 선거인은 총 37,126

명으로 예상 선거인 수 462,509명의 8.0%를 차지했다. 이 수치는 국회의원 선거 때의 4.0%에 비하면 두 배에 달하는 것으로 대통령 선거에 대한 상대적인 높은 관심도를 나타내는 것이었다. 세계 전체 한인의 경우 78.3%의 증가율을 보였는데 재일한인의 경우 이를 뛰어넘은 높은 증가율을 보인 것이다. 그러나 이러한 증가율은 재미한인의 123.5%에 비하면 낮은 편이었고, 재중한인의 49.0%에 비하면 높은 편이었다.

2012년 10월의 선거인 등록 상황을 보면, 세계 전체 한인의 선거인 등록률 9.9%에 비하면 약간 낮은 것이었고 재중한인의 등록률(12.1%)에 비해서도 낮은 것이었다. 그러나 국회의원 때와 마찬가지로 재미한인의 등록률(5.9%)과 비교하면 상대적으로 높은 것이었다. 이처럼 등록률이 높고 낮은 것은 교민들이 본국 국정선거에 얼마나 관심을 가지고 있는가 여부와 함께 재외공관 소재지에서 가까운 곳에 얼마나 집중하여 거주하고 있는가의 여부와 밀접한 관계가 있었다고 본다.

재일한인의 경우 세계 전체의 한인이나 재미한인, 재중한인에 비해 재외선거인 신청자 수가 국외부재자 수에 비해 많았다. 이것은 재일한인의 경우 다른 국가에 비해 비교적 정주성이 높다고 하는 특성을 잘 나타낸 것이다. 일본 국내 지역별로 보면 도쿄, 삿포로, 후쿠오카 재외공관에 신청한 재일한인의 경우에만 국외부재자 신청인이 많이 이들 지역에 상대적으로 뉴카머가 많이 거주하고 있다는 것을 보여주고 있다. 하지만 나머지 지역에서는 재외선거인 신청자가 월등하게 많았고 이들 지역에서도 국회의원 선거 때에 비해 높은 등록률을 보임으로써 정주성 높은 재일한인의 경우에도 대통령 선거에 대해서는 상대적으로 높은 관심도를 나타낸 것을 알 수 있다.

대통령 선거 일정에 따라 2012년 12월 5일(수)부터 12월 10일(월)까지 6일간 재외투표가 실시되었다. 재외유권자 총 222,389명 가운데 158,225명이 투표에 참여하여 전체 71.2%의 투표율을 보였다. 이것은 국회의원 선거 때의 투표율 45.7%와 비교하여 1.5배 이상 증가한 것으로 그만큼 대통령선거에 대한 관심도가 높았다는 것을 나타낸다. 바레인의 경우에는 204명이 선거인 등록을 마쳤는데 다른 지역에 신고한 사람들까지 이곳에 들어와 총 250명이 투표함에 따라 122.5%의 투표율을 보였다. 비교적 선거인 규모가 작고 재외한인 거주자가 밀집된 지역에서 높은 투표율이 나타났다.[22] 일본의 경우 국회의원 선거 때와 마찬가지로 재외공관 10개소에서 투표가 이루어졌는데, 중앙선관위가 집계한 일자별 공관별 투표 결과는 다음 표와 같다. [23]

〈재외공관별 대통령선거 재외투표 결과〉

공관명	서거인수	투표자수							투표율
		누계	1일(수)	2일(목)	3일(금)	4일(토)	5일(일)	6일(월)	
세계전체	222,389	158,225	20,045	18,732	23,306	39,709	33,860	22,573	71.1
미국	51,794	37,094	4,142	3,911	4,969	11,618	7,694	4,760	71.6
중국	35,674	24,330	2,658	2,885	3,508	6,327	5,375	3,577	68.2
일본	37,342	25,310	3,726	3,726	3.039	5,695	6,250	3,333	67.8
東京(大)	13,658	9,631	1,095	1,098	1,147	2,545	2,368	1,378	70.5
神戸	2,609	1,685	243	228	213	359	418	224	64.6
名古屋	3,724	2,373	374	310	250	513	631	295	63.7
新潟	713	320	72	50	28	66	68	36	44.9
札幌	598	444	95	111	35	73	66	64	74.2
仙台	1,240	803	249	121	113	107	124	89	64.8
大阪	7,826	5,964	968	880	792	1,120	1,445	759	76.2
橫浜	2,743	1,572	270	200	163	340	406	193	57.3
福岡	2,323	1,627	237	161	190	365	495	179	70.0
広島	1,908	891	123	108	108	207	229	116	46.7

22) 김성곤, 「제18대 대선 재외국민선거 결과와 그 의의」(김성곤의원실 주최, 『제18대 대통령 재외선거·평가와 과제』. 2013년 1월 23일), pp. 19-20.

23) 중앙선거관리위원회, 「제18대 대통령 재외선거 투표자 현황」.

　투표율에서 보면 국회의원 선거 때와는 달리 재일한인의 투표에 대한 관심도가 다른 국가에 비해 상대적으로 낮게 나타났다고 할 수 있다. 일본 전체의 투표율은 67.8%로, 세계 전체의 71.1%나 미국 71.6%, 중국 68.2%와 비교하여 볼 때에도 상대적으로 낮은 결과를 보였기 때문이다. 이것은 일본의 투표소가 다른 국가에 비해 상대적으로 교통이 편리한 위치에 있었음에도 불구하고 낮게 나타난 것으로써 역시 투표에 대한 관심도가 낮았기 때문이라는 점을 부정하기 어려울 것 같다. 다만 단일 지역의 투표자 수에 있어서는 국회의원 선거 때와 만찬가지로 세계 전체 가운데 도쿄 대사관 투표소에서 투표한 사람(9,631명)이 가장 많은 것으로 나타났다. 세계적으로 도쿄의 뒤를 이어 로스앤젤레스 총영사관(8,156명), 뉴욕 총영사관(7,548명), 베이징 대사관(6,846명), 상하이 총영사관(6,745명), 오사카 총영사관(5,964명) 순이다. 이들 재외공관에서 투표한 사람은 중동국가 전체(5,660명)이나 아프리카 전체(2,407명)보다 많았다.

　일자별 투표 결과를 보면 도쿄의 4일차(2,545명)와 5일차(2,368명)에 가장 많은 투표자가 몰렸다. 이때 전 세계 투표소 가운데서도 가장 많은 투표자가 몰린 것이다. 이에 비하면 니가타, 삿포로 총영사관의 경우에는 하루에 100명이 안 되는 적은 인원이 투표장을 찾아 상대적으로 한산했다는 것을 알 수 있다. 비교적 비영주권자가 많은 도쿄의 투표율(70.5%)에 비해 영주권자가 많은 오사카에서 상대적으로 높은 투표율(76.2%)이 기록된 것은 역시 특별영주권자의 투표에 대한 높은 관심도를 나타내는 것이다. 투표일별로 보면 국회의원 선거 때와 마찬가지로 일본의 경우 5일차 일요일에 가장 많은 투표자가 나왔다. 미국이나 중국, 그리고 세계 전체에서 4일차 토요일에 가장 많은 투표자가 나온 것에 비하여 특징을 이루고 있다.

　이어 대통령 선거에서 실시된 재외투표의 개표결과를 보면, 총 선거인 수 222,389명에서 158,196명이 투표를 실시하여 64,193명이 기권한 것으로 나타났다. 투표자 가운데 905명이 무효표를 던져 총 157,291명이 유효 투표를 실시한 것으로 나타났다. 대통령 후보자별로 재외투표에 의한 득표 현황은 다음 표와 같다.[24)

〈재외투표 개표결과 후보자별 득표현황〉

유효투표수	박근혜 (새누리당)	문재인 (민주통합당)	박종선 (무소속)	김소연 (무소속)	강지원 (무소속)	김순자 (무소속)
157,291 (100%)	67,319 (42.8%)	89,192 (56.7%)	94 (0.1%)	155 (0.1%)	353 (0.2%)	178 (0.1%)

재외투표 개표결과 민주통합당 문재인 후보가 56.7%로 가장 많은 표를 얻었고 새누리당 박근혜 후보는 42.8%의 표를 얻는 데 그쳤다. 이로써 재외국민투표는 국내투표와 다르게 야당에게 유리한 결과가 나온 것을 알 수 있다. 민주통합당 김성곤 의원은 2013년 1월 23일 국회의원 별관 제2세미나실에서 정책 세미나를 열고 중앙선관위 자료를 이용하여 각 지역별 득표 결과를 발표했다. 그는 재외선거인 가운데 가장 많은 투표자를 기록한 서울의 경우 박근혜 후보에게 25,572명(44.1%)이 투표했고 문재인 후보에게는 31,804명(54.9%)이 투표한 것으로 밝혔다. 또한 대구·경북·경남·제주도를 제외한 모든 지방에서 야당이 상대적으로 높은 득표율을 기록했다고 밝혔다.[25) 이와 함께 그는 투표율 제고 방안으로 거론되고 있는 우편투표제도에 대해서 공정성 확보를 위한 안전장치가 확보되지 않은 한 도입하기 어렵다고 하는 반대 의견을 나타냈고 재외한인 조직을 이용한 선거홍보와 교통편의 제공, 정당의 해외지부 설립허용이 필요하다고 주장했다.[26)

---

24) 중앙선거관리위원회. 「제18대 대통령 재외선거 개표결과」.
25) 김성곤, 「제18대 대선 재외국민선거 결과와 그 의의」, pp. 22-23.
26) 김성곤, 「제18대 대선 재외국민선거 결과와 그 의의」, pp. 25-26.

_7_
조선학교 수업료 무상화 배제

　지난 2011년 2월 4일 다카키 요시아키(高木義明) 문부과학상은 기자회견을 통해 총련계 조선학교에 대해 수업료 무상화 방침을 적용하지 않겠다고 밝혔다. 그는 종합적으로 판단하여 당시 시점에서는 취학지원금 지급 대상 심사를 재개하지 않을 것을 결정하고 그러한 내용을 조선학교측에 우편과 팩스를 통해 통보했다고 발표했다.

　민주당 정부가 2009년 중의원 선거 때의 공약을 실현하는 과정에서 일본 전국의 공립 고등학교에 대한 수업료 무상화 및 취학지원금 지급에 관한 법안을 통과시키고 2010년 4월의 1학기부터 이 법률을 시행 적용하게 되었다. 이에 따라 사립고교와 외국인학교 학생에게 매년 12만 엔 정도를 중앙 정부가 보조하게 되었다. 당초 민주당 정부는 조선학교에 대한 배제를 고려하지 않았으나 2010년 11월 연평도 포격사건을 계기로 취학지원금 지급 심사를 중지했다. 이듬해 2월 1일에 도쿄조선학교 김순언(金順彦) 이사장은 문부과학성 건물에서 기자회견을 열고 심사 절차를 지연하는 일은 용납할 수 없다며 일본 정부에 대해 심사 재개를 요구하고 행정소송도 불사하겠다는 입장을 밝혔다. 행정절차에 따라 일본 정부는 불복 신청 후 20일 이내에 답변을 해야 할 의무가 있어 2월 4일에 정책적 입장을 통보하기에 이른 것이다.

　특히 일본인 '납치' 문제와 연동하여 조선학교 지원 조치에 반대하는 목소리가 높아지자 민주당 정부는 유보적인 태도를 취하고 내부적인 검토에 들어갔다. 자민당과 우파 성향의 단체들은 북한에 의한 일본인 '납치' 문제와 핵개발 문제가 개선 기미를 보이지 않고 일본 정부가 대북 경제제재를 계속하고 있는 상황이라는 점, 조선학교의 교육내용에서 여전히 북한 지도자에 대한 개인숭배를 지도하고 있다는 점, 조선학교측이 지원금을 대신 받아서 고교 학생들에게 사용할지 검증하기 곤란한 점, 등을 들어 보조금 지급대상에서 제외하라고 주장했다.

반면에 공명당, 일본공산당, 사민당 등은 조선학교를 보조금 지급대상에서 제외하는 것에 대해 반대하는 의견을 제시했다. 본래 무상화 조치나 취학지원금 지급 조치가 교육을 받을 권리를 사회적으로 보장한다는 취지에서 시행하는 만큼, 정치적인 이유로 특정의 학교를 대상에서 제외하는 것이 부당하다는 논리를 내세웠다. 북한 혹은 총련과 교류하는 단체들은 물론, 일본고등학교교직원조합, 자유인권협회, 일본기독교협의회, 부락해방동맹 등의 사회단체들도 조선학교를 지급대상에 포함시켜야 한다고 주장했다.

이렇듯 찬반양론이 팽팽하게 전개되는 가운데 민주당 정부는 내부 검토를 거쳐 2010년 11월 5일 문부과학상의 입을 통해 조선학교의 교육내용을 불문하고 보조금 지급대상에 포함시키겠다는 방침을 발표했다. 다만 이날 문부과학상은 만약 중대한 법령 위반 등이 있을 때는 지원 조치를 취소할 수 있도록 하는 규정을 두었다며 조건부 방침임을 분명히 했다. 이때 일본 민주당 정부가 보조하기로 방침을 결정한 데에는 이 문제가 외교 문제보다는 일본사회의 다양성과 민주성 문제와 보다 깊은 관련을 가진 것으로 판단했기 때문이다. 여기에다 유엔의 인권위원회가 지난 2005년부터 지속적으로 일본 정부에 대해 조선학교에 대한 차별조치를 시정하도록 권고해왔던 것도 일본 정부의 결정에 큰 영향을 끼쳤다고 생각된다.

그런데 이런 상황에서 2010년 11월 연평도에서 북한에 의한 포격 사건이 발생했다. 그 이튿날 일본 각료회의 결과에 기초하여 관방장관은 조선학교

조선학교 배제를 발표하는 시모무라 하쿠분

에 대해 취학지원금을 지급하려는 절차를 중단시키기로 했다고 밝혔다. 그는 중단 조치가 제재로서의 성격을 가지지 않는다고 하면서도 한반도에서 긴장상태가 발생한 상황에서 조선학교에 대한 보조금 지급 추진을 중단하는 것이 바람직하다고 판단했다고 밝혔다. 여기에다가 도쿄도, 오사카부, 홋카이도, 지바현(千葉縣) 등의 지방정부도 중앙 정치권의 움직임을 선도하거나 동조하면서 고등부를 포함한 모든 총련계 학교에 대한 보조금 지급을 중단하기로 했다.

다만 중앙정부의 방침에도 불구하고 가나가와현(神奈川縣)과 같이 보조금 지급을 계속해 온 지자체가 있다. 가나가와 조선학교는 수업내용을 지자체에 보고하고 현 당국이 시찰을 하도록 허용하면서 지급을 지속적으로 요청했고 이에 대해 해당 지자체가 호응하여 현내 조선학교 5곳에 연간 6,300만 엔에 달하는 보조금을 지급한 것이다. 2010년 12월에 현 지사가 처음으로 조선학교를 시찰했고 2011년 11월에는 두 번째로 시찰했다. 두 번째 시찰한 수업은 '북일평양선언과 납치 문제'를 주제로 하여 실시되는 고교 3학년 '현대조선역사' 과목 시간이었다. 일본 전국의 조선학교에서 납치 문제에 관한 수업을 외부에 공개한 것은 이것이 처음이다. 2012년 12월 하순 아베 정권이 들어선 직후에도 가나가와현은 조선학교에 대한 보조금을 계속 지급하기로 결정했다. 수업 내용이 확인되었기 때문에 지급하지 않을 이유가 없다고 판단한 것이다.

그러나 아베 정권에 들어서 일본의 중앙정부는 조선학교에 대한 수업료 무상화 배제 정책을 강화해갔다. 내각 구성 직후인 2012년 12월 28일 시모무라 하쿠분(下村博文) 문부과학상은 기자회견을 통하여 "조선학교는 총련과 밀접한 관계가 있고 납치 문제가 진전되지 않는 상황에서 국민으로부터 이해를 얻을 수 없다"는 이유를 들어 배제 조치의 연장 이유를 설명했다. Amnesty International 등 국내외 인권단체가 일본 정부의 방침을 비판하고 있음에도 불구하고 일본 정부는 2013년 2월에 문부과학성 시행규칙을 개정하여 조선학교를 수업료 무상화 대상에서 배제하도록 아예 제도화했다. 이에 따라 지자체에서도 독자적으로 무상화 지원을 하기가 곤란해져 가나가와현도 조선학교에 대한 보조금 지급 중단을 발표하기에 이르렀다.

오늘날 총련계 조선학교 고등부는 아래와 같이 10개 학교가 운영되고 있으며 대체로 1,800명 정도의 학생이 재적하고 있는 것으로 알려지고 있

도쿄조선학교의 개교65주년 기념식 (2011.11.12)

다. 고등부 재학생들은 수업료에다가 시설비 난방비 등을 포함하여 연간 40~50만 엔의 학비를 부담하고 있다. 일본 정부의 취학지원금 지원 중단 조치에 따라 재학생들은 수업료 상당의 지원금을 지급받지 못하고 있다. 여기에다가 지자체로부터 보조금을 받지 못하게 됨에 따라 학생들은 더욱 더 열악한 환경에서 교육을 받을 수밖에 없는 처지에 놓이게 되었다.

〈총련계 조선학교 고등부 10개 학교〉
　北海道 北海道朝鮮初中高級學校
　東京都 東京朝鮮中高級學校
　神奈川縣 神奈川朝鮮中高級學校
　茨城縣 茨城朝鮮初中高級學校
　愛知縣 愛知朝鮮中高級學校
　大阪府 大阪朝鮮高級學校
　兵庫縣 神戶朝鮮高級學校
　京都府 京都朝鮮中高級學校
　廣島縣 廣島朝鮮初中高級學校
　福岡縣 九州朝鮮中高級學校

_8_
영화, 굿바이 평양

지난 2011년 3월 3일 '굿바이 평양'이 서울에 있는 3개의 영화관에서 개봉되었다. 이 영화는 2009년 부산국제영화제를 통해 처음 소개되었으며 2011년 4월에는 일본에서도 '사랑스런 선화(愛しきソナ)'라는 제목으로 상영되기 시작했다. 자신의 가족을 필름에 담아 작품으로 엮어내고 있는 재일동포 2세 양영희(梁英姫) 감독이 '디어 평양'의 후속으로 내놓은 작품이다. '디어 평양'은 감독 자신과 아버지와의 관계에 초점을 맞추어 편집되었는데, '굿바이 평양'에는 둘째 오빠의 딸 '선화'와의 관계에 보다 많은 비중이 실렸다.

양 감독은 1964년 오사카에서 태어나 민족교육을 받으며 자라나 도쿄에서 조선대학교를 나왔다. 민족학교의 국어 교사를 비롯하여 극단 배우와 라디오 진행 사회자 등을 다양하게 경험한 후 1997년에는 미국에 건너가 뉴욕에서 미디어학 석사과정을 밟았다. 2003년에 일본으로 돌아온 후 도쿄를 중심으로 하여 대중미디어 활동을 펼치기 시작했다. 그녀는 일찍이 1995년부터 다큐멘터리 영상 작가로서 활동하면서 계속 작품을 발표해왔다. 'What is 치마 저고리', '흔들리는 마음', '카메라를 가진 고모'와 같은 작품이 NHK 등에서 방영되었다. 또한 아사히TV의 '뉴스스테이션' 프로그램 등에서 뉴스를 취재하고 직접 출연하기도 했으며, 태국, 방글라데시, 중국에 체재하며 현지인들의 일상 모습을 영상에 담기도 했다.

2005년 그녀는 자신의 가족을 소재로 하는 작품 '디어 평양'을 발표하여 베를린국제영화제에서 최우수 아시아 영화상을 수상하는 등 영화계에서 높은 평가를 받았다. 2006년에 같은 제목으로 출간된 단행본에는 이 작품의 제작

과정이 상세하게 기록되어 있다. 제주도 출신 아버지(양공선)와 어머니(강
정희)는 1950년대부터 오사카 총련 조직의 열성적인 조직원이었고 북송(귀
국)사업에 적극 협조하면서 아들 3명을 모두 북한에 보냈다. 오사카에서 북
한의 가족에게 끊임없이 생활용품을 사서 보내는 부모, 북한에서 간헐적으
로 만나고 헤어지는 오빠와 조카들, 그 사이를 왕래하며 가족 관계를 확인하
고 싶어 하는 감독 자신. 이러한 '특수한' 재일한인의 가족 관계가 '디어 평양'
을 통해 세상에 널리 알려진 것이다.

양 감독의 자유를 향한 희망은 국가와 체제라고 하는 현실의 벽에 부딪혀
순조롭게 이루어지지 않는다. 그녀는 북한의 가족이 피해를 입지 않을까 고
민을 거듭한 끝에 제작을 시작한지 10년이 지나서야 조심스럽게 '디어 평양'
을 세상에 내놓았는데, 결국 이 작품이 북한 주민의 곤궁한 생활을 그려냈다
고 하여 총련 조직으로부터 비판을 받게 되었다. 또한 출입국의 편의를 위해
선택한 양 감독의 한국 국적 선택은 북한 당국으로부터 입국을 금지 당하는
중요한 구실이 되었다. 그녀의 후속 작품 '굿바이 평양'도 북한측의 어두운
현실을 비추어냄에 따라 북한에 의한 입국금지 조치를 더욱 굳히는 계기가
되었다.

그렇다고 하여 그녀는 작품을 통해 이러한 긴장 상태에 대해 좌절이나 불
평을 표현하지 않았다. 그보다는 주어진 조건 속에서 살아가는 일상의 모습
들을 담담하게 그려내고자 했다. 영상 전면에 흐르는 잔잔하면서도 분명히
이야기 하지 않는 수많은 메시지들이 오히려 작품의 역사성과 현실성을 풍
부하게 하고 관객의 상상력을 자극하는 요소가 되었다. 그녀의 작품은 영상,
음향, 스토리 등에서 볼 때 일반 영화로서 높은 수준이라고 평가받기는 어렵
다. 하지만 오늘날 북한사회의 특수한 상황이나 경직된 남북관계 또는 북일
관계 속에서 한 가족의 일상생활을 영상으로 찍어내고 편집한 다큐멘터리
영화라는 점에서 이 작품의 가치는 매우 크다고 말할 수 있다.

양영희 감독

굿바이 평양 포스터

'굿바이 평양'에서는 북한 가족의 일상생활에 카메라 초점이 맞추어져 있기는 하지만 자연스럽게 북한의 어려운 형편이 그대로 노출되었다. 낙후된 아파트 시설과 주민들의 가난함, 수도와 전기의 사용 시간 규제, 정전 시간을 즐기는 수다 놀이, 모처럼의 일본 가족 방문으로 풍성해진 식료품을 잔치로 낭비하는 데 대한 미안함 표현, 일본 돈으로 어렵사리 구입해 먹는 아이스크림 등…… 영화 앞부분에서는 오사카의 어머니가 생활용품을 구입하여 정성스럽게 포장하고 쓰루하시(鶴橋) 우체국에서 부치는 모습이 나온다. 그리고 이 물건들이 평양 선화의 집을 구석구석 장식하고 있음을 영화는 확인시키고 있는 것이다.

'디어 평양' 이후 양 감독의 가족 관계에도 여러 가지 변화가 생겼다. 무엇보다 안타까운 것은 우울증에 시달리던 평양의 첫째 오빠와 뇌졸중으로 입원 중이던 오사카의 아버지가 세상을 떠난 일이다. 그러나 다른 한편에서는 가족의 희망도 자라나고 있었다. 조카 선화가 이제는 대학생이 되어 영어로 고모에게 편지를 보내게 되었다. 양 감독이 평양에 갈 때마다 세계 여러 나라의 이야기를 들려달라고 졸라대던 조카들도 이제 어른이 되어가고 있다.

영화 제목 속의 '굿바이'는 가족의 따스함이 사라지지 않는 한 일시적인 이별을 의미할 뿐이다.

양영희 감독은 '굿바이 평양' 이후에도 가족에 관한 작품을 계속 만들고 있다. 북송된 3명의 오빠 가운데 막내 오빠가 1999년에 치료를 위해 일본을 방문했던 경험을 바탕으로 하여 2012년에 그녀는 극영화 '가족의 나라'를 제작했다. 이 영화는 2013년 3월초에 한국에서 개봉되었다.

_9_
연극, 야키니쿠 드래곤

필자는 2011년 3월 18일 밤 예술의 전당 토월극장을 찾아 한일공동제작 연극 '야끼니꾸 드래곤, 용길이네 곱창집'을 감상했다. 이 연극은 지난 2008년에 한국에서 개관 20주년을 맞은 예술의 전당과 일본에서 개관 10주년을 맞은 신국립극장이 동시에 처음으로 무대에 올린 작품으로 한일 양국의 관객으로부터 높은 호평을 받았고 이에 따라 2011에 한국에서 다시 앵콜 공연된 것이다. 2008년 초연 당시 일본과 한국에서 모든 객석이 매진되었을 뿐 아니라 2011년 1월 일본 신국립극장의 앵콜 공연도 모두 매진을 기록하며 큰 화제를 모았다. 세간의 평판대로 이 연극은 작품성과 흥행성, 연출과 연기에서 놀라운 완성도를 보였고, 중간 휴식을 포함하여 3시간 내내 관객들에게 긴장과 흥미 그리고 감동을 안겨주었다.

이 연극은 1960년대 말 오사카 지역의 쓰러져 가는 재일동포 부락을 소재로 한 작품이다. 연극이 시작하기 전부터 야끼니꾸 곱창(燒肉ホルモン)이라는 간판을 달고 있는 무대의 식당에서는 능숙한 연주의 장구와 아코디언 소리가 구성지게 들리고 일부 연기자들의 꾸밈없는 움직임이 보이면서 자연스럽게 관객들과의 거리를 좁혔다. 예사롭지 않은 도입부였다. 곱창 굽는 구수한 냄새로 연극이 시작되며 공중에서 벚꽃 모양의 종이꽃이 하염없이 쏟아지면서 연극이 끝난다. 여기에다가 한국과 일본의 연기파 배우들이 극중 내내 개성 있는 배역들을 훌륭하게 소화해내고 무대 설치나 미술과 조명 등에서 높은 완성도를 보이면서 종합 예술로서의 연극 구성을 극대화 했다.

1970년 오사카 엑스포를 앞둔 시기, 오사카 지역에 대대적인 도시 정비가 이루어지는 가운데 국유지에 거주하고 있던 재일동포를 포함한 주민들이 대거 강제 퇴거를 당하게 된다. 일본의 고도성장 그늘에서 사회적인 차별로 제대로 된 일자리를 갖지 못하는 재일동포 젊은이들, 제주도 4·3 사건과 한국전쟁으로 인한 상처와 아픈 기억을 안고 살아가는 재일동포 어른들, 이들에게 야끼니꾸 곱창집은 가난에 찌든 현실과 헤어나기 어려운 팔자를 맘껏 한탄할 수 있는 해방구가 된다. 또한 곱창집은 한국어, 일본어, 오사카 사투리 등으로 뒤얽혀 분출되는 신세타령을 모두 받아들이고 녹여내는 용광로가 되기도 한다.

일본의 도시개발을 계기로 하여 재일동포 용길이네 가족은 해체되기 시작한다. 그 중에는 일본에서 내쫓기듯 북한으로 이주해가는 식구도 나온다. 곱창집 주인이 리어카에 부인을 태우고 벚꽃이 떨어지는 골목길을 나설 때, 죽었던 아들이 지붕 위에서 이들을 배웅하는 것으로 연극이 끝난다. 이처럼 전반적으로 연극이 삶의 애환을 다루고 있지만 그렇다고 해서 연극 속에서 칙칙한 분위기는 좀처럼 찾아볼 수 없다. 평온함 없이 고함과 싸움이 끊이지 않는 무대에서 연기파 배우들은 마음껏 힘찬 목소리와 활기찬 동작을 펼쳐 보인다. 마음껏 감정을 표현하고 발산하는 언어나 동작이 사회적 차별과 빈곤으로 인한 억눌림을 해소할 수도 있다는 점에서 이 연극은 시종 관객들에게 카타르시스를 제공한 것이다.

이 작품의 원작자 겸 연출가 정의신(鄭義信)은 재일동포 3세로 1957년에 히메지시(姬路市)에서 태어났다. 도지샤(同志社) 대학 문학부에 입학했다가 중퇴하고 요코하마(橫浜) 방송영화 전문학교에 다시 입학하여 졸업했다. 1987년에 극단 '신주쿠 양산박(新宿梁山泊)'을 출범시켰으며 주로 극작가로 활동해오면서 한때 직접 배우로 연극에 참여하기도 했다. 그는 고물상을 하던 아버지의 체험담을 소재로 하는 '야끼니꾸 드래곤'을 써서 세상에 널리 알려졌다. 그의 작품 가운데 BC급 전범을 소재로 한 '적도 아래의 맥베스'는

전외신 작기

야끼니꾸 드래곤 포스터

2010년 가을 한국에서 공연되기도 했다.

 '야끼니꾸 드래곤'은 2008년 일본과 한국에서 주요 연극상을 휩쓸었다. 예를 들면 신작 희곡을 대상으로 하는 쓰루야 난보쿠(鶴屋南北) 희곡상 제12회 수상작이 되었으며, 무대작품을 종합적으로 평가하여 표창하는 아사히(朝日) 무대예술상 제8회 그랑프리(최우수상) 수상작이 되었다. 그리고 일본 전국의 무대를 대상으로 하는 요미우리(讀賣) 연극상 제16회 대상을 수상했고, 도쿄 무대를 대상으로 하는 기노쿠니야(紀伊國屋) 연극상 제43회 개인상을 받았다. 또한 한국에서도 연극평론가협회가 선정하는 '올해의 연극 베스트 3'에 뽑혔고 연극협회가 선정하는 '2008 공연 베스트 7'에도 뽑혔다. 근래 들어 정의신은 재일동포 문제를 비롯하여 다양한 장르의 연극 작품을 한국에 소개하고 있다. 2011년에 '야끼니꾸 드래곤' 이외에도 '겨울선인장', '아시아스위트'를 선보였고 2012년에는 '봄의 노래는 바다에 흐르고'를 공연했다. 이어 2013년에 들어서는 '푸른배 이야기'를 무대에 올렸다.

_10_
재일한인 열전, 골라보기

오공태 민단 단장

2012년 2월 23일 도쿄 오쿠라호텔에서 열린 민단 중앙대회에서 임기 3년의 신임 단장으로 오공태(吳公太, 65) 부단장이 선출되었다. 민단 선거관리위원회에 단장 후보로 등록한 사람은 오공태 부단장과 김창식(金昌植, 74) 감찰위원장 두 사람이었다. 투표 결과 대의원에 의한 직접 투표와 선거인에 의한 우편 투표를 합하여 총 524표가 나왔다. 이 가운데 2표가 무효 처리되었고 나머지 522표 가운데 오공태 후보가 381표를 얻어 73%라고 하는 높은 득표율을 기록했다.

2월 11일부터 19일까지 이루어진 합동연설회를 비롯하여 선거 기간 동안 두 후보자는 민단의 활성화, 조직의 재정 확립, 민족교육의 진흥, 지방참정권 획득운동 지속 등을 내걸고 선거에 임했다. 선거 공약에서 별반 차이를

당선 발표에 환호하는 오공태 씨

보이지 않는 가운데 대부분의 유권자들이 그간의 민단에 대한 공헌도를 주로 고려하여 오공태 후보를 선택한 것으로 보인다.

1947년 일본 나가노현(長野縣)에서 태어난 오공태 씨는 전형적인 재일동포 2세 기업인이다. 그의 일생에 관한 기록이 아직 발표되지 않고 있기 때문에 여기서는 그에 관한 인터넷 자료를 검색하여 그의 행적을 정리하고자 한다. 그는 지난 2010년 12월 후세 다쓰지(布施辰治) 영화 상영을 지원하기 위한 나가노 모임에서 대표 스피치를 하는 가운데 서두 부분에서 자신의 출생에 관하여 짧게 언급한 일이 있다.

부산 근처에서 살던 그의 부친이 1927년 13살 때 일본으로 건너가 오사카에서 얼마동안 거주하게 되었다. 그리고 1930년대 후반에 징용령을 받고 아이치현(愛知縣) 한다시(半田市)에 징용 노무자로 차출되어 나카지마(中島) 비행기 공장에서 일했다. 전쟁 말기에는 비행기 공장에 대한 미군 공습이 심해지자 수많은 조선인 노무자와 함께 나가노현으로 옮겨져 비행장 건설에 동원되었다. 이를 계기로 하여 나가노현 이나시(伊那市)에 가족이 정주하게 되었고 거기서 오공태 씨가 태어나게 된 것이다.

그가 현재 거주하고 있는 나가노현 오카야시(岡谷市)에서 오공태 씨는 대형 파칭코 점포를 운영하고 있는 재력가로 널리 알려져 있고 일본식 성명 구레모토 고타(吳本公太)로 통하고 있다. 오늘날까지 그가 대표를 맡고 있는 New Asahi Group의 Sanko(三公)상사 홈페이지를 보면 1974년에 유한회사로 설립된 이 회사는 2006년 시점에 파칭코 점포 26개를 운영하며 연간 904억 엔의 매출액을 기록했다고 되어 있다. 또한 정규 사원 261명을 포함하여 총 589명의 사원을 거느리고 있고 회사 설립 이래 착실한 성장을 보이고 있는 것으로 나타나 있다.[27]

한편 2011년에 동북지역에서 대지진이 발생하자 그는 재난지역에 2만 4

---

27) http://www.asahi-pachinko.co.jp/company/index04.html

천장의 마스크를 전달하는가 하면 1,000만 엔 이상의 의연금을 기증하는 등, 일본사회에 대한 적극적인 공헌활동을 보이고 있다. 아울러 그는 골프에 대한 남다른 관심과 특기를 보이고 있다. 이를 통해 일본 사회에 넓은 인맥을 형성하고 있으며 한국 프로 골프선수를 지원하는 모임에도 적극적으로 나서고 있다. 또한 지난 2010년 4월부터 도쿄 한국학교 이사장을 역임하면서 교실 증축 등 재일동포 자제의 교육을 위한 설비 개선에 노력해오고 있기도 하다.

메이지(明治)대학 공학부를 졸업하고 그는 파칭코 사업을 기업화 하는 일과 함께 민단의 조직 활동에도 뛰어들었다. 1970년에 나가노현 스와시(諏訪市) 민단 지부에서 문교과장을 담당한 것이 민단조직 경력의 출발점이 되었다. 그는 스와시 지부 조직을 거점으로 하여 활동하면서 민단 나가노현 지방본부에서도 1974년부터 청년회장, 선전부장, 조직부장, 부단장, 부의장, 감찰위원장 등을 거쳤고 2005에는 이 지역의 단장에 선출되기도 했다. 이어 2006년부터 민단 중앙본부 부단장으로 활약하면서 재일동포 사회에 널리 알려지게 되었다. 그의 선임자로서 나가노현에서 민단을 이끌다가 중앙본부 단장이 된 정진(鄭進) 씨가 그를 중앙본부의 부단장으로 발탁했기 때문에 가능하게 된 일이다.

정진과 오공태 두 단장 사이에는 동향의 선후배 사이라는 점과 함께 총련에 대한 섣부른 화합에 비판적이라는 점에서도 공감대가 컸던 것으로 보인다. 2006년 5월 당시 중앙본부의 하병옥(河丙鈺) 단장이 총련 중앙본부를 방문하여 전격적인 '화해'를 시도했을 때, 나가노 단장을 담당하고 있던 오공태 씨는 이러한 중앙의 움직임에 반대하고 독자적으로 탈북자 지원과 북한의 일본인 '납치' 문제에 대한 비판 움직임을 계속하겠다는 입장을 굽히지 않았던 것으로 유명하다. 성급한 남북화해보다는 일본사회와의 화합을 우선시하며 독자적으로 지방 조직을 주도했던 오 단장의 태도가 중앙본부에서 벌어지고 있던 하병옥 체제에 대한 반대 움직임과 방향성에서 일치하게 된 것이다.

2010년 1월의 한류 관련 잡지 기자와 대담하는 가운데, 오공태 씨는 자신의 민족적 정체성에 대해서 동포 1세처럼 강하지는 않지만 나름대로 정체성을 가지고 있다고 말한 바 있다. 한국의 원고를 읽는데에는 무리가 없으나 일상회화에서 우리말이 그다지 유창하지 않다. 그 뿐 아니라 주변의 일본인으로부터 본명 '오공태'보다는 통명 '구레모토 고타'로 불리고 있는 점에서 분명 그는 동포 1세만큼의 민족적 정체성을 갖고 있지는 않은 듯하다. 하지만 그는 다년간의 민단이나 한국학교 조직 활동 등을 통해서 동포 2세로서는 비교저 강한 민족의식을 유지하고 있는 것으로 보인다.

앞에서 언급한 후세 다쓰지 영화 모임에서도 오공태 씨는 역사인식 문제에 대해 비교적 긴 시간을 할애하며 일본제국이 식민지 조선에 취했던 비인도적인 만행에 대하여 하나하나 언급한 바 있다. 비록 후세 다쓰지라고 하는 역사적 인물을 강조하는 자리에서 언급한 것이기는 하지만 차분하게 그의 생각을 술회하는 모습에서 그의 역사인식이나 민족적 정체성을 충분히 느낄 수 있다. 다만 그는 공식적인 발언을 통해 강렬하게 일본을 비판하는 일에는 신중함을 기하고 있는 것이다.

오늘날 민단을 둘러싼 내외 여건이 점점 어려워지고 있는 상황에서 그의 지도력이 충분히 발휘되기를 기대한다. 오늘날 재일동포 사회에서는 전반적으로 역사적 존재로서의 정주 세대가 쇠퇴하고 있고 반면에 뉴카머 세대들이 점차 늘어가고 있다. 정주 세대 후손들의 민족의식은 갈수록 희박해지고 있는 반면 재일동포의 역사성에 무감한 뉴카머 세대들이 증가하고 있어 총체적으로 재일동포 사회 구성원의 성격이 변화하고 있는 것이다.

2012년 민단은 중앙대회 하루 전에 정기 중앙위원회를 열고 조직 강령에 '일본 지역사회의 발전을 꾀한다'는 문구를 포함시키는 한편, 일본으로 귀화한 재일동포도 지부 조직의 단장 등을 맡을 수 있도록 하는 규약 개정이 이루어졌다. 이러한 움직임은 동포 1세대의 뜻을 이어받고자 하는 조직원들이 재일동포 사회에서 민족의식이 희박해지고 있는 현실을 받아들이면서 아직 전반적으로 경제적 기반이 든든하지 않은 뉴카머에게 민단을 맡기기에는 시기적으로 이른 상황에서 조직의 재정 안정과 활성화를 위하여 고심한 결과라고 할 수 있다.

여기에다가 일본의 정치권이나 사회 분위기가 외국 국적자에 대한 지방 참정권 부여에 대해 매우 소극적이거나 부정적인 반응을 보이고 있다. 한국 정부가 재일한인을 포함한 재외국민에게 2012년부터 투표권을 행사할 수 있게 한 것도 민단의 지방참정권 획득 운동에 있어서 순풍이 아니라 역풍으로 작용할 공산이 크다. 이러한 대내외적 어려운 여건 속에서 오공태 신임 단장이 선거에서 내세운 조직 활성화 공약과 지방참정권 획득 노력 과제를 앞으로 어떻게 실현해 갈지 귀추가 주목된다.

박병헌 전 민단 단장

2011년 3월 7일 새벽 박병헌(朴炳憲) 재일본 대한민국 민단 상임 고문이 숙환으로 타계했다. 재일동포 1세 가운데 큰 별이 또 하나 떨어졌다. 향년 83세. 그는 1986년부터 91년까지 민단 단장을 역임하고 한국이 아시안 게임과 서울 올림픽을 성공적으로 개최하도록 하는 데 헌신했다. 재일동포 현대사의 산 증인이자 민단의 정신적 지주로 말년에까지 재일동포 권익운동에 남다른 열정을 보였다. 필자는 이 분으로부터 재일동포 현대사와 관련한 귀중한 정보들을 제공받았다. 근래에 이르기까지 건강한 모습으로 한국과 일본, 미국을 오가며 활동하는 것을 목격했는데 그의 부고를 받고 안타까움을 금할 수 없었다.

그는 1928년 경남 함양에서 태어나 1939년에 형을 따라 일본에 건너갔다.

도쿄에서 소학교를 졸업하고 공장 기계공으로 일하다가 해방을 맞았다. 그는 제작소에서 일을 하면서도 전문학교를 다니면서 학문의 끈을 놓지 않았다. 전쟁 말기 공습을 피해 잠시 거처를 군마(群馬)현으로 옮겼는데 그는 거기서 해방 이듬해 보수적인 청년단체 조선건국촉진청년동맹 지방 조직에 관여하게 되었고 이로써 그는 민족단체 운동가로서의 긴 여정을 시작하게 된다.

해방 직후 많은 재일동포 청년 조직원들이 경험한 바와 같이 10대 청년인 그도 도쿄에 있는 청년동맹 훈련소에 입소하여 민족의식을 키웠다. 1946년 10월에 민단이 결성되는 데에는 청년동맹의 역할이 컸다. 다만 정치적 이념이나 조직의 이익을 둘러싸고 청년동맹은 진보적인 단체 조련 청년대원들과 잦은 투쟁을 벌였는데 그는 이를 목격하기도 하고 직접 관여하기도 했다. 1949년 그는 메이지(明治) 대학 전문부 법과에 입학하고 재일동포 학생들에 의한 우파적 단체 '재일한국학생동맹'에 들어가면서 특히 좌파적 단체 '재일조선학생동맹'과 좌우 이념에 의한 치열한 대립의 현장에 뛰어들었다.

1950년 6.25전쟁이 발발하자 한국학생동맹은 한국계 재일동포 단체로서 가장 발 빠르게 움직였다. 일찍이 6월 27일 동맹 임원들은 긴급회의를 소집하여 구국전선에 동참하자는 방침을 결정했다. 이것은 '재일한교(韓僑)학도의용군' 결성 움직임으로 이어졌다. 이러한 상황에서 그는 자원하여 의용군 창설을 위한 추진위원이 되었으며 민단과 주일한국대표부에 협력하는 형태로 자원병 모집 활동을 전개했다. 그리고 그 자신이 자원병에 기꺼이 지원했다. 그는 이것을 자신의 일생에서 가장 큰 결단이었다고 회고했다. 이윽고 그는 재일학도의용군 제1진 78명 가운데 한명으로 참전하여 인천상륙작전을 경험했다.

1965년 한국과 일본 사이에 국교가 정상화되는 시점에서 그는 민단의 총무국장이 되어 민단의 지도적 임원으로서 길을 걷기 시작했다. 1960년대 민단 재정국장과 경제국장 등을 역임했으며 1970년대에는 민단의 감찰위원이 되었다가 1979년 부단장에 올랐다. 이윽고 1985년 제38대 민단 단장으로 선출되었다. 그는 단장에 재임하는 동안 1987년 해외한민족대표자 협의회를 시작하기도 했으며 88서울올림픽을 앞두고 일본에서 525억 원의 후원금을 마련하여 한국에 기증하기도 했다. 한편 그는 기업인으로서도 한국의 경제성장에 크게 기여했다. 1973년에 구로공단 안에 전자부품 회사인 대성전기(大星電機)를 설립했으며 1970년대 후반 재일한국투자협회 설립을 주도했고 1980년대 초반 신한은행 출범에도 적극적으로 참여했다.

그는 회사 경영 이외에도 평화통일자문위원, 신한은행 이사, 중앙대학교 이사, 한국복지재단 이사, 제일스포츠센터 이사 등을 맡으면서 한국과 일본 등지에서 말년까지 활동적인 나날을 보냈다. 생전에 그는 한국에서는 서울에 있는 자택과 대성전기 명예회장실에서 시간을 많이 보냈다. 지난 2007년 출간한 자신의 회고록『숨가쁘게 달려온 길을 멈춰서서』에 그는 다음과 같이 자신의 과거와 현재, 미래를 축약하여 술회했다.

생각해보면 치열하게 도전하고 또 성취하는 삶이었다. 좌절도 있었고 실패도 있었다. 그러나 결국은 목표를 달성해내는 행운의 일생이었다. 이제 우리 세대에 못 이룬 꿈들을 후세들이 이루기를 바라면서 남은 일생도 지금까지처럼 주어진 나의 일에 최선을 다하고 조국과 재일동포들을 위해 봉사하는 삶을 살고 싶다.

김시종 시인

2011년 나라현 이코마시(生駒市)에 거주하는 재일동포 시인 김시종(金時鐘)의 시집 '잃어버린 계절'이 일본에서 매년 우수한 시인에게 수여하는 다카미 준(高見順) 상의 대상작으로 선정되었다. 그 해 1월 8일 다카미

2006년 한라산에 오른 김 부부

시집 '잃어버린 계절'

준 문학진흥회 선정위원회는 제41회 2011년 수상자로 김시종 시인을 뽑았다고 발표했다. 부상으로 50만 엔이 지급되었고 3월 11일에 시상식이 도쿄에서 열렸다. 시인이자 소설가로 널리 알려진 다카미 준(본명 高間芳雄, 1907~1965)을 기념하여 제정된 이 문학상은 1971년부터 매년 1~2명씩 일본을 대표하는 시인에게 수여되는 권위 있는 상이다. 재일동포로서는 김시종 시인이 처음으로 이 상을 받게 된 것이다.

2010년 봄에 출간된 시집 '잃어버린 계절'은 여름으로부터 시작하여 가을, 겨울, 봄으로 이어지는 4계절에 따라 각각의 장(章)으로 구성되어 있으며 각 장마다 8편씩의 반(反) 서정적인 시(詩)를 담고 있다. 작가에게 있어서 계절이 여름부터 시작되는 것은 1945년 8월 한반도의 식민지 해방으로 모든 것이 바뀌고 새롭게 시작되었기 때문이다. 시집 안의 모든 작품 밑바닥에는 작가의 계절 여름이 꿈실거리고 있다. 과연 해방이 무엇이었는가 하는 물음이 시집 전반에 걸쳐 제기되고 있는 것이다. 일본의 문화인류학자 이마후쿠 류타(今福龍太, 1955~)는 2010년 5월 3일자 요미우리 신문에 이 시집에 관하여 다음과 같이 논평했다.

4계절 그때그때의 미묘한 느낌이 이 시집의 소재이기는 하지만, 일본어 시문들이 전통적으로 양성해온 서정을 담은 자연에 대한 찬미나 감정이입은 여기에 존재하지 않는다. 오히려 김시종 작가는 일본문학에서 자명하다고 할 서정적인 언어의 역사적 특성을, 자신의 모어가 될 수 없는 '일본어'로 내부로부터 도려내어 차별화 하려고 한다. 시집 전반에 걸쳐 이 시인 특유의 반(反) 직감적이고 굴절된 감정의 흔들림을 나타내는 함축성 깊은 동사들이 풍부하게 나온다. 한반도와 일본열도를 잇는 고통스러운 역사를 관통하는 특이한 사계절의 흐름이 시인의 어렴풋한 기억과 투명한 현재를 맺어주고 있는 것이다...

김시종 시인은 1929년 북한 원산시 신풍동에서 태어나 제주도에서 자라났다. 1942년 전남 광주에 있는 사범 중학교에 입학하여 수학하던 중 여름방학 때 제주도에서 해방을 맞았다. 그때 그는 한글을 모르는 황국신민 소년이었고 중학교 과정을 반 년 남짓 남긴 시점에서 학교를 중퇴해야 했다. 그는 해방직후 격동기에 제주도 인민위원회에서 활동하다가 1948년 4 · 3사건에 연루되었다. 이승만 정권의 대대적인 좌익 탄압을 피하여 1949년에 밀항선을 타고 대한해협을 건너 고베(神戸)에 들어갔다.

일본 도착 직후 그는 생활 방편으로 오사카의 양초공장에서 일하는 한편, 1950년 6.25 전쟁 발발 직전에 일본공산당 당원이 되었고 좌익적 성향의 재일동포 조직에 참여하여 활동했다. 이와 함께 그는 그 해 간사이(關西)대학에서 '조선문화연구회'를 조직하고 문학 작품을 쓰기 시작했다. 1953년 2월에는 오사카의 재일동포 시인 모임인 '진달래'를 발족시켜 작품집 '진달래'를 발간하기도 했다. 1955년 총련 조직이 결성되자 그는 간사이 지구 청년문화부장 직책을 맡았다. 그러나 김일성 우상화 문제나 총련의 비민주적인 운영 등에 대해 조직 내부에서 거침없이 비판하는 목소리를 내면서 그는 총련 조직에서 밀려나게 되었다.

그는 1973년 고베의 미나토가와(湊川) 고등학교에서 한국어 교사가 되었다. 일본 교육사상 처음으로 공립 고등학교에서 한국어가 정식 교과로 채택되면서 그가 최초로 공립학교 한국어 교사가 된 것이다. 그는 거기서 1988년까지 재직했다. 이와 함께 고베대학에도 출강하여 1978년부터 11년간 학생들을 가르치다가 그 후 오늘날에 이르기까지 오사카 문학학교에서 문학을 지망하거나 선호하는 사람들을 대상으로 문학창작론을 가르치고 있다. 오사카 문학학교는 1973년에 설립되어 사단법인 오사카 문학협회에 의해 운영되고 있는 자주적인 교육기관이다.

1980년대부터 그의 독특한 언어와 작품 세계에 의한 문학성이 일본사회에서 인정받기 시작했다. 1986년 그의 작품 '재일(在日)의 틈새기에서'가 마이니치(每日) 출판문화상을 수상했으며 1991년에는 시집 '들판의 시(原野の詩)'가 오구마 히데오(小熊秀雄) 상을 받게 되었다. 하지만 그는 일본의 일반 시인 단체에서 그다지 환영을 받지 못하는 시인이었다. 5.7.5 운율을 기본으로 하는 하이쿠(俳句)로 대표되는 일본식 서정(敍情)에 대해 '정감과 분별이 없는 서정'이라고 비판하며 이에 저항하는 독창적인 언어를 구사하여 시문을 써나갔기 때문이다.

뿐만 아니라 김시종 시인은 1990년대 초반까지 남북한 어느 곳에서도 환영받지 못하는 존재이기도 했다. 김일성 우상화와 총련의 북한 편향을 비난했다고 해서 북한에서도 환영을 받지 못했고, 군사정권 시절 한국은 4·3사건에 연루된 그를 '빨갱이'로 취급하여 입국조차 거부했다. 그가 제주도에 돌아오게 된 것은 1998년으로 고향을 떠난 지 49년만의 일이다. 한국에서는 2000년 1월 제주 4·3사건의 진상을 규명하고 이 사건과 관련된 희생자와 그 유족들의 명예를 회복시키겠다는 취지의 특별법을 제정했다. 특별법에 의해 국무총리 소속으로 '제주 4·3사건 진상규명 및 희생자 명예회복위원회'가 만들어졌고 4·3사건과 관련된 국내외 자료의 수집과 분석, 희생자와 유족의 심사와 명예회복, 사료관 조성, 위령묘역 조성과 위령탑 건립 작업에 착수했다.

김시종 시인은 1948년 4·3 사건에 직접 관여했으면서도 오랫동안 이 일에 관하여 침묵을 지켜왔다. 그가 이 사건에 대해 공식 석상에서 입을 연 것은 2000년 4월에 도쿄에서 개최된 '제주도 4·3 사건 52주년 기념강연회'에 서였다. 이 자리에는 4·3 사건을 소재로 한 장편소설 '화산도(火山島)'를 발표한 김석범(金石範)과 제주도 출신 부모님을 둔 양석일(梁石日) 작가도 함께 강연자로 참가했다. 그는 "오사카에서 제주도에 원적을 둔 동포들이 4월부터 여름에 걸쳐 제사를 지내는데, 나 자신이 유족이라고 말하지 못하고 아무 말로 못하고 살아왔다. 이제 한국에서 4·3 관련 특별법이 제정되었으니 이웃끼리 함께 참여할 수 있는 제사를 지낼 수 있게 되었다"라고 하며 감격을 토로했다.[28]

그는 1994년 One Korea Festival 10주년을 기념하는 자리에서 재일동포의 사명을 강조하면서 다음과 같은 글을 남긴 바 있다. "일본에 거주하는 우리 동포들은 남북의 입장이 어떠하든 일본이라고 하는 같은 장소에서 살고 있다. '재일'의 실존은 존재와 더불어 동포 융화의 선험성(先驗性)을 내포하고 있다. 본국의 남녘과 북녘에도 '재일'의 융화는 일정 이상 영향력을 발휘할 것이다. 입장이나 이념이 다르다고 해서 등을 돌릴 것이 아니라 우리는 오히려 서로 다르기 때문에 서로 마주 보아야 한다. 서로 다르더라도 연결될 수 있는 동포상(像)을 '재일'의 전망으로서 만들어가야 하는 책무가 우리에게 있다."

이타미 준 건축미술가

지난 2011년 6월 26일 세계적인 건축미술가 이타미 준(伊丹潤) 씨가 도쿄의 병원에서 뇌출혈로 타계했다. 향년 74세. 6월 30일 가족장으로 조촐하게

---

28) 民團新聞, 2000.4.19.

장례식이 열렸고 한국에서는 7월 19일 아이티엠(ITM) 건축연구소 방배동 사옥에서 그를 추모하는 행사가 따로 열렸다. 그의 유골은 그의 부친의 고향 경남 거창과 그가 생전에 사랑했던 제주도에 뿌려졌다.

이미 한국과 일본의 건축계와 미술계에 널리 알려진 그는 생전에 자연과 호흡하는 건축물을 많이 설계해왔을 뿐 아니라 자연과 건축, 한국의 전통적인 아름다움 등에 관하여 여러 편의 수필을 남겼다. 일본과 한국을 주된 무대로 하여 작품 활동을 해오면서도 그는 항상 국가와 민족의 틀을 넘어 자신의 세계를 구축하려고 노력한다는 의지를 감추지 않았다. 그의 장녀이자 아이티엠 건축연구소 한국지사장인 유이화 소장은 고인의 유지를 받들어 그가 진행 중이던 프로젝트를 계속 이어갈 예정이라고 했다.

이타미는 자신의 가족과 성장에 관한 상세한 기록을 남겨놓지 않았다. 따라서 여기서는 그의 저서와 건축 관련 잡지에 실린 대담 기록을 참고하면서 그의 일생을 대강 훑어보고자 한다. 그는 생전에 '재일동포 2세'라고 하는 호칭을 그다지 좋아하지 않았지만 경남 거창 출신의 부모님을 둔 재일한인 2세임에 틀림없다. 본명은 유동룡(庾東龍)이며 이타미 준은 예명이다. 대학을 졸업할 때까지 본명을 사용하다가 건축사무소를 내면서 예명을 사용하기 시작했다. 유(庾)라고 하는 한자가 일본에서 거의 사용되지 않았기 때문에 당시 일반 인쇄소에 해당 활자가 없었다고 한다. 이타미(伊丹)라는 성은 그가 첫 번째 해외여행에 나갈 때 이용한 공항의 이름에서 따왔고 준(潤)은 예술가적 브랜드에 맞을 것 같아 사용하게 되었다고 한다. 다만 그는 생전에 우리말을 그다지 잘하지 못했다. 한인 지인이 많은데다가 말년에 이르기까지 한국에서 활동을 자주 하면서도 우리말을 듣고 이해하는 데에는 어려움이 없었지만 말하는 것에는 어려움을 느꼈다.

그는 1937년 일본 도쿄에서 태어났다. 그러나 생후 얼마 안 되어 온 가족이 이사함에 따라 어린 시절부터 고등학생 때까지 후지산(富士山)이 가까이 보이는 시즈오카현(靜岡縣) 시미즈(淸水)에서 자랐다. 일제말기 양철 지붕의 간이 주택 같은 허름한 집에서 온 식구가 같이 살았고 해방직후에는 집안에서 어른들이 밀주를 담그다가 경찰에 적발되기도 했다. 그가 성장한 지역에는 대체로 보수적인 풍토가 강하기도 하여 조선인에게 차별과 멸시의 움직임이 있었다고 한다. 그러나 그는 훗날 어린 시절에 주위의 차별을 꿋꿋하게 이겨낼 수 있었던 것이 오히려 자신의 세계를 추구하는 데 도움이 되었다고 하는 말을 남겼다.

그는 1964년에 무사시(武藏)공업대학 건축학과를 졸업했다. 그가 이 대학에 입학한 것은 도쿄대학에 도전했다가 실패하여 차선책으로 선택한 것이다. 사립대학 가운데 비교적 수업료가 싼 편이었기 때문이라고 한다. 평소미술에 관심이 많았던 그가 미술학과가 아니라 건축학과에 입학하게 된 것은 "그림을 그려서는 가난을 면할 수 없다"는 부친의 반대가 크게 작용했고, 같은 지역 출신의 미술평론가 이시코 준조(石子順造, 1928-1977)가 건축학과 입학을 권유했기 때문이라고 한다. 이시코는 도쿄대학 대학원에서 미학을 전공했으며 1950년대 후반 시미즈에 돌아와 유통회사에 근무하면서 미술평론 활동을 계속하고 있었다.

유동룡은 나중에 자신이 대학시절 불량학생이었다고 농담 삼아 회고할 정도로 그다지 성실하지 않게 학창생활을 보낸 것 같다. 재수생 시절부터 심취하게 된 재즈 음악에 이끌려 대학 재학 시기 내내 도쿄의 재즈 바를 여기저기 전전한 일이 있다. 섬세한 예술 감각을 가지고 있던 그는 시미즈에서 의사 일과 함께 재즈음악 평론 활동을 하고 있던 우치다 오사무(內田修, 1929-)의 권유가 계기가 되어 재즈음악에 중독되었다고 한다. 건축학과를 졸업하고 나서 취업하려고 해도 쉽사리 기회가 찾아오지 않았다. 그가 희망하는 건축설계사무소에 자리가 별로 없었고 재일한인 청년에게 일본 사회는 호락호락하지 않았기 때문이다. 다만 취직을 기다리면서 아르바이트로 커피숍 설계를 하게 된 것이 훗날 그에게 커다란 힘이 되었다고 한다.

1968년 31살이 되던 해 그는 이타미 준 건축연구소를 설립하고 프로 건축가의 길을 걷기 시작했다. 사무소 개설과 함께 첫 번째로 그에게 건축설계를 의뢰한 사람은 그의 어머니였다. 그가 데뷔작으로 설계한 '시미즈의 집'은 당대 유명한 사진작가 무라이 오사무(村井修, 1928-)의 카메라 렌즈에 실려 세상에 알려졌다. 이를 계기로 그의 작품성이 세상에 인정을 받기 시작했다. 무라이는 김수근(金壽根, 1931-1986)의 건축물을 30년간 추적하며 모두 사진으로 담아내기도 한 인물이기도 하다.

1968년에는 그에게 또 하나의 중대한 일이 생겼다. 난생 처음으로 한국을 방문하여 한국의 자연 풍경을 직접 체험하고 이에 매료되기 시작한 것이다. 특히 흙이 살아있는 한국의 민가에서 그는 아름다움을 발견했다. 시골 마을의 조용함에는 흙의 냄새가 그윽했다. 그리고 멀리 뻗어있는 투명한 땅과 완만한 굴곡을 이루는 산기슭이 봄의 따사로운 햇살을 받아 뿌옇게 주변의 산하에 녹아있고 사람들의 기척조차 없는 고요함에 넋을 잃게 되었다. 집이 들어설 곳의 자연 풍토와 전통 추억을 아우르는 지역성을 중시하는 그의 건축에 대한 평생 꿈이 이때 형성된 것이 아닌가 생각된다.

그 후 그는 한국과 일본, 프랑스 등을 무대로 하여 열정적인 작품 활동에 몰입했다. 1975년에 도쿄 아오야마(青山)에 'Trunk'라고 하는 건물을 지을 때에는 서울대학교 도서관이 해체되면서 나온 벽돌을 사용했다. 한국에서 벽돌을 배에 실어 옮기면서까지 번거로운 작업을 강행한 것은 소재를 중시하는 현대미술 작품을 만들어내겠다는 일념 때문이었다. 같은 해에 완성한 자신의 아틀리에 '먹(墨)의 집'에는 전체적으로 어두운 공간에 조선 백자 몇 점과 조선시대 가구를 배열하여 명상에 깊이 잠길 수 있는 사랑채를 구성하기도 했다.

그의 작품에 영향을 끼친 사람은 헤아릴 수 없이 많다. 그 가운데 그는 재일한인 1세 화가 곽인식(郭仁植, 1919-1988)과의 각별한 교분을 생전에 깊이 추억했다. 대학 졸업 직후 취직을 하지 못해 방황하던 시기에 당시 신문 기자였던 누나의 소개로 두 사람이 만났다고 한다. 곽 선생은 그를 친아들과 같이 여기며 첫 개인전을 열도록 주선했다. 그는 저서『돌과 바람의 소리』(학고재, 2004)에서 "곽 선생이 없었다면 나는 미술의 세계에 발을 들여놓지 못했을 것이고 건축가로서도 성공하지 못했을 것이다. 다시 말하면 그 분 없이 현재의 아타미 준은 존재하지 않는다. 그만큼 내게 큰 영향을 끼친 그 분은 친 아버지가 돌아가신 후 내게 언제나 아버지와 같은 존재였다"고 회고했다.

그의 작품 세계는 다음과 같은 그의 언어에서 잘 엿볼 수 있다. "온갖 시각적 언어로 표현되고 있는 현대 건축에서 조형의 순수성을 획득하려면 작가는 그 토지의 전통에 뿌리를 두고 문화의 흐름을 자연스럽게 추출해야 하며 강인한 염원을 담은 조형 감각과 자유로운 시대정신을 겸비해야 한다." 재일한인으로서 그는 일본과 한국의 자연으로부터 작품의 모티브를 발견했다. 그가 일본에서 배운 것은 자연과 대화를 나누며 자연의 아름다움을 부각시키는 건축이었다고 한다. 그리고 한국에서 배운 것은 자연과의 조화와 공존을 비롯하여 자연과 문화의 중간 지점, 즉 중용을 철학으로 하는 사상, 멋이라는 말의 정신적인 깊이와 다양한 의미 등 무궁무진하게 많다고 했다. 그는 한국의 고미술품 수집과 건축 작업을 통해 일본과 세계에 한국의 미를 널리 알려왔다.

그는 일본과 한국에 무수한 작품을 남겨놓고 갔다. 그 중에도 제주 핀크스 골프클럽의 클럽하우스와 게스트하우스 '포도호텔', 그리고 '두 손 미술관' 등은 제주도의 토착성과 지역적 소재를 활용한 건축물로 유명하다. 지난 2009년부터 제주영어교육도시 개발사업과 관련하여 건축 총괄책임(Master Architect)을 맡기도 했다. 일본 위키 사전에는 그의 수상 경력이 다음과 같이 열거되어 있다.

이타미 준 설계의 제주도 '포도호텔'

1980년 일본 디자인협회상

1992년 GID Competition 우수상

1992년 National Oceanic Museum 국제 Competition 최우수상

2001년 한국 건축가협회 작품상

2002년 한국 명가 명인상

2005년 프랑스 최고훈장 레종 도뇌르 수상

2006년 UN HABITAT 주최 아시아 문화경관상

2006년 한국 김수근 문화상

2008년 한국 건축문화대상 우수상

2010년 村野藤吾상

진창현 바이올린 명장

세계적인 바이올린의 명장 진창현(陳昌鉉) 씨가 지난 2012년 5월 13일 숙환으로 별세했다. 향년 83세. 유족으로는 부인 이남희 여사와 2남 1녀가 있

생전의 진창현 씨

다. 장례식은 고인의 뜻에 따라 유족들과 일부 지인들만 참석한 가운데 15일 도쿄도 조후(調布)시에서 조촐하게 치러졌다.

그는 1929년 경북 김천에서 부친 진재기 씨의 8자녀 가운데 6번째 아들로 태어났다. 어머니 천대선 씨는 후처로 들어가 진창현 씨와 그의 여동생을 출산했다. 남아 선호 분위기가 강한 보수적인 가정환경에서 자랐지만 그는 어린 시절부터 왜소한 체구에 허약한 체질을 가지고 있었으며 반면에 감수성이 풍부하고 내성적인 성격을 지니고 있었다. 어린 시절 마을 어귀의 개천에서 잡은 은어 잡이를 하면서도 자신과 같이 몸이 약한 은어라서 잡히는 것이 아닐까 하고 걱정할 만큼, 그는 일찍부터 섬세한 감성을 보였다.

그는 14살 때 일본으로 건너가 석탄을 나르고 인력거를 끌면서 혼자 힘으로 천신만고 끝에 메이지대학 영문과를 졸업했다. 그러나 대학을 마쳤어도 외국국적자라는 이유로 취업의 길이 막혔고 그는 우여곡절 끝에 산골에 들어가 독학으로 바이올린 제작 기술을 익히게 되었다. 1961년 평생의 반려자 이남희 씨와 결혼하여 어려운 경제적 여건 가운데 더욱 바이올린 제작에 전념할 수 있게 되었고 어렵사리 만든 작품을 도쿄에 나와 세일하러 다니는 가운데 일본의 유명한 음악가이자 바이올린 연주가 시노자키 히로쓰구(篠崎

弘嗣, 1902-1966)를 만나게 된다. 결국 시노자키에게 그의 잠재 능력을 인정받게 되었고 그의 작품에 판로가 마련되었다. 이를 계기로 도쿄로 이사하여 본격적인 현악기 제작 활동에 돌입하게 된다.

1976년 그는 미국 필라델피아에서 열린 제2회 '국제 바이올린 비올라 첼로 제작자 콩쿠르'에서 총 6개 부문 가운데 5개 부문의 금메달을 휩쓸었다. 1984년에는 미국의 바이올린 제작자 협회가 그에게 Master Maker 칭호를 부여했다. 이로써 그는 검증이 필요 없는 명장의 반열에 오른 것이다. 이것은 세계 언론을 놀라게 했고 그 후로 그는 '동양의 스트라디바리우스'로 불리게 되었다. 그의 자서전이 한국과 일본에서 출판되는가 하면 그의 일대기를 담은 다큐멘터리 드라마가 한일 양국의 TV에서 방영되기도 했다. 일본에서는 만화, 신문, 라디오 등을 통해서 그의 존재가 널리 알려졌다. 수많은 음악인들이 그가 제작한 바이올린을 사용하고 있는 가운데, 오늘날 일본의 고교 2학년 학생들을 대상으로 출판되고 있는 영어 교재 'COSMOS English Course 2(三友社)'도 그의 성공 스토리를 'The Mystery of the Violin'이라는 제목으로 소개하고 있다.

이렇게 그가 성공과 신화의 주인공이 된 것은 숱한 좌절과 고난 속에서도 자연과 같은 맑은 소리의 바이올린을 만들어내겠다고 하는 꿈을 결코 잃지 않았기 때문이다. 어느 정도 재능을 인정받고 나서도 그는 계속 시행착오를 감행하는 가운데 보다 나은 바이올린 제작을 하겠다고 하는 목표를 계속 고집했다. 예를 들어 그는 이상적인 니스의 색깔을 만들어내기 위해 오징어 먹물이나 식물 염료, 지렁이, 매미, 심지어는 갓난아이의 변 등을 배합하는 실험을 하기도 했다고 자서전에 술회했다.

그는 지난 2002년 재일교포 하정웅(河正雄) 씨가 광주시립미술관에 수백억대의 콜렉션을 기부한 사실을 알고 자신도 광주시립미술관에 악기 4점을 기증했다.[29] 그가 기증한 제1 바이올린에는 광주호, 제2바이올린에는 대구호, 비올라에는 한라호, 첼로에는 백두호라는 이름을 붙여, 아름다운 하모니를 통한 남북통일을 염원했다고 한다. 대한민국 정부는 2008년 '세계한인의 날'을 맞아 그에게 국민훈장 무궁화장을 수여했다.

이충성 축구 선수

2011년 1월 30일 재일동포 이충성(李忠成) 선수의 깨끗한 발리슛은 일본 국가대표팀의 2011년 아시아컵 대회 우승을 결정지었다. 그는 공격수로서 호주와 겨룬 결승전에서 연장 후반 4분 극적인 1대 0 결승골을 터뜨렸다. 오랫동안 출전 기회를 얻지 못하고 벤치에서 경기를 지켜보다가 연장 전반 마에다 료이치(前田遼一) 선수를 대신하여 그라운드에 투입된 그는 주어진 짧은 기회를 절묘하게 사용했다. 이로써 그는 한국과 일본 사이의 경계인(境界人) 선수가 느끼기 쉬운 핸디캡을 당당하게 실력으로 극복하고 단숨에 아시아 축구의 '영웅'으로 떠올랐다.

1985년 12월 도쿄에서 재일동포 4세로 출생한 이충성은 초등학교 과정을 총련계 민족학교 도쿄조선제9초급학교에서 마쳤다. 그는 어린 시절부터 몸으로 하는 각종 스포츠에 흥미를 가지고 있었는데, 축구선수로 활약했던 부친 이철태(李鐵泰) 씨의 영향을 받아서인지 축구에 남다른 소질을 보였다. 어린이 축구 교실에서 축구를 배우다가 초등학교 6학년 때 요코가와(橫河) 전기 Junior Youth팀 선수단에 들어간 것을 계기로 그는 축구 선수의 길을 걷기 시작했다. 이 팀은 중학교 학생만을 대상으로 했지만 부친의 권유로 시험 삼아 선발대회에 참가한 것이 합격으로 이어져, 나이 어린 그는 덩치 큰 중학생들과 엉켜서 훈련을 받아야 했다.

2001년 집 부근의 다나시(田無) 고등학교에 다니면서 Football Club

---

29) 연합뉴스, 2002.6.26.

Tokyo의 청소년 (18세 이하) 팀에서 그는 체계적이고 전문적인 축구 훈련을 받았다. Club의 통상 훈련에 그치지 않고 그는 자신이 납득할 때까지 연습을 계속했다고 한다. 덕분에 그는 Club에서 일본의 전국체전에 3년 연속 선수로 기용되었으며 2002년 간토(關東) 지역 축구 리그에서 득점왕이 되었고 2003년에는 일본 전국 고교 축구 리그 시합인 '프린스 리그'에서 우수 선수로 뽑혔다. 그는 2004년 Club에서 프로로 데뷔하여 오늘날까지 프로생활을 이어오고 있다. 2004년에 FC Tokyo팀에 기용되었고, 2005년에는 가시와 레이솔(柏 Reysol)팀에, 2009년에는 J리그 산프레체 히로시마(Sanfrecce 廣島)팀에, 그리고 2012년에는 영국 햄프셔주의 Southampton Football Club팀에, 그리고 2013년에는 일본으로 돌아와 FC Tokyo팀에 복귀했다. 그는 풍부한 운동량으로 강하게 밀어붙이며 거칠게 돌진하는 타입으로 기민한 움직임과 넘치는 승부욕으로 골문을 두드리는 '세련되지 않은' 선수로 정평이 나있다. 결과적으로 그의 '세련되지 않은' 과감한 슛이 2011년 아시아컵에서 일본에게 우승을 안겨주었고 그를 '영웅'으로 만든 것이다.

지난 60년대부터 80년대에 걸쳐 총련계 민족학교에서 축구 선수들을 집중 육성한 것은 오늘날 일본 사회는 물론 남북한에 걸쳐 재일동포 축구 선수들이 많이 배출되는 환경이 되었다. 재일동포 3세 축구 평론가 신무굉(愼武宏)은 그의 저서『조국과 모국과 축구』를 통하여, 정대세(鄭大世), 양용기(梁勇基), 이한재(李漢宰), 안영학(安英學), 박강조(朴康造), 정용대(鄭容臺), 이충성 등, 대표적인 재일동포 축구 선수들의 성장 과정과 아이덴티티 등을 소개하고 있다.[30] 이 책에서 마지막으로 이충성이 소개된 것은 다른 선수들과는 일본 국적을 취득했다는 이유가 크다. 하지만 작가는 이충성의 일본 국적 선택에 대해 적극적이고 긍정적인 의미를 부여하고 있다. 재일동포 선배 선수 김종성(金鐘成)의 말을 인용하여, "그는 국적이나 민족을 버린 것이 아

---

30) 愼武宏,『祖国と母国とフットボール』, 武田ランダムハウスジャパン, 2010.

니라 축구를 선택한 것”이라고 평가한다. 이충성 선수는 자신의 공식 블로그를 열고 일반인과 소통하고 있는데,[31] 2010년 3월 28일의 기록을 통해 신무꿩의 책을 읽고 난 자신의 소감을 다음과 같이 밝힌 바 있다.

> 자신이 태어나 죽을 때까지 함께 해 가야하는 ‘자이니치(在日)’라는 단어. 그 단어가 제목 속에 들어가 있어서 매우 무거운 이미지를 느낀다. 왜냐하면 거기에는 한 사람 한 사람의 인생이 기록되어 있기 때문이다. 그리고 과거와 미래를 향한 나의 ‘생각’이 이 책 안에 담겨있다. 이야기들을 정열과 혼으로 결합시켜 한 권의 책으로 묶어낸 저자에게 감사하며 많은 사람들에게 그의 정열을 전하고 싶다.

한국과 일본의 언론을 통해 널리 알려진 대로, 이충성은 지난 2004년 한국 청소년(19세 이하) 대표팀 후보로 발탁되어 파주 국가대표 트레이닝 센터에서 훈련을 받았지만 결국 대표로 선발되지 못했다. 또한 그가 한국어를 능숙하게 구사하지 못한 이유도 있어서 한인 동료 선수들로부터 배척을 받기도 했다. 그가 잠시 경험한 한국 사회는 그에게 결코 관대하지 않았던 것이다. 그는 2008년 베이징 올림픽 출전을 위한 일본 국가대표 선수 제의를 받자, 2006년 9월에 대한민국 국적에서 일본 국적으로 국적 변경을 신청했으며 이듬해 2월 일본 정부로부터 귀화를 인정받았다.

귀화 신청을 위해 등록한 이름은 李忠成(Ri, Tadanari)이다. 그는 한 때 ‘오야마(大山) 다다나리’라는 통명을 사용한 일이 있지만, 李(Ri)씨로 귀화하면서 재일동포로서의 민족성을 분명히 했다. 여기에서 그치지 않고 그는 자신이 재일동포 사회나 집안에서 불리는 대로 한국식 성명을 J리그에 등록하고 그렇게 호칭됨으로써 대외적으로 자신이 재일동포임을 분명히 알리고 있다. 다만 오늘날 그가 사용하고 있는 이름의 로마자 표기는 한국식 발음인 Lee, Chungseong이 아니라 한국식 일본식 발음이 섞인 재일동포의 발음

---

31) http://ameblo.jp/lee-tadanari

2011년 아시아컵 일본 우승을 결정지은 슛

Lee, Chunson이다.

이충성은 2008년 베이징 올림픽에 이어 2011년 1월 카타르 아시아컵 대회에서 일본 국가대표로 출전했다. 한 달 전에 일본 국가대표로 확정되고 나서 12월 24일에 그는 자신의 블로그에 남다른 마음가짐을 다음과 같이 밝혔다. "일본을 대표하여 싸우는 자랑스러움을 가슴에 하고, 여러분의 기대에 부응할 수 있도록, 저의 힘이 팀의 승리에 공헌할 수 있도록, 그리고 여러분에게 희망과 힘을 부여할 수 있도록 활약할 수 있도록 열심히 하겠습니다".

아시아컵 대회가 열리고 있던 2011년 1월 22일, 그는 블로그를 통해 한국 언론과의 인터뷰에서 자신의 미숙한 한국어 때문에 의미가 잘못 전달 보도되었다고 하며 자신이 말하고 싶었던 것을 일본어와 한국어로 해명했다. 자신은 이제까지 한국과 일본 양쪽을 존중하며 존경한다는 신념을 저버린 적이 없고 자신에게 있어서 조국은 한국과 일본 모두라는 점, 지금은 일본대표로서 아시아 최고를 목표로 노력하고 있다는 점, 한국과 시합하게 되면 한국에 대해 존경하고 경의를 가지면서 한 사람의 축구 선수 이충성으로서 시합에 임하고 싶다는 점 등을 피력했다.

1월 30일 그는 결승골을 넣어 일본팀에 우승을 안기고 나서, 자신의 블로그에 'hero'라고 하는 제목의 글을 통해 감격스러운 마음을 다음과 같이 표현

했다.

일본은 이제 새벽 아침일까... 카타르는 밤중 4시입니다.

선수들 모두가 축배를 들고 방에 돌아갔지만 솔직히 저는 잠이 오지 않습니다.

저의 인생에서 최고의 한 페이지를 쓰게 된 날이었기 때문입니다.

언뜻 보면 화려한 시합에 출전하고 있는 스타팅 멤버 11명에게 초점을 맞추기 쉬운 우리들.

하지만 그간 1개월에 걸친 오랜 기간, 체험한 것을 여러분에게 전하고 싶다.

그것은 벤치에 있었기 때문에 비로소 알 수 있었던 것...

첫 시합 요르단전 이후 시합에 나갈 기회가 없는 가운데, 나를 포함한 벤치 선수들에 대한 팀 임원들의 자연스런 배려... 큰 용기와 모티베이션을 유지할 수 있었습니다. 그것이 있었기에 시합에 나가지 못하는 날에도 자신을 계속 믿고 매일 좌절하지 않고 축구를 향하여 몰두한 결과 아시아 최고를 결정짓는 시합에서 결승점을 올릴 수 있었습니다. 팀 임원진 여러분의 힘이 저의 힘이 되었습니다. 고맙습니다.

그런 가운데, 벤치에서 나갔습니다만, 박빙의 승부가 이어지면서 "내가 영웅(hero)이 되는 거다!"라고, 스스로 되뇌면서 끊임없이 자신을 믿고 속도를 냈습니다. "영웅이 되는 거다!" 라고...(중략)

최고의 멤버로 이번 대회에 임하고 제압했으며 결승 무대에 설수 있었음을 최고의 행복으로 여기고, 인생의 재산으로 삼아가겠습니다. 응원해주신 여러분, 그리고 저를 항상 떠받쳐주신 아버지 어머니에게도 감사를 드립니다. 고맙습니다. 여러분의 마음을 실은 슛이었습니다...

Ⅶ. 오늘날 한중일 3국의 갈등과 경쟁

_1_
한중일 상호인식 조사결과

종래 언론기관을 중심으로 외교관계에 관한 대중 평가를 담당해온 여론조사가 거의 2국간의 상호인식을 주로 해왔는데 근래 들어 점차 3국 혹은 다국간 상호인식 조사를 실시해가고 있다. 예를 들어 2012년 1월 6일 동아일보는 일본의 아사히신문과 중국의 베이징 스옌(北京世硏) 컨설팅 회사와 공동으로 3국 국민의 상호인식에 관한 여론조사 결과를 보도했다. 동아일보는 지난 2005년에 이어 6년만인 2011년에 3국 공동조사를 실시한 것이다.

여론조사 결과 2005년에 비해 한국인의 일본에 대한 호감도는 8%에서 12%로 개선된 반면 중국에 대한 호감도는 20%에서 12%로 낮아졌다고 했다. 한편 일본과 중국에서 한국에 대한 친근감은 한류 열풍에 힘입어 늘었다는 것이 확인되었다. 한국의 드라마나 영화, 대중음악 등을 접하면서 한국에 대한 친근감이 증가했다는 응답이 중국에서는 42%, 일본에서는 35%로 나타났다.[1]

동아일보와 마찬가지로 한국일보는 2011년 10월 중순부터 하순에 걸쳐 일본의 요미우리신문과 중국의 요망동방주간(瞭望東方週刊)과 공동으로 전화를 통한 여론조사를 실시했다. 그 결과 한국국민 중에서 중국과 일본과의 관계에 대해 '좋다'고 대답한 사람은 각각 55.0%과 32.0%로 나타났다. 중국국민 중에서는 한국과 일본과의 관계에 대해 '좋다'고 대답한 사람이 각각 54.0%과 48.0%였다. 또한 일본국민 중에서는 한국과 중국과의 관계에 대해 '좋다'고 대답한 사람은 각각 53.0%과 17.0%였다.

---

1) 동아일보, 2012.1.6.

이처럼 2011년 여론조사 결과에서는 한일관계나 중일관계의 어두운 면을 살펴볼 수 있는데 특히 한국국민이 느끼는 한일관계와 일본국민이 느끼는 중일관계에서 부정적인 인식이 두드러지게 나타났다. 이러한 결과에 대해 요미우리 신문은 중일관계에 초점을 맞추어 2010년의 센카쿠(댜오위다오) 섬 근해에서 일어난 중국어선 충돌 사건 후에 실시된 조사에서 중일관계를 '나쁘다'고 평가한 의견이 일본에서 90%, 중국에서 81%를 차지하고 있던 것과 비교하면서, 2011년에도 일본에서는 여전히 이 사건에 의한 중국에 대한 의식 악화가 꼬리를 물고 있는데 반하여, 중국에서는 양국간 각종 교류가 부활하고 있는 것이나 동일본대지진으로 일본지원의 움직임이 확산된 것 등에 의해 대일 의식이 호전된 것이라고 해설했다.[2]

또한 한국일보의 보도에 의하면, 2011년 공동조사에서 상대국에 대한 신뢰를 묻는 조사가 실시되었는데 한국국민에게 중국과 일본을 신뢰할 수 있는지 질문한 결과 '신뢰할 수 있다'라고 대답한 것이 각각 20%와 21%로 나타났다고 했다. 이것은 지난 2007년의 조사에 의한 24%와 26%로부터 약간 신뢰감이 떨어진 것이다. 또한 중국국민에게 한국과 일본을 신뢰할 수 있는지 물은 결과 54%와 55%가 '신뢰할 수 있다'고 대답했다. 이것은 2007년의 조사 결과와 비교해서 한국에 대해서는 73%에서 크게 떨어진데 반하여 일본에 대해서는 15.2%로부터 오히려 상승했다. 덧붙여 일본국민에게 한국과 중국을 신뢰할 수 있는지 물은 결과는 각각 50%와 11%가 '신뢰할 수 있다'고 대답하여 2007년 조사에 비하면 모두 10% 이상 떨어졌다.[3]

근래 동아시아 3국의 상호 인식은 확실히 영토 문제를 둘러싼 갈등으로부터 가장 큰 영향을 받고 있다고 보인다. 중국국민의 일본에 대한 2011년 인식을 제외하고는 전반적으로 상대국에 대한 신뢰가 엷어지고 있으며, 특히

---

2) 読売新聞, 2011.11.11.

3) 한국일보, 2011.11.11.

영토의 역사성을 존중하는 한국국민과 일본국민이 각각 일본과 중국에 대해서 불신감을 안고 있는 것을 잘 알 수 있다. 이것은 영토 문제가 과거의 역사 문제와 무관하지 않다고 생각하는 것을 나타내고 있어 이러한 생각은 3국 중에서도 한국 국민이 가장 강하다. 3국 사이에 민간 차원의 교류가 빈번히 이루어지고 있는 것에도 불구하고 이와 같이 국가간 외교관계나 신뢰관계에 대해 낮은 평가가 나오고 있는 것은 국민들 사이에 역사 문제를 둘러싼 인식의 차이가 잠재하고 있기 때문이라고 할 수 있다.

필자는 2011년 12월 17일 교토(京都)에서 열린 조선족연구학회에 참석하여 한중일 3국의 상호인식 현황에 관하여 발표한 바 있다. 이때 한국의 동북아역사재단이 역사 문제 연구를 위한 기초자료로서 활용한다고 하는 목적 아래 2007년부터 2010년까지 4년간에 걸쳐 매년 외부 조사기관을 통하여 역사인식에 관한 여론조사를 실시한 것을 소개하고 그 조사결과를 정리하여 발표했다. 이때 한중일 사이에 갈등을 보이고 있는 역사인식 문제를 해소하기 위해서 어떻게 하면 좋을까 하는 의견에서도 3국 국민사이에 약간의 차이점이 있다는 점을 확인했다.[4]

일반적으로 역사인식의 차이를 줄이는 방법으로 상호 인적교류의 활성화를 드는 것에 이견이 없다. 하지만 어느 부분에서의 교류를 우선적으로 추진할 것인가에 대해서는 의견이 분분하다. 이 문제에 대해서도 동북아역사재단은 2009년과 2010년에 한중일 3국의 국민들을 대상으로 의견조사를 실시했다. 2009년에는 (A) 역사공동연구 등의 학술적 교류, (B) 정상회담 등의 정치적 교류, (C) 여행·영화·드라마 등의 문화 교류, (D) 지방자치 단체·시민단체의 행사 등의 민간 교류라고 하는, 4개의 과제로부터, 가장 우선적으로 실시해야 할 교류 행사 1개를 선택하게 했다. 그리고 2010년에는 전년

---

4) 최영호,「근래 한중일 3국 국민의 역사인식: 동북아역사재단에 의한 여론조사결과를 중심으로」, 조선족연구학회 국제심포지엄(2011.12.17).

의 과제에다가 (E) 무역·투자 등의 경제적 교류를 더하여 5개의 과제 가운
데 하나를 선택하도록 했다.

2년간의 조사 결과를 종합해 보면, 3국 국민 가운데 한국 국민은 역사인
식 개선을 위한 최우선 과제로 단연코 (A) 학술교류를 들었고, 그 다음으로
대답한 정치교류에 비해 3배 가까운 높은 회답 비율을 보였다. 연구활동 등
의 노력에 의해서 인식의 차이가 해소될 수 있을 것으로 본 것 같다. 그 반면
에 중국 국민은 최우선 과제로서 단연코 (B) 정치교류를 취했고, 그것은 그
다음으로 취한 (E) 경제교류에 비해 3배 가까운 높은 회답 비율을 나타냈다.
한국 국민과는 달리 중국 국민은 외교적인 노력에 의해서 인식의 차이가 해
소될 것으로 본 것이다. 그런데 일본 국민의 경우에는, 어느 특정 과제에 치
우치는 일이 없이 모든 분야에서 두루두루 교류가 필요하다고 보았다.

〈역사인식개선을 위한 과제에 관한 의견〉

각 국민의 의견		2009년	2010년
한국국민의 의견	(A)학술교류의 활성화	56.6%	47.8%
	(B)정치교류의 활성화	20.9%	17.4%
	(C)문화교류의 활성화	15.2%	11.0%
	(D)민간교류의 활성화	11.1%	8.6%
	(E)경제교류의 활성화	-	12.2%
중국국민의 의견	(A)학술교류의 활성화	8.2%	7.6%
	(B)정치교류의 활성화	52.3%	48.1%
	(C)문화교류의 활성화	10.8%	6.1%
	(D)민간교류의 활성화	15.6%	15.3%
	(E)경제교류의 활성화	-	17.2%
일본국민의 의견	(A)학술교류의 활성화	32.7%	19.4%
	(B)정치교류의 활성화	20.1%	21.6%
	(C)문화교류의 활성화	21.5%	20.2%
	(D)민간교류의 활성화	19.0%	14.2%
	(E)경제교류의 활성화	-	19.2%

_2_
일본국민의 2011년 대외관계 여론조사

매년 해오는 방식대로 지난 2011년 12월 3일 일본 내각부는 2011년 '외교에 관한 여론조사'의 결과를 일반에 공개했다. 일본 정부는 대외관계에 대한 일본 국민들의 의식과 평가를 파악하여 외교정책에 참고하겠다는 취지로 1978년부터 매년 10월에 여론조사를 실시하고 있다. 조사 항목은 6가지로 (1) 일본과 외국과의 관계, (2) 경제협력(대외원조), (3) 유엔에서 일본의 역할, (4) 대외경제, (5) 해외 일본인 보호, (6) 일본의 역할, 등이다. 일본 전국에 거주하는 20세 이상의 일본인 가운데 3천명을 무작위로 추출하여 전문 조사기관의 조사원이 개별 면접을 통해 청취하고 기록하는 방식을 취하고 있다.[5]

2011년 여론조사 결과에 따르면 2010년에 비해서 미국, 러시아, 중국, 한국 등 최우방국 혹은 주변국에 대한 친근감이나 외교관계가 전반적으로 크게 변화가 없는 가운데 미약하게나마 나아진 것으로 평가되었다. 이것은 2009년 새로 집권한 민주당 정부가 정권 초기에 외교정책을 원활하게 펼치지 못하다가 2011년에 들어 약간 안정을 되찾은 것으로 일본 국민들이 인식했기 때문이다. 하지만 과거 2009년의 조사에서 지나칠 정도로 주변국 외교에 대한 평가가 좋게 나타났던 것에 비교하여 볼 때, 2011년 약간 나아진 조사결과를 가지고 대외관계가 회복 국면에 접어들었다고 섣불리 평가하기는 곤란한 점이 있었다.

2011년 조사결과를 통해 특히 최우방국 미국에 대한 일본인의 친근감이

---

5) http://www8.cao.go.jp/survey/h23/h23-gaiko; http://www8.cao.go.jp/survey/h24/h24-gaiko

근래에 들어 지속적으로 나아지고 있다는 것을 확인할 있다. 미국에 대해 '친근감을 느낀다'(41.4%) 또는 '비교적 친근감을 느낀다'(40.5%)라고 대답하여 미일 외교관계에 관한 긍정적 평가가 2010년의 79.9%보다 2.0% 증가했다. 2011년 친근감 수치는 최초로 80%를 넘은 것으로서 일본의 여론조사가 실시되기 시작한 1978년 이래 가장 긍정적인 평가로 나타난 것이다. 이것은 2011년 3월에 발생한 동일본대지진 때 미국정부가 'Operation Tomodachi (도모다치 작전)'을 통해 재해구조, 부흥지원에 적극 나선 것에 따른 것으로 보인다. 그럼에도 불구하고 현재의 미일관계가 어떠한지를 묻는 설문에는 '양호하다고 생각한다'(20.8%), '대체로 양호하다고 생각한다'(52.6%)라고 대답하여, 양호하다는 평가가 2010년보다 0.4% 증가한 73.4%에 그쳤다. 이것은 1990년대와 2000년대의 평균 수준이며 2009년의 81.8%에 비하면 여전히 아주 낮은 수치였다. 일본 국민들이 미국에 대한 친근감을 갖고 있는 것에 비해 민주당 정부의 대미 외교 노력에 대해서는 인색한 평가를 내린 것을 알 수 있다.

한편 2011년 러시아와 일본과의 관계에 대해서는 일본 국민이 2010년과 비슷한 수준의 평가를 한 것으로 나타났다. 러시아에 대한 친근감은 13.4%로 나타나 2010년보다 0.6% 떨어졌고 2009년 보다는 2.0% 떨어졌다. 전통적이라고 할 수 있을 만큼 러시아에 대해서는 일본인의 친근감이 주변국 가운데서는 상대적으로 매우 낮기 때문에 이러한 적은 수치의 변화에서 의미를 찾기는 어렵다. 다만 2011년 러일관계에 대한 양호도 평가가 17.0%로 나와 2010년의 22.7%보다 무려 5.7% 떨어진 것으로 나타난 것을 보면, 2010년 11월에 러시아 대통령이 처음으로 북방 쿠릴열도의 구나시리 섬을 방문했는데 그 사건의 여파가 강하게 2011년까지 남아있었던 것으로 생각된다.

그런데 중일관계에 관한 평가에서는 2010년에 영유권 분쟁을 원인으로 하여 최악의 평가가 나왔던 것에 비해 2011년에는 약간 긍정적인 변화가 있었다. 2011년 조사결과에 따르면 중국에 대한 친근감이 26.3%로 2010년에 비해 6.3% 올라갔고, 중일관계에 대한 양호도 평가도 18.8%로 2010년의 8.3%에 비하여 10.5%나 좋아진 것으로 나타났다. 하지만 친근감과 양호도 수치 자체가 아주 낮은 편이기 때문에 이 수치를 가지고 중일관계가 정상적으로 회복된 것이라고 보기는 어려웠다. 특히 2011년 중일관계에 대한 양호도 평가가 러일관계와 비슷한 수준으로 낮게 나타난 것은 중일관계가 이때에도 여전히 원만하지 않았다는 점을 잘 보여준다.

2011년 한국과의 외교관계에 대한 일본 국민의 평가를 살펴보면 우선 한국에 대한 친근감 평가는 62.2%로 2010년의 61.8%에 비해 0.4%의 미미한 상승을 보였다. 마찬가지로 친근감을 느끼지 않는다고 대답한 사람의 비율도 35.3%로 2010년의 36.0%에 비해 0.7% 미미하게 하락했다. 부정적인 인식의 하락폭이 긍정적인 인식의 상승폭에 비해 다소 높기는 하지만 2010년에 비해 크게 달라진 것이 없다. 미국에 대한 친근감에는 이르지는 못하지만 일본인들이 여전히 한국을 가장 친근한 주변국으로 인식하고 있다는 것을 보여준 수치다.

아울러 2011년 한일 외교관계의 양호도 평가는 58.5%로 나타나, 2010년의 59.9%에 비해 1.4% 하락했다. 또한 양국관계가 양호하다고 생각하지 않는다고 대답한 사람의 비율도 36.0%로 나타나, 2010년보다 0.7% 하락했다. 양호하다는 평가의 하락폭이 양호하지 않다는 평가의 하락폭보다 약간 높은 점을 들어 2010년에 비해 2011년에 양국관계가 다소 악화된 것으로 볼 수도 있겠지만, 여론조사에 나타난 변화 규모가 별로 크지 않기 때문에 이 수치를 가지고 2011년 외교관계 양상의 변화를 논하기는 어렵다. 여론조사 결과는 독도 문제나 역사인식 문제를 둘러싸고 양국 국민의 견해 차이가 여전히 존재하고 있음에도 불구하고 2011년에도 양국 정부가 대체로 비교적 원활한 외교관계를 유지해온 것을 나타낸 것이다.

일본국민의 2012년 대외관계 여론조사

이어 2012년에도 일본 내각부는 11월 24일 대외관계에 관한 여론조사 결과를 발표했다. 2012년 여론조사 결과에 따르면 2011년에 비해 미국과 러시아에 대해서는 친근감이나 외교관계 평가가 나아진 반면에, 중국이나 한국에 대한 여론조사는 악화된 것으로 나타났다. 이렇게 주변국 관계에 대한 여론이 악화된 것은 영유권 문제를 둘러싸고 2012년에 중국이나 한국과 외교적 마찰이 심하게 전개되었기 때문이다. 민주당 내각이 정권 후반기에 들어 영유권 문제에 대해 단호한 자세를 취하고 과거사 문제를 둘러싼 진상규명과 화해에 소극적인 태도를 보이면서 주변국과의 관계는 악화 일로를 걸었다. 중국과 한국과의 관계에 대해 지난 2009년 여론조사가 과다하게 호의적으로 평가했던 것에 비해 2012년 여론조사는 근래 보기 드물 정도로 급격한 하향 평가를 나타낸 것이다.

2012년 조사결과를 통해서도 최우방국 미국에 대한 일본인의 친근감이 지속적으로 나아지고 있다는 것을 확인할 수 있다. 미국에 대해 '친근감을 느낀다'(45.4%), 그리고 '비교적 친근감을 느낀다'(39.1%)라고 대답하여, 미일 외교관계에 관한 긍정적 평가가 2011년의 82.0%보다 2.5% 증가했다. 이러한 친근감 수치는 일본의 여론조사가 실시되기 시작한 1978년 이래 가장 긍정적인 평가로 나타난 것이다. 이와 같은 미국에 대한 일본인의 호의적인 인식은 대미관계 인식에서도 그대로 반영되었다. 현재의 미일관계가 어떠한지를 묻는 설문에 대해서 '양호하다고 생각한다'(23.7%), '대체로 양호하다고 생각한다'(55.6%)라고 대답하여, 전반적으로 양호하다는 평가가 2011년에 비해 5.9% 증가한 79.3%로 나타났다. 이것은 2009년의 81.8%에 비하면 약간 낮기는 하지만 1990년대와 2000년대의 평균 수준을 웃도는 높은 수치였다.

또한 2012년 러시아와 일본과의 관계에 대해서도 일본국민은 2011년에 비해서 약간 호의적인 평가를 했다. 러시아에 대해 '친근감을 느낀다'(3.2%), 그리고 '비교적 친근감을 느낀다'(16.4%)라고 대답하여, 이를 합한 친근감 평가는 19.5%로 나타났다. 이것은 2011년의 13.4%에 비해서 6.1%나 상승한 수치이며 미국에 대한 친근감보다도 더 높은 상승폭을 나타낸 것이다. 마찬가지로 러일관계에 대한 양호도 평가에서도 '양호하다고 생각한다'(1.6%), '대체로 양호하다고 생각한다'(23.3%)라고 대답하여, 전반적으로 양호하다는 평가가 2011년의 17.0%에 비해 7.9%나 증가한 24.9%로 나타났다. 이와 같은 러일관계에 대한 긍정적 인식의 높은 상승폭은 2010년 러시아 대통령의 북방영토 방문 이후 러일관계의 갈등 상황이 2012년에 들어 어느 정도 완화되었다는 점을 나타내는 한편, 북방영토의 일괄 반환보다는 부분 반환이라는 현실적 해결 방안에 대한 실현 가능성이 높아진 것에 따른 평가라고 생각된다.

그런데 2012년에 들어 중일관계에 관한 친근감 평가에서는 영유권 분쟁을 계기로 2011년 조사결과에 비해 매우 떨어진 수치를 보였다. 조사결과에 따르면 중국에 대해 '친근감을 느낀다'(3.9%) 그리고 '비교적 친근감을 느낀다'(14.1%)라고 대답하여 전반적인 친근감은 18.0%로 나타났다. 이것은 2011년의 26.3%에 비해 8.3%나 하락한 수치로서 러시아에 대한 친근감보다도 더 낮아진 것이다. 2010년에 영유권 분쟁을 원인으로 하여 최악의 평가가 나왔던 것에 비해 2011년 약간 긍정적인 변화를 보이다가 2012년에 다시 곤두박질 친 것을 알 수 있다. 중일관계에 대한 양호도 평가에서도 '양호하다고 생각한다'(0.6%), '대체로 양호하다고 생각한다'(4.2%)라고 대답하여,

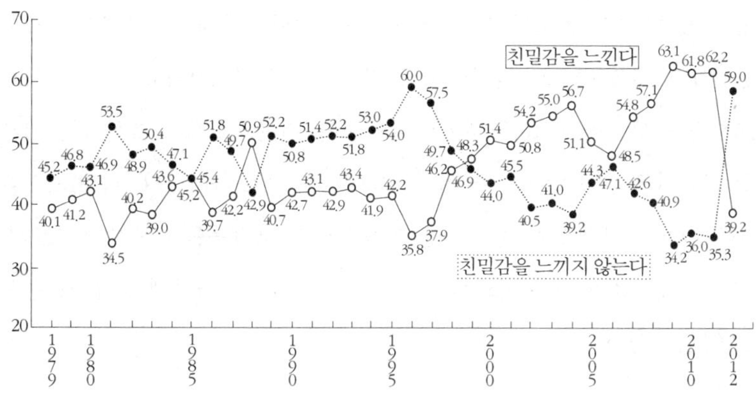

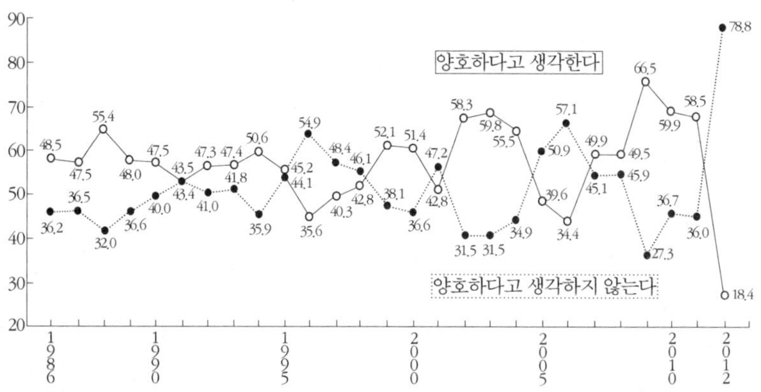

전반적으로 양호하다는 평가가 2011년의 18.8%에 비해 14.0%나 하락한 4.8%로 나타났다. 이것은 러일관계에 비해서도 현저하게 낮아진 수치이며 일본의 대외관계 가운데 가장 낮게 평가된 것이다.

끝으로 2012년 한국과의 외교관계에 대한 평가를 살펴보자. 한국 대통령의 독도 방문을 계기로 하여 급격하게 악화된 한일관계 분위기가 이 여론조사 결과에 잘 표현되었다. 우선 한국에 대한 친근감 평가는 '친근감을 느낀다'(9.7%), 그리고 '비교적 친근감을 느낀다'(29.4%)라고 대답하여, 전반적인 친근감은 39.2%로 나타났다. 이것은 2011년의 62.2%에 비해 무려 23.0% 하락한 수치로서 대외적 친근감 평가에서 가장 높은 하락폭을 나타냈다. 또한 한일관계에 대한 양호도 평가에서도 '양호하다고 생각한다'(2.0%), '대체로 양호하다고 생각한다'(16.5%)라고 대답하여, 전반적으로 양호하다는 평가가 2011년의 58.5%에 비해 40.1%나 하락한 18.4%로 나타났다. 이것도 일본의 대외관계에 대한 모든 평가 가운데 가장 높은 하락폭을 기록한 것으로서, 2012년 한일관계가 다른 어느 국가와의 관계보다도 급격하게 냉각되었음을 잘 보여주고 있다.

_4_
한중일 영유권 갈등

2011년과 2012년 동아시아 3국에서 영유권을 둘러싼 갈등 움직임이 유독 심하게 나타났다. 특히 2012년에 들어서는 한국, 일본, 중국 모두 정권 교체를 앞두고 3국 정치가들이 영유권 문제에 대한 단호한 자세를 보이면서 영유권 문제로 인한 외교적 마찰이 더욱 심해졌다. 7월에 들어 일본 정부가 센카쿠(尖閣)열도, 중국명 댜오위다오(釣魚島)에 대한 국유화 방침을 결정하자 중국정부가 즉각 이에 반발했고 중국국민들은 연일 대규모 반일 시위에 나섰다. 또한 8월에는 한국 대통령이 독도를 전격 시찰하자 일본 정부가 이에 대해 즉각 외교적 항의를 표시했고 이어 일본의 보수 우익세력들이 격렬하게 반한 시위를 전개했다. 2011년까지 화기애애한 분위기 가운데 동아시아 3국 정상회담이 열려 세계적으로 이목을 받았는데, 이와 같이 2012년에 들어서는 3국간에 영유권 갈등으로 험악한 관계가 지속된 것이다.

영유권 갈등의 씨앗은 근대국가가 주권 범위를 설정하는 과정에서 세세하게 주변국과 합의를 하지 못한데 있다. 분쟁의 소지가 있는 지역이나 영유권 인식을 각각 달리하는 문제가 남아있을 경우 이 문제는 언제든지 국가간 분쟁으로 확대될 수 있다. 논쟁의 단계에서 분쟁의 단계로 격화되는 계기는 해당 문제를 둘러싸고 일방 혹은 쌍방에 정치적 위신이 손상을 입을 때 나타난다. 동아시아 3국의 영유권 문제는 과거 일본제국의 팽창과 깊은 관련이 있는 것으로 역사인식 문제와 얽힌 '근본적인(fundamental)' 속성을 갖고 있다.

오늘날 한국과 중국에서 일어나고 있는 배타적경제수역이나 대륙붕해역을 둘러싼 서로 다른 견해는 외교적 분쟁으로까지 확대되고 있지는 않지만 언제라도 확대될 가능성이 있다. 특히 한반도 통일 이후의 한중관계를 생각하면 한반도 북방의 영토 영유권 문제는 그 발단이 근대 시기에 있는 만큼 양국간 외교적 해결이 곤란한 근본적인 속성을 지니고 있다고 본다. 하지만 이러한 근본적인 속성을 갖는 문제가 외교적 갈등으로 표출되거나 확대되지 않는 것은 외교적으로 '관리 가능한(manageable)' 문제이기도 하기 때문이다.

만약 어느 국가라도 외교적 협력을 국내 문제보다 중시한다고 한다면 다양한 방법으로 영유권 문제가 국내 여론에서 비등하지 않도록 조정할 수 있다. 오늘날 영유권 문제가 동아시아에서 뜨거워지고 있는 것은 이 문제가 근본적인 속성을 가지고 있기 때문이 아니라 각국이 국내 정치적 입지를 외교적 협력보다 우위에 두고 있기 때문이다. 만약 장기적으로도 외교적 관리가 되지 않고 파국(ruin)에 이르게 될 것으로 판단한다면 어느 국가도 이 문제가 풍파를 일으키도록 방치하는 일은 없을 것이다.

우리에게 널리 알려진 바와 같이 독도 문제의 발단은 1905년 2월 일본이 러일전쟁 과정에서 독도를 그들의 영토로 '편입'시키는 조치를 취한 데서 비롯되었다. 일본의 지방 수산업자가 독도에서 강치 등의 어로 독점권을 얻기 위해 일본 정부에 외교 교섭을 요청했는데 결국 일본은 대한제국에 통지하지 않은 채 시마네현 고시를 통해 독도를 자국의 관할권에 귀속시킨 것이다. 1948년 정부수립 이후 한국은 일관되게 독도에 대한 지배권을 주장했지만 1951년의 샌프란시스코 조약에서 국제적으로 배타적 영유권을 승인받는데 실패했다. 한국이 전쟁당사국이 아니라는 이유로 이 조약에 참가하지 못했기 때문이다.

오늘날까지 일본이 실효적으로 지배해오고 있는 센카쿠열도는 그 발단에 대해 일본과 중국이 서로 다른 견해를 갖고 있다. 일본측은 1885년 오키나와현이 이 섬들을 조사하기 전까지 어느 국가의 소유가 아니었고 1895년 1

월에 기념비를 세워 일본의 공식 영토임을 선언했다고 주장하고 있다. 이에 대해 중국측은 이 섬들이 1895년 5월 청일전쟁 패배에 따른 시모노세키 조약의 체결 결과로 대만과 함께 일본의 영토로 귀속되었다고 주장하고 있다. 일본 패전 후 샌프란시스코 조약으로 이 섬들을 포함하여 오키나와가 미국의 관할권에 귀속될 때 국제냉전의 영향으로 대만이나 중국 모두 이 조약에 참가하지 못했다. 1960년대 후반에 들어 이 섬들 부근의 해저에 막대한 천연자원이 매장되어 있을 가능성이 제기되면서 국제적 영유권 분쟁 지역으로 떠올랐다.

한국과 중국 사이에 문제가 되고 있는 암초 이어도, 중국명 쑤옌자오(蘇岩礁)에는 1951년 한국해군과 등산협회가 '대한민국 영토 이어도'라고 하는 기념비를 설치했고 그 이듬해 이승만 대통령이 '평화선'을 선포하여 이어도 해역을 영해에 포함시켰다. 그 후에도 한국이 1970년 주변 해역을 수중자원개발 해역에 포함시키는가 하면 1987년 암초에 등대를 설치하고 1995년부터 2001년에 걸쳐서는 해양과학기지를 설치했다. 1982년에 체결되어 한국과 중국이 모두 비준한 유엔해양법조약에 의하면 이어도는 암초로서 영토라고 주장하기 어렵다. 하지만 중간선이 배타적경제수역 경계가 되는 까닭에 이어도 해역은 한국측 수역 안에 포함되며 따라서 인공시설물 설치에는 국제법상 하등의 문제가 없다. 그런데 중국측은 이 암초가 자국의 대륙붕 연장수역에 속한다고 하며 한국측의 경제수역 주장이나 인공시설물 설치에 반대하고 있다.

3국의 정치가들은 영유권 갈등이 결코 자국의 경제적 이익에도 부합하지 않으며 최종적인 해결이 어렵다는 것을 인지하면서도 자국 언론이나 국민들의 애국심 표출 움직임에 대해 쉽사리 '자제'를 호소하지 못한다. 자칫하면 자신의 정치적 입지를 실추시킬 수도 있기 때문이다. 결국 영유권으로 인한 대외적 갈등은 단기적으로 국내 언론이나 정치가에게는 득(得)이 될 수 있지만 각국 사이를 오가며 생활하는 '경계인'에게 있어서는 실(失)을 안겨 줄 뿐이다. 실제로 영유권 문제는 한편으로 인적, 물적 상호교류를 위축시키고 관광이나 무역에 종사하는 사람들에게 타격을 주고 있다.

세계에서 2위와 3위를 차지하는 경제대국 중국과 일본이 도합 세계경제의 20%를 차지하는 상황에서, 양국의 영유권 갈등은 세계경제에도 악영향을 끼치게 된다. 2012년 한국의 경우, 일본과 중국에 비하면 영유권 문제로 인한 경제적 피해가 상대적으로 적었다. 하지만 일본 손님들을 상대로 하여 관광업과 서비스업을 하고 있는 우리 주변의 업소 관계자는 원래 경기침체에다가 설상가상 사업을 악화시키고 있다고 이구동성으로 불평했다. 영유권 갈등으로 인한 피해에는 눈에 보이지 않는 것이 무수하게 많다. 한류와 같은 문화의 국제적 흐름이 약화되기도 하며 재일동포나 재중동포와 같은 경계인 거주자들이 심리적으로 위축을 당하는 일이 많다. 반면에 영유권 분쟁에서 이득을 보는 세력은 미국과 같은 제3국이다. 이는 조정자로서 갈등 지역에 대한 개입 여지가 넓어지면서 자국의 존재감을 강화할 수 있기 때문이다.

영유권 갈등의 평화적인 해결 방법으로는 외교적 합의 이외에 국제사법재판소에 제소하여 그 판단에 따르는 방안이 있다. 일본이 독도 문제 해법으로 주장하고 있는 방법이다. 그러나 국제재판소는 강제관할권이 없기 때문에 분쟁당사국 중의 한 국가라도 이를 거부하면 재판은 성립되지 않는다. 재판소에 제소하는 것 자체가 영유권 분쟁을 인정하는 일이기 때문에 실효지배를 하고 있는 국가가 이에 응할 리가 없다.

일본의 역사책임이 전향적으로 바뀌지 않는 한 동아시아 3국의 영유권 문제는 언제든지 이 지역의 질서를 위협할 수 있는 요소로 작용할 것이다. 작금의 일본사회에서 일어나는 보수 우경화 현상은 영유권 문제의 긍정적인 해결 전망을 지극히 어둡게 하고 있다. 동아시아 뿐 아니라 세계경제에 드리

워지고 있는 경제적 저성장과 고용 불황으로 인하여 민중들의 불만이 고조되고 있는 가운데 영유권 문제는 언제든지 이들을 군중으로 동원하는 이슈가 될 것이다.

결과적으로 동아시아 3국의 정치가나 국민 모두에게 국가 간에 역사적으로 존재해온 근본적인 성격의 문제가 쉽사리 '해결'되지 않을 것이라고 하는 현실 인식을 공유하는 일이 중요하다고 생각한다. 이러한 공통된 견해 위에 영유권 문제의 평화적 해결 방안으로서 민간교류의 활성화 등 외교적 '해소'를 위한 방안이 다각적으로 모색되어야 한다.

_5_
영유권 갈등으로 인한 일본 기업의 피해

2012년 9월 11일 일본 정부는 예정대로 센카쿠(尖閣)열도, 중국명 댜오위다오(釣魚島)를 국유화하는 조치를 취했다. 이 소식이 알려지자 중국 국내에서 중국인들의 반일 감정이 군중데모로 확산되는 가운데 일본차 운전수를 때리고 일본 음식점을 파괴하기도 했으며 일본계 슈퍼마켓을 공격하는 등 폭력 사건들이 연일 발생했다. 나아가 일본제품에 대한 불매 움직임과 일본기업에 대한 혐오 분위기가 고조되었다. 그러나 일본 정부는 열도의 영유권 문제 자체를 전혀 인정하지 않고 있고 여기에 중국정부는 해당 해역에 감시선을 빈번하게 파견하면서 양국의 외교적 긴장은 한층 고조되었다.

2012년 9월 항저우시(杭州市)의 반일데모

그런데 양국의 외교적 분쟁은 양국에 걸쳐 활동하는 사람들에게 갖가지 피해를 안겨주었다. 일본에서 유학하고 있는 중국인 학생은 심리적인 불안으로 나날을 보내야 했고 중국에서 일본어를 학습하고 있는 학생의 경우도 마찬가지였다. 중국에서는 매년 10월 초 대형 연휴가 끝나자마자 각 대학에서 취업설명회가 개최되어 오고 있는데 2012년에는 일본계 기업이 취업설명회에 나서지 않고 있어 이를 준비해온 학생들을 곤혹스럽게 했다. 주위에 애국심이 강한 사람이 있을 때는 일본어를 배운다든지 일본 기업에 취업하고자 하는 일을 당당하게 내보이기 어렵다. 이처럼 민족주의 열기는 개인의 자유를 구속할 뿐 아니라 중국인의 일본 관광도 격감시켰고 이로 인하여 관련 업종 종사자들은 말할 수 없는 고충을 겪어야 했다.

중국과의 무역에 대해 의존도가 높은 일본기업에게 있어서는 외교 분쟁으로 입은 피해가 가늠하기 어려울 정도로 컸다. 중국의 대일 무역상황을 보면 세세적인 불경기로 2012년 1월에서 8월까지 대일 무역액이 전년 대비 1.4% 감소했는데 영유권 분쟁이 심해진 9월에 들어서서는 감소폭이 더욱 증가하여 전년 대비 -4.5%를 기록했다. 특히 9월 한 달 일본으로부터의 수입은 전년 대비 9.6%나 감소했다. 수입액 감소의 가장 큰 요인으로 꼽을 수 있는 것은 중국 내 반일 분위기에 따라 일본제 자동차와 가전제품에 대한 구매가 현저하게 줄어들었기 때문이다.

일본의 3대 자동차 회사인 도요타, 닛산, 혼다는 중국에서 자동차 판매가 부진해지는 가운데 2012에 들어 당초 계획의 80% 정도밖에 달성하지 못할 것으로 내다보았다. 3개 회사는 2012년에 들어 2011년 대비 19% 증가한 275만 대를 중국 시장에 판매하겠다는 계획을 세우고 있었는데 도저히 계획을 달성할 수 없게 된 것이다. 도요타와 닛산이 각각 100만 대, 혼다가 75만 대를 계획하고 있었지만 반일 데모 이후의 판매 부진이 이어지면서 결국 도요타와 닛산이 각각 20만 대, 혼다가 10만 대 이상을 낮추어 판매 계획을 수정했다. 도요타의 경우는 10월에 들어서 전년 대비 44.1% 감소한 45,600 대 정도의 판매에 그치자 톈진(天津) 공장의 생산을 일부 중지하는 등 현지 생산을 절반으로 줄이는 지경에 이르렀다.

또한 파나소닉을 비롯하여 샤프, 소니와 같은 일본계 전자제품 회사가 고

정자산의 가격하락에 따라 줄줄이 적자를 기록하는 가운데 중국시장의 경색은 기업의 순이익에서도 부진을 가져오고 관련 기업의 생존까지 위협했다. 2012년 10월 31일 세계적인 전자제품 회사 파나소닉이 회계연도 중간 실적을 발표하는 가운데 7,650억 엔의 적자를 냈고 급기야 임원들의 급여를 40%까지 삭감하기로 했다고 발표했다. 또한 11월 1일에는 샤프 회사도 2012년 4,500억 엔 적자를 보았다고 발표하고 2천 명의 희망퇴직을 받기로 했다고 보도했다. 이와 같은 추세대로 중국에 대한 수출 감소가 계속될 경우에는 2013년 전반기까지 일본의 국내 경제성장률이 0.4~0.5% 정도 위축될 것이라는 어두운 전망이 지배적인 가운데 2012년이 지나갔다.

중국에 진출한 일본 기업 105개 회사에 대해 NNA Asia가 2012년 10월 중순에 실시한 앙케이트 조사에 따르면 이들 중 57.1% 60개 회사가 반일 데모로 인한 피해를 입었다고 대답한 것으로 나타났다. 가장 큰 피해 내용으로는 일본 제품에 대한 불매 운동과 구매 기피 현상이었으며, 이어서 비자 발급

파나소닉의 2012년 중간결산 발표

등 당국의 인허가 조치와 통관 업무의 지체, 지방 기업이나 정부 기관과의 거래 정지 등이 지적되었다. 문제는 피해를 입지 않은 기업 가운데에서도 앞으로 악영향을 입지 않을까 걱정하는 기업이 37.1%(39개 회사)에 달했고 아무런 영향이 없을 것으로 낙관하는 기업은 5.7%(6개 회사)에 지나지 않았다는 점이다.

2012년 10월 24일 중국 환구시보(環球時報)의 웹사이트(還球網)에 올라온 '일본 자본이 중국에서 철수?'라고 하는 제목의 기사에 따르면, 중일관계의 악화 이후 일본의 제조업 약 4분 1이 중국에 대한 투자를 재검토하고 있고 일부 일본계 기업은 공장을 다른 국가로 이전할 것을 검토하고 있지만, 중국 시장이 워낙 거대하고 흡인력이 커서 일본의 자본이 빠져나가도 그 공백을 메우려는 국가들이 많고 중국의 위험을 견디는 능력이 높기 때문에 중국측 손실은 일본측에 비해 상대적으로 작을 것이라고 했다. 또한 일본 제품이 중국 시장에서 품질이 뛰어난 것으로 정평이 나 있고 매우 다방면에 걸쳐 퍼져 있으며 특히 가전과 자동차 제품에서 점유율이 높기는 하지만, 만약 이들 제품의 공급에 공백이 생기면 유럽이나 한국 등의 제품으로 이를 보완할 수 있을 것이라고 전했다.

_6_
일본기업의 한국진출 움직임

　2011년에 일본기업의 한국진출 소식이 유난히 많이 보도되었다. 동일본 대지진이 발생한지 두 달이 지난 2011년 5월에 일본경제신문사는 주요 일본기업 사장들을 대상으로 하여 사업계속계획(Business Continuity Plan)에 관한 의견조사를 실시하고 그 결과를 발표했다. 사업계속계획이란 기업이 사업의 지속성을 유지하기 위해 세우는 기본적인 계획을 의미한다. 그것은 예기치 않은 재해나 사고 등이 발생했을 경우 제한된 경영자원으로 최저한도의 사업 활동을 계속하거나 복구 목표시점 이내에 사업을 재개할 수 있도록 하기 위하여 미리 책정하는 행동계획을 말한다. 보통 사업계속계획은 자사의 업무 프로세스가 재해나 사고에 의해 입을 수 있는 위험과 손실을 평가한 것을 기초로 하여 책정된다. 그리고 우선적으로 복구해야 하는 업무와 그에 필요한 설비와 시스템을 설정하고 복구를 위한 목표시점과 방법을 계획하게 된다.

　그런데 이때 일본경제신문사에 회답을 보낸 135개 회사 가운데 121개 회사가 사업계속계획을 세우고 있었는데, 이 중에서 83.5%에 해당하는 101개 회사가 종래의 계획을 수정하겠다고 대답한 것으로 나타났다. 여기에다가 '아직 결정하지 않았다'고 대답한 회사가 13개 회사(10.7%)에 달하며, '수정하지 않겠다'고 대답한 회사는 불과 6개 회사(5.0%)에 지나지 않았다. 이것은 대지진과 원전사고로 종래의 공급망이 차단되고 전력부족이 계속되는데 따라 일본기업들이 전반적으로 경영계획을 대폭 수정하지 않을 수 없게 된 것을 잘 나타내는 것이었다. 또한 이 의견조사에서는 2011년 여름 대대적으로 실시되는 국가적인 절전 정책에 대해 각 회사들이 어떠한 대책으로 임하고 있는지 알아보았다. 그 결과 냉방이나 조명 정도를 낮추겠다고 하는 일반적인 대책과 함께, 자가발전 설비의 도입(31.9%), 윤번 휴업제도의 운영(17.8%), 여름휴가 늘리기(14.8%), 서일본 지역으로 생산거점 옮기기(9.6%) 등의 회답이 나왔다.[6]

일본경제신문이 2011년 7월 14일에 발표한 '사장 100명 앙케트'에 따르면, 조사에 응한 140개 회사 가운데 55개 회사(39.3%)가 당시의 엔고 현상과 높은 법인세율이 시정되지 않는 한 앞으로 3년 이내에 해외로 생산거점을 이전할 수밖에 없다고 대답했다고 한다. 여전히 핵심 생산설비를 국내에 두고 부속설비나 연구개발 거점을 해외로 이전하겠다는 의견이 대다수였지만, 본사 기능의 일부와 핵심 생산설비까지도 해외로 옮길 수 있다고 하는 의견도 10%를 넘었다. 이것은 대부분의 일본기업이 경영에서 어려움을 겪고 있다는 것을 단적으로 말해주는 것이었다. 일본 정부의 대지진 부흥 대책이 지지부진한데다가 원전 등 에너지 대책이 갈팡질팡 하면서 국내의 전력 부족 사태가 오래 지속될 것으로 보임에 따라 이처럼 기업들은 생존전략으로 해외에서 돌파구를 모색한 것이다.

일본의 기업이 중국과 동남아시아 신흥시장으로 생산거점을 이전하는 움직임을 보여 온 것은 어제 오늘의 이야기가 아니다. 일본 내각부(內閣府)는 제조업 분야에서 일본 기업의 해외생산 비율이 1995년의 8.1%에 불과했으나 2010년에는 18.0%로 과거 최고를 기록했다고 했으며, 오는 2015년에는 21.4%로 그 비율이 확대될 것으로 보고 일본의 기업 공동화(空洞化) 현상이 계속 심화될 것을 내다보고 있다.

마찬가지로 일본 경제산업성은 지난 2011년 7월 8일에 내놓은 '통상백서 2011'에서 앞으로 중국을 비롯한 신흥시장이 세계경제를 이끌 것이며 반대

---

6) 日本經濟新聞, 2011.5.30.

로 일본을 비롯한 선진국은 경기회복이 더디어 신흥시장의 절반 수준에 머물 것으로 예측했다. 이 가운데 일본경제는 점차 투자와 무역 측면에서 해외경제와의 관계를 심화해가고 있으며 특히 중간재에서 해외의존 비율이 점차 높아지고 있다고 분석했다. 이와 함께 산업구조 면에서 해외생산 네트워크와의 관계가 점차 심화될 것이라고 하여 해외 현지생산이 증가할 것으로 전망했다.

하지만 동일본 대지진 이후에 나타난 일본 기업의 해외 전개는 일본 정부가 예측하는 것 이상으로 생존전략이라고 불러야 할 정도로 절실한 움직임이었다. 2012년 말까지 1달러 80엔 대에 머무는 엔고 현상이 지속되었고 신흥시장에서 잠재 구매력이 높아지고 있는데다가 일본에서 전력사용에 곤란함을 겪는 등 기업환경이 극도로 열악해졌다.

이러한 상황에서 아무리 신흥시장에서 인건비가 계속 상승하고 있다고 해도 일본 기업들이 해외에서 발을 빼지 못하고 있을 뿐 아니라 오히려 몸통까지 들여놓아야 하는 처지가 된 것이다. 미국을 포함한 여러 국가들과의 FTA 효과를 거둘 수 있을 것으로 보고 정부에 대해 집요하게 요구해온 환태평양경제동반자협정(TPP) 참가도 대지진 사태 이후에 지지부진해지자, 일본기업들은 살아남기 위한 방편 가운데 하나로 해외 현지생산을 통한 시장 확대로 사업방향을 돌렸다.

국내 생산의 보루를 지키고 있는 대표적인 기업 도요타자동차 조차도 일본 기업이 국내 생산을 유지하기에는 이제 한계에 도달했다고 보았다. 2011년 5월 11일 도요타의 오자와 사토시(小澤哲) 부사장은 1/4분기 결산 발표에서 대지진 영향으로 도요타의 영업이익이 지난 분기에 비해 1,100억 엔 감소했다는 보고와 함께 "언제까지 국내생산을 고집할 것인가, 이미 개별 기업의 노력으로는 그 한계를 넘어섰다"고 하며 불만을 토로한 바 있다.

이러한 상황에서 대지진 사태 이후 일본 기업이 한국에 대거 진출하고 있는 움직임을 보이고 있는 것은 예사롭지가 않다. 무엇보다 원화와 유로화의 상대적인 약세로 한국과 유럽 기업의 약진이 두드러지게 나타나고 있고, 한국과 유럽의 FTA 체결로 한국산 제품의 시장이 대폭 확대되었기 때문이다.

일본과 한국의 언론들은 2011년 6월 합성섬유와 합성수지 분야에서 일본을 대표하는 기업인 Toray 주식회사가 2013년을 목표로 경북 구미에 1조 3천억원 규모의 탄소섬유공장을 건설하기로 했다는 뉴스를 일제히 내보냈다. 이 뿐 아니라 Sumitomo(住友) 화학은 삼성그룹과 합작하여 경기도 평택에 스마트폰 부품 공장을 짓기로 했으며, 전자 부품회사 Yodogawa(淀川) Hu-Tech도 평택에 자동차용 2차 전지 핵심부품 생산 공장을 짓기로 했다.

2011년 6월 28일 Toray 공장 착공식에 참석한 주한 일본 대사는 인사말에서 "일본 기업들이 대지진 때문에 생산 기지를 다양화하려는 움직임이 있는데 지리적으로 가까운 한국이 인기를 끌고 있다"고 말했다. 또한 이 회사 사장은 일본의 전력부족 사태와 관련하여 "일본에서 앞으로 전기료가 얼마나 오를지 모른다. 따라서 한국에 투자를 적극적으로 확대하기로 했다"고 공장 건설 배경을 설명했다.

2011년 1/4분기 일본 기업의 한국투자는 2010년 같은 시기에 비해 40%나 증가한 것으로 나타났다. 이제까지 일본기업이 저임금의 노동집약형 업종을 해외에 진출시켰던 것과 비교할 때 최근 한국 진출에서는 스마트폰이나 LCD, 신소재 등과 같은 첨단기술 산업이 많다고 하는 특징을 발견할 수 있다. 이것은 이러한 분야에서 수요가 높아지고 있는 한국 시장을 미리 선점하겠다고 하는 전략과 함께 한국을 거점으로 하여 해외 시장을 확대하겠다는 전략에 따른 것으로 해석된다.

Sumitomo와 Yodogawa의 스마트폰 부품 평택 공장 이외에도 삼성모바일 디스플레이(SMD)와 제휴하여 아산시에 건설하게 될 Ube(宇部) Industries 의 폴리이미드 니스(polyimide varnish) 생산 공장, 남해화학과 제휴하여 여수시에 건설하게 될 Nippon Soda(日本曹達)와 Mitsubishi Corporation(三菱商事)의 살균제 티오파네트메틸(thiophanatemethyl) 생산 공장은 이러한 특징을 잘 말해주는 것이다.

특히 동일본 대지진 이후 일본 국내에서 기업경영을 둘러싼 환경이 쉽게 호전될 기미가 보이지 않자 여러 일본기업들이 해외로 생산거점을 이전함으로써 사업의 지속성을 유지하려고 하는 움직임을 보이고 있다. 계속되는 엔고 현상과 국내 전력부족 문제 등이 국내 생산을 어렵게 하고 있다고 하는 위기감이 각 기업에 팽배해지면서 해외로 눈을 돌린 것이다.

한국무역협회의 국제무역연구원이 2012년에 발간한 한 보고서에 따르면 동일본 대지진 이후 2011년 한 해에 전년 대비 84.8% 증가한 9조 1,262억 엔을 기록하여 한국이 최대의 투자국으로 떠올랐다고 한다. 이처럼 일본의 대한 투자가 급증하게 된 것은 엔화에 비해 원화 환율이 유리하고 낮은 법인세율과 전력요금, FTA에 의한 한국의 글로벌시장 확대 등이 기업경영에 도움이 된 때문이다. 또한 삼성, LG, 현대차 등 한국의 대기업들이 해외시장에서 큰 성과를 거두면서 이들 기업의 수요 확대에 대응하기 위한 목적이 있었기 때문이다.[7]

한편 일본기업의 한국진출 확대 움직임에 맞추어 한국 지자체들은 지역경제의 활성화와 고용창출을 목적으로 히여 앞을 다투어 적극적으로 유치 활동을 전개했다. 해외진출 기업을 중심으로 정보를 발신하고 있는 NNA Asia신문은 2011년 7월 17일자로 대지진 이후 산업상황이 불안정해진 일본기업에 대해 한국의 지자체가 적극적인 러브콜을 보내고 있다는 소식을 전했다. 특히 울산과 부산을 중심으로 하는 남해안 부근 지역은 지리적으로 일본과 가까운 위치에 있고 산업 인프라가 잘 정비되어 있어 일본의 조선(造船) 관련기업이나 금속가공 관련기업들이 주목하고 있고, 경상북도와 대구

---

7) 명진호, 『최근 일본의 對韓 투자동향과 시사점』, 한국무역협회, 2012.

시는 IT와 기계, 자동차 부품 관련기업에게 인기가 있다고 전했다.

2011년 6월부터 창원시, 진주시, 하동군이 유치 사절단을 일본으로 파견하여 투자설명회를 개최했고, 경상남도는 2006년부터 2011년까지 5년간 일본기업 10개 회사를 유치하여 총 투자금액 2조 5천억 원이 넘는 성과를 내기도했다. 또한 충청남도는 2011년 6월에 일본의 자동차 부품회사와 석유화학회사를 방문하여 2억 4천만 달러 규모의 투자계약을 체결했다. 2011년 12월 말 JX일광일석에너지(JX Nippon Oil & Energy)는 일본 국내의 전력부족 대책으로 보급이 확산되고 있는 가정용 연료전지 '에네팜(Ene-Farm)'을 2013년부터 한국에서 시험 판매 방침을 밝혔다. 일본 기업이 독자적으로 개발하여 판매해 온 에네팜이 첫 번째 해외 진출 지역으로 한국을 선택한 것이다.

대외원조를 둘러싼 한중일 3국의 협조와 경쟁

일본의 대외원조 업무를 담당하는 일본국제협력기구(JICA)는 2012년 2월 13일자로 홈페이지에 산하 중앙아시아 부장 기타노 나오히로(北野尙宏)가 쓴 한중일 개발원조에 관한 칼럼을 실었다.[8] 그는 1983년에 와세다대학 공학부를 졸업한 후 JICA에 입사하여 베이징 주재원으로 활동하면서 중국 칭화대학에서 공대 석사과정을 수료했고, 1997년에는 미국 코넬대학에서 박사과정을 수료했다. 그 후 교토대학 경제학과 조교수로 재직하다가 일본 국제협력은행의 개발제2부 부장을 역임한 후 2008년 10월부터 현직에 취임했다.

그는 이 칼럼에서 해외 개발원조 업무의 실무자로서 현장의 경험을 살려 최근 한중일 사이의 개발원조 경쟁과 협력 상황을 설명하고 이제는 일본이 한중 양국과 더불어 절차탁마(切磋琢磨) 해야 하는 시대에 돌입했다고 말했다. 여기서는 그의 논지를 살리고 보완하여 대외원조를 둘러싸고 한중일 3국이 협조하고 경쟁하는 현장을 소개하고자 한다.

한국이나 중국과 같은 아시아 국가들이 종래 원조를 받아오던 상황에서 이제는 원조를 제공하는 국가로서의 존재감을 높이고 있다. 반면에 1990년대 세계 제1의 정부개발원조(ODA) 공여국이던 일본은 재정 상황의 악화 등으로 이제는 제5위에 머무르고 있다. 특히 한국은 2010년부터 아시아 국가로서는 일본에 이어 2번째로 경제협력개발기구(OECD)의 개발원조 위원회(DAC)에 가맹했고 해마다 원조액을 전략적으로 늘려가고 있다. 한국의 2010년 원조액 증가율은 전년 대비 25.7%로 DAC 국가들 가운데 두 번째로

---

8) 北野尙宏,「日中韓の開発援助: 切磋琢磨の時代到来」(2012.2.13)

높았다. 중국도 근래에 들어 급속하게 개발원조 규모를 늘려가고 있다. 국제사회로부터 중국의 원조가 투명하지 않다고 하는 비판에 제기되자 2011년 4월에 중국은 처음으로 대외원조에 관한 백서를 발간했다.

일찍이 2008년 4월 한국과 일본은 정상회담에서 개발도상국 원조 경험을 공유하고 원조 분야 협력을 강화하기로 합의한 바 있다. 구체적으로 한국의 국제협력단(KOICA)과 일본의 JICA는 2009년 7월부터 캄보디아에 대한 무상원조 사업을 함께 전개하기로 합의하고[9] 캄보디아 농촌개발 및 수자원관리 분야 연수, 관개수로 건설, 수자원관리체계 구축 등을 함께 추진해오고 있다. 상호협력관계가 살수록 밀접해지는 한중일 3국은 다양한 분야에서 협력을 더욱 추진하기 위해 2011년 9월에 서울에 3국 협력사무국을 설치했다. 한중일 3국과 함께 태국, 인도 등, 아시아 각국의 원조 기관이 참가하는 아시아개발포럼도 2010년에 시작되었다.

JICA 이사장이 한중의 고위급 인사와 해마다 회담하는가 하면 워크숍이나 연수 등을 통해서도 한중일 3국 원조 관계자들이 관계를 심화해오고 있다. 일본은 2010년 3월에 베이징에서 우대 차관을 실시하고자 하는 중국 수출입은행과 워크숍을 가졌고 그 해 10월에는 도쿄와 홋카이도에서 처음으로 중국 상무부 대외원조 관계자들을 초치하여 연수 세미나를 실시했다. 또한 같은 달에는 태국을 포함하여 한중일 4개국의 원조 기관에 의한 워크숍을 개최했고 12월에는 KOICA와 JICA에 의한 정기 협의회를 도쿄에서 처음으로 열기도 했다.

이어 2011년 11월에 서울에서 개최된 KOICA와의 두 번째 정기 협의회에서 JICA는 새로운 제휴 강화를 위한 방안을 모색했다. 2011년 8월에는 중국 상무부가 처음으로 세계은행과 공동으로 개최한 개발도상국의 능력 향상에 관한 회의에 한국과 일본을 초대했다. 또한 KOICA는 2012년 7월 서울에서

---

9) 연합뉴스, 2009.6.25.

'기후변화 공적개발원조(ODA)의 현재와 미래 포럼'을 개최하면서 JICA 관계
자를 초대했다. 이 포럼은 기후변화에 취약한 개발도상국의 기후변화 대응
역량을 강화와 빈곤 퇴치를 위해 한국 정부가 2008년에 발족시킨 동아시아
기후파트너십(EACP)의 성과 공유와 기후변화 ODA 현황 및 향후 발전 방향
에 대한 논의를 위해 마련한 것이다.[10]

오늘날 한중일 3국은 개발도상국 연수생 훈련 사업에서 선의의 경쟁을 벌
이고 있다. 일본의 JICA는 발전도상국으로부터 매년 약 1만 명 규모의 연수
인력을 받아들이고 있다. 1954년에 이 사업을 시작한 이래 누계로는 총 37
만 명을 넘는다. 2011년부터는 일본이 비교 우위를 가지는 방재 분야에서
동일본 대지진의 경험을 공유하기 위해서 일본 동북지방의 재해 지역을 시
찰하게 하는 프로그램을 가동하고 있다. 대지진 발생 이후 반 년 사이에 20
회가 넘는 현지 시찰 연수를 실시했다.

한편 한국의 KOICA는 서울의 연수센터를 접수기관으로 하여 2010년에
약 4천 명의 연수 인력을 받아들였다. 1991년 KOICA 설립 이래 연수생 누계
는 약 4만 명에 이른다. KOICA는 한국이 비교 우위를 가지고 있는 정보통신
기술이나 농촌개발 등 일곱 개의 분야를 중점으로 하여 연수프로그램을 편
성하고 있다.

또한 중국의 북경에는 대외원조를 주관하는 상무부 산하의 연수센터가
있으며 연수사업 확충을 위해서 설치된 각지의 연수 센터도 7개소에 이른
다. 중국은 후난성(湖南省)의 벼농사 기술 전문가가 개발한 하이브리드 쌀
보급 전문 기술의 연수센터를 이 성에 설치하는 등, 독자적인 색깔을 보이고
있다. 연수 인력의 규모가 2010년까지 매년 약 1만 명 정도였는데 2011년부
터는 5년간에 걸쳐서 매년 평균 1만 6천 명 규모로 확대하겠다고 했다.

한중일 3국의 지적 협력 움직임도 괄목할 만하다. JICA는 2009년부터 에

---

10) 파이낸셜뉴스, 2012.7.3.

티오피아에 하이레벨의 산업 정책 대화와 함께, 현장 레벨의 기업 품질과 생산성을 향상시키기 위한 개선방안을 지원하고 있다. 산업 정책 대화에서는 동아시아의 발전 경험을 기반으로 하여 제조업의 개발 전략, 영세 소기업 진흥, 국가적 생산성 향상 운동 등에 대해서 수상이나 각료와의 대화를 심화하고 있고 여기에 현장 레벨에서의 기업 실천 경험을 피드백 시키고 있다.

2010년 2월 기타노 부장은 중국 DAC 연구 그룹의 멤버가 되어 에티오피아에서 열린 회의에 출석했다고 한다. 그때 중국에서 참가한 두 명의 저명한 아프리카 연구자의 요청으로 일본의 개선 프로젝트 현장에 그들을 안내했다. 나중에 중국 미디어의 취재에 응한 그 중의 한 명은 인터뷰에서 아프리카에 있어서의 일본의 개선 프로젝트를 평가하는 가운데 세세한 일본의 원조 방식을 중국이 참고해야 한다고 말했다고 한다.

한편 한국개발연구원(KDI)은 한국전쟁 이후 단기간에 최빈국으로부터 선진국으로 올라선 한국의 성공경험을 각 분야마다 교재로 만들어 경제발전 경험 공유사업(Knowledge Sharing Program)이라고 하는 브랜드로 발전도상국을 위한 정책 어드바이스로 활용하고 있다. 2011년 11월에 JICA가 KDI에서 공동 세미나를 실시했을 때 JICA 참가자는 이러한 KDI의 체계적인 어프로치에서 많은 자극을 받았다고 한다.

개발원조의 현장에서 한중일 3국이 같은 나라의 같은 부문에 함께 참여하는 사례도 있다. 예를 들어 아프리카의 카메룬에서 일본은 먼저 천수 벼농사 개발을 추진하기 시작했다. 여기에 한국과 중국은 관개수로 정비를 통한 벼 재배 지원을 개시했다. 중국은 이를 위해 농업기술 모델센터를 설립하기도 했다. 농업현장에서 기술개발이나 농민지도를 실시해야 할 필요성이 높은 가운데 한중일 3국이 지역이나 과제를 분담하여 협력 대응해야 하는 기회가 앞으로 많아질 것이다. 본국에서 실시하는 연수이든 현장 레벨의 지원이든 3국이 서로 경쟁하면서도 정보를 교환하고 경험을 공유해나간다면 각각의 개발 효과를 한층 더 높일 수 있을 것이다.

동아시아 협력의 성공 사례 가운데 하나로 방글라데시에서 2011년 6월 KOICA와 JICA가 자원봉사 프로그램에서 협력하여 에코 이벤트를 성공시킨 사례를 들 수 있다. 이 외에도 JICA는 한국의 대외경제협력기금(EDCF)과 함께 아프리카의 모잠비크나 탄자니아에서 인프라 정비를 위한 협조 융자를 실현하고 있고, KOICA와는 네팔의 현장 레벨에서 정기 협의 모임을 갖고 있다. 또한 일본과 중국은 독립한지 얼마 안 되는 남부 수단이나 중앙아시아의 키르기스스탄 등에서 프로젝트 실시 방안에 대해 의견교환을 실시하고 있다.

2011-2012년 한일관계 관련 기본자료

Ⅰ. 역대 주일 대한민국 대사(부임기간)

1. 김동조 (1965. 12 ~ 1967. 10)
2. 엄민영 (1967. 10 ~ 1969. 12)
3. 이후락 (1970. 1 ~ 1971. 1)
4. 이호 (1971. 1 ~ 1974. 1)
5. 김영선 (1974. 1 ~ 1979. 2)
6. 김정렴 (1979. 2 ~ 1980. 9)
7. 최경록 (1980. 9 ~ 1985. 10)
8. 이규호 (1985. 11 ~ 1988. 4)
9. 이원경 (1988. 4 ~ 1991. 3)
10. 오재희 (1991. 3 ~ 1993. 4)
11. 공노명 (1993. 4 ~ 1994. 12)
12. 김태지 (1995. 2 ~ 1998. 4)
13. 김석규 (1998. 5 ~ 2000. 3)
14. 최상용 (2000. 3 ~ 2002. 2)
15. 조세형 (2002. 2 ~ 2004. 3)
16. 나종일 (2004. 3 ~ 2007. 2)
17. 유명환 (2007. 3 ~ 2008. 3)
18. 권철현 (2008. 4 ~ 2011. 6)
19. 신각수 (2011. 6 ~   )

Ⅱ. 주일 대한민국 공관 현황

주일본국 대한민국 대사관(http://jpn-tokyo.mofat.go.kr)

① 주오사카 대한민국 총영사관
② 주후쿠오카 대한민국 총영사관
③ 주요코하마 대한민국 총영사관
④ 주나고야 대한민국 총영사관
⑤ 주삿포로 대한민국 총영사관
⑥ 주센다이 대한민국 총영사관
⑦ 주니가타 대한민국 총영사관
⑧ 주히로시마 대한민국 총영사관
⑨ 주고베 대한민국 출장소
⑩ 주가고시마 대한민국 명예총영사관
⑪ 주시모노세키 대한민국 명예총영사관

Ⅲ. 역대 주한 일본국 대사 (부임기간)

1. 前田利一　　 (1965. 12 ~ 1965. 12)
2. 吉田健三　　 (1965. 12 ~ 1966. 3)
3. 木村四郎七　 (1966. 3 ~ 1968. 5)
4. 上川洋　　　 (1968. 5 ~ 1968. 7)
5. 金山政英　　 (1968. 7 ~ 1972. 1)
6. 前田正裕　　 (1972. 1 ~ 1972. 2)
7. 後宮虎郎　　 (1972. 2 ~ 1975. 2)
8. 前田利一　　 (1975. 2 ~ 1975. 3)
9. 西山昭　　　 (1975. 3 ~ 1977. 7)
10. 前田利一　　 (1977. 7 ~ 1977. 7)
11. 須之部量三(1977. 7 ~ 1981. 4)
12. 村岡邦男　　 (1981. 5 ~ 1981. 5)
13. 前田利一　　 (1981. 5 ~ 1984. 12)
14. 谷野作太郎(1984. 12 ~ 1984. 12)
15. 御巫清尙　　 (1984. 12 ~ 1987. 3)
16. 太田博　　　 (1987. 3 ~ 1987. 4)
17. 梁井新一　　 (1987. 4 ~ 1990. 3)
18. 川島純　　　 (1990. 3 ~ 1990. 4)
19. 柳健一　　　 (1990. 4 ~ 1992. 6)
20. 川島純　　　 (1992. 6 ~ 1992. 8)
21. 後藤利雄　　 (1992. 9 ~ 1994. 8)
22. 茂田宏　　　 (1994. 8 ~ 1994. 8)
23. 山下新太郎(1994. 8 ~ 1997. 10)
24. 小田野展丈(1997. 10 ~ 1997. 10)
25. 小倉和夫　　 (1997. 10 ~ 2000. 2)
26. 寺田輝介　　 (2000. 2 ~ 2003. 1)
27. 高野紀元　　 (2003. 1 ~ 2005. 8)
28. 大島正太郎(2005. 8 ~ 2007. 8)
29. 重家俊範　　 (2007. 9 ~ 2010. 8)
30. 武藤正敏　　 (2010. 8 ~ 2012. 9)
31. 別所浩郎　　 (2012. 9 ~　　　)

Ⅳ. 주한 일본국 공관 현황

주대한민국 일본국 대사관(http://www.kr.emb-japan.go.jp)

① 재부산 일본국 총영사관 ② 재제주 일본국 총영사관

Ⅴ. 한일간 무역현황

단위:억불, ( )는 전년대비 증감률

	대일수출	대일수입	대일수지	총교역액
2001년	165.1 (▽19.3)	266.3 (▽16.3)	▽101.3	431.4
2002년	151.4 (▽8.3)	298.6 (12.1)	▽147.1	450.0
2003년	172.8 (14.1)	363.1 (21.6)	▽190.4	535.9
2004년	217.0 (25.6)	461.4 (27.1)	▽244.4	678.5
2005년	240.3 (10.7)	484.0 (4.9)	▽243.8	724·3
2006년	265.3 (10.4)	519.2 (7.3)	▽253.9	784.5
2007년	263.7 (▽0.6)	562.5 (8.3)	▽298.8	826.2
2008년	282.5 (7.1)	609.6 (8.4)	▽327.1	892.1
2009년	217.7 (▽22.9)	494·3 (▽18.9)	▽276.6	712.0
2010년	281.8 (29.4)	643.0 (30.1)	▽361.2	924.8
2011년	396.8 (40.8)	683.2 (6.3)	▽286.4	1,080.0
2012년	388.0 (▽2.2)	643.6 (▽5.8)	▽255.7	1,031.6

출처: 한국무역협회

Ⅵ. 한일간 출입국 현황

	방한일본인		방일한국인	
	수 (만명)	비중 (%)	수 (만명)	비중 (%)
2001년	237.7	46.2	113.4	23.8
2002년	232.2	43.4	127.2	24·3
2003년	180.2	37.9	145.9	28.0
2004년	244·3	42.0	158.8	25.9
2005년	244.0	40.5	174.7	26.0
2006년	233.9	38.0	211.7	28.9
2007년	223.6	34.7	260.1	31.2
2008년	237.8	34.5	238.2	28.5
2009년	305.3	39.1	158.7	23.4
2010년	300.4	38.6	268.7	28.5
2011년	327.0	37.7	192.0	26.9

출처: 「출입국·외국인정책통계연표」, 『法務省出入国管理統計表』

2011-2012년 한일관계 주요일지

[2011년]

01. 15.	일본 외상, 한국을 방문하여 외교장관과 회담함
02. 16.	제6차 한중일 고위급회의가 도쿄에서 열림
02. 16.	한국 외교장관, 일본을 방문하여 일본 외상과 회담함
02. 22.	외교통상부, 시마네현의 '독도의 날' 행사에 대해 항의 논평함
03. 06.	마에하라 세이지 외상, 재일한인 헌금을 받은 것에 정치적 책임을 지고 사임함
03. 11.	동일본대지진 발생
03. 11.	외교통상부, 동일본대지진과 관련하여 애도와 위로의 성명을 발표함
03. 11.	2011년 APEC 제1차 고위관리회의가 워싱턴 D.C.에서 열림
03. 12.	제1차 한국 구조대, 일본에 파견됨
03. 14.	제2차 한국 구조대, 일본에 파견됨
03. 17.	한국 정부, 일본 피해주민에게 생수 전달
03. 17.	한국 정부, 후쿠시마 원전사고 지역 거류 국민의 대피를 권고함
03. 17.	제1차 한중일 대테러협력회의가 제주도에서 열림
03. 19.	제5차 한중일 외교장관회의가 교토에서 열림
03. 20.	한국 정부, 이동식발전설비와 기술진을 일본에 긴급 지원하기로 결정함
03. 21.	G20 고위급 개발그룹 회의가 파리에서 열림
03. 30.	일본 중학교 교과서 검정 결과에 대한 외교통상부 대변인의 항의 성명
04. 04.	한국 정부, '독도종합해양과학기지' 착공을 발표함

04.05.	일본 외무성, 주일 한국대사를 불러 독도종합해양과학기지 건설에 항의함
04.24.	제8차 한중일 통상장관회의가 도쿄에서 열림
05.09.	한일 FTA 제2차 국장급 협의회가 서울에서 열림
05.19.	2011년 APEC 통상장관회의가 미국 몬타나주 빅스카이에서 열림
05.21.	제4차 한중일 3국 정상회담, 도쿄에서 열림
06.06.	제10차 ASEM 외교장관회의가 헝가리 부다페스트에서 열림
06.10.	한일 도서협정이 발효됨
06.16.	대한항공, '에어버스380'을 독도 상공에 비행시킴
06.24.	제19차 재일한인 법석지위 관련 한-일 아주국장회의가 도쿄에서 열림
06.30.	제11차 한일 외교차관 전략대화가 도쿄에서 열림
07.21.	ASEAN+3 외교장관회의가 인도네시아 발리에서 열림
07.23.	한미일 외교장관회의가 인도네시아 발리에서 열림
08.01.	한국 정부, 울릉도 방문을 강행하려는 일본 자민당 의원 3명의 입국을 저지함
08.02.	일본방위백서의 독도 언급에 대하여 한국 외교통상부 대변인이 반박 논평함
08.11.	일제강제동원 역사기념관 건립 기공식이 부산시 남구 당곡공원에서 열림
08.30.	노다 요시히코 민주당 대표가 제95대 총리로 선출됨
08.30.	한국 헌법재판소, 일본군 위안부 문제에 관한 외교적 부작위를 위헌으로 관결함
09.01.	한중일 3국 협력사무국이 서울에서 공식 출범함
09.02.	일본의 새로운 내각 출범에 대해 외교통상부가 축하 논평함
09.07.	한일 외교장관 전화 통화
09.11.	납치피해자가족과의 간담회가 일본 총리관저에서 열림
09.14.	한국 외교통상부의 한일 청구권협정 대책 TF가 발족됨
09.21.	한일 정상회담, 뉴욕에서 열림
09.23.	G20 개발·재무장관 회의가 워싱턴 세계은행 본부에서 열림
09.24.	한일 외교장관회담, 뉴욕에서 열림

09.25.	한일축제한마당, 서울광장에서 열림
09.27.	제14차 한일 환경협력 공동위원회가 서울에서 열림
10.06.	일본 외상이 한국을 방문하여 외교장관 회담을 가짐
10.07.	제1차 한일 청구권협정 대책 회의가 외교통상부 상황실에서 열림
10.18.	일본 총리, 한국을 방문하여 한국 대통령과 회담함
11.03.	제6차 G20 정상회의가 프랑스 깐느에서 열림
11.04.	한일 정상회담, 깐느에서 열림
11.04.	제2차 한일 청구권협정 대책 회의가 외교통상부 상황실에서 열림
11.11.	제23차 APEC 합동각료회의가 호놀룰루에서 열림
11.11.	'독도를 지키는 국회의원들의 모임'이 주관하는 음악회가 독도에서 열림
11.19.	한중일 3국 정상회담, 인도네시아 발리에서 열림
11.24.	제10차 한일 고위경제협의회가 도쿄에서 열림
11.29.	세계개발원조총회가 부산에서 열림
11.30.	제27차 한미일 정책기획협의회가 부산에서 열림
12.06.	제3차 한일 청구권협정 대책 회의가 외교통상부 상황실에서 열림
12.06.	조선왕조의궤 등 조선왕조도서 1,200권이 한국에 돌아옴
12.06.	조선왕조도서 전달을 위한 일본 정부의 노력에 외교통상부가 호의적 논평함
12.07.	제15차 한일 영사국장회의가 서울에서 열림
12.12.	「제2기 한일 신시대 공동연구」가 도쿄에서 발족됨
12.14.	일본군 위안부 할머니의 1,000번째 수요 집회가 서울에서 열림
12.14.	한중일 FTA 산관학 공동연구회 마지막 모임이 강원도 평창에서 열림
12.15.	제5차 한중일 중남미국장회의가 서울에서 열림
12.27.	한일 정상회담, 교토에서 열림
12.31.	NHK 가요제에 동방신기, 카라, 소녀시대가 출연함

[2012년]

01.25.	외교통상부 장관, 일본군 위안부 피해자 5명을 청사에서 면담함
01.25.	일본 외상의 독도 언급에 대해 한국은 주한일본대사대리를 불러 항의함
02.17.	2012년 APEC 제1차 고위관리회의(SOM)가 모스크바에서 열림
02.22.	외교통상부, 시마네현의 '독도의 날' 행사에 대해 항의 논평함
03.05.	제7차 한중일 3국 고위급 회의가 베이징에서 열림
03.09.	제11차 한일 외교차관 회의가 서울에서 열림
03.12.	제16차 한일 영사국장회의가 도쿄에서 열림
03.21.	한중일 3국 투자보장협정 협상이 베이징에서 타결됨
03.27.	서울에서 열린 핵안보정상회의에 일본 총리 참석
03.27.	외교통상부는 주한일본총괄공사를 불러 일본 고교교과서 검정결과에 항의함
04.06.	한중일 FTA 실무협의가 베이징에서 열림
04.06.	일본외교청서의 독도 언급에 대하여 한국 외교통상부 대변인이 반박 논평함
04.07.	한일 외교장관 회의가 중국 닝보에서 열림
04.08.	제6차 한중일 외교장관 회의가 중국 닝보(寧波)에서 열림
04.11.	'독도 문제 조기 해결을 요구하는 도쿄 집회'가 열림
04.25.	한일 외교장관, 전화로 회담함
05.12.	제9차 한중일 통상장관회의가 베이징에서 열림
05.13.	제5차 한중일 정상회의가 베이징에서 열림
05.24.	한국 대법원이 일제 징용 피해자들에게 일본 기업체들이 손해배상을 하라고 판시함
05.29.	한일 FTA 과장급 실무협의가 서울에서 열림
06.02.	여수 엑스포에서 '일본의 날' 행사가 열림
06.04.	APEC 2012년 통상장관회의가 러시아 카잔에서 열림
06.18.	멕시코 로스카보스에서 열린 제7차 G20 정상회의에 한일 정상이 참석함
06.19.	한중일 3국 FTA를 위한 사전 실무협의회가 도쿄에서 열림

06.25.	한일 FTA 과장급 실무협의가 도쿄에서 열림
06.29.	예정되어 있던 한일 양국 정보보호협정 체결이 무산됨
07.05.	한일 외교장관, 전화로 회담함
07.10.	ASEAN+3 외교장관회의가 캄보디아 프놈펜에서 열림
07.12.	아세안지역안보포럼 및 EAS 회의가 캄보디아 프놈펜에서 열림
07.12.	한미일 외교장관회의가 캄보디아 프놈펜에서 열림
07.18.	제2차 한중일 대테러협의회가 일본 센다이에서 열림
07.31.	일본방위백서의 독도 언급에 대하여 한국 외교통상부 대변인이 반박 논평함
08.10.	이명박 대통령, 독도를 시찰함
08.15.	외교통상부 제2차관이 미얀마 네피도에서 열린 제10차 동아시아 포럼에 참석함
08.17.	일본 정부의 독도 영유권 주장에 대하여 한국 외교통상부 대변인이 반박 논평함
08.21.	납치 문제에 관한 국제연계분과회 첫 모임이 일본 총리관저에서 열림
08.24.	일본 중의원의 독도 결의에 대하여 한국 외교통상부 대변인이 반박 논평함
08.24.	일본 총리의 독도 영유권 주장에 대하여 한국 외교통상부 대변인이 반박 논평함
08.29.	일본 참의원의 독도 결의에 대하여 한국 외교통상부 대변인이 반박 논평함
08.29.	제15차 ASEAN+3 및 제1차 동아시아 경제장관회의가 캄보디아 시엠립에서 열림
09.05.	제24차 APEC 각료회의가 블라디보스톡에서 열림
09.08.	블라디보스톡 APEC회의 계기로 한일 외교장관이 회담함
09.13.	제6차 한중일 3국 중남미국장 회의가 도쿄에서 열림
09.28.	한미일 외교장관회의가 뉴욕에서 열림
10.01.	일본인 성묘 방문단 16명이 북한에 입국하여 평양의 일본인 묘지를 참배함
10.12.	한중일 FTA 및 포괄적경제동반자협정 간담회가 서울 3국 협력사무국에서 열림
10.15.	제67차 유엔총회 제3위원회에서 한국의 주유엔 차석대사가 일본군 위안부 문제제기함

10.16.	쿠웨이트에서 열린 제1차 아시아협력대화 회의에 한국의 외교차관보가 참석함
10.17.	대북 문제 협의를 위한 한미일 3국 고위급 협의회가 일본에서 열림
10.23.	국회 국방위원회 소속 의원들이 헬리콥터로 독도에 상륙함
10.24.	한국 외교통상부, 한중일 FTA 추진 관련 공청회를 코엑스 컨벤션센터에서 개최함
11.15.	북일 국장급 회의가 울란바토르에서 열림
11.19.	제15차 ASEAN+3 정상회의가 프놈펜에서 열림
11.20.	한중일 통상장관회의가 프놈펜에서 열려 3국 FTA 협상개시를 선언함
11.22.	제11차 한일 고위경제협의회, 서울에서 열림
11.30.	한국 정부, 조선왕조도서 환수 유공자 5명에게 포상하기로 결정함
12.07.	한중일 3국 공무원 협력 워크숍, 서울에서 열림
12.12.	북한이 평안북도 로켓발사장에서 장거리 미사일 '은하 3호'를 발사함
12.12.	한일 외교장관 전화통화를 통해 북한 장거리 미사일 발사 관련 협의
12.16.	제46차 일본 중의원 선거에서 자민당이 승리함
12.19.	제19차 한국 대통령 선거에서 새누리당 박근혜 후보가 승리함
12.26.	아베 내각 출범에 한국 외교통상부 대변인이 축하 논평함
12.26.	제15차 한-일 환경협력 공동위원회, 일본 사가현에서 열림
12.27.	한일 외교장관, 전화 통화
12.28.	납치피해자가족과의 간담회가 일본 총리관저에서 열림

찾아보기

사항

(ㄱ)

(ㄴ)

(ㄷ)

(ㄹ)

인명

(ㄱ)

(ㄴ)

(ㄷ)

한일관계의 흐름 2004-2005

한일관계의 흐름 2006-2007

한일관계의 흐름 2008-2009

I. 한일관계 역사의 기억

II. 한국의 정치사회 변화와 한일관계

III. 일본의 정치사회 변화와 한일관계

IV. 재일동포의 역사와 현실

한일관계의 흐름 2010